广东省本科高校教学质量与教学改革工程"特色专业建设"项目：
《资产评估》，序号263号，粤教高【2017】214号文。

资产评估
案例精选

史福厚　唐龙海／主编

中国经济出版社
CHINA ECONOMIC PUBLISHING HOUSE
北京

图书在版编目（CIP）数据

资产评估案例精选/史福厚，唐龙海主编．－－北京：中国经济出版社，2020.1（2023.2 重印）

ISBN 978－7－5136－5944－4

Ⅰ．①资… Ⅱ．①史… ②唐… Ⅲ．①资产评估－案例－高等学校－教学参考资料 Ⅳ．①F20

中国版本图书馆 CIP 数据核字（2019）第 285299 号

责任编辑　贺　静
责任印制　马小宾
封面设计　华子设计

出版发行	中国经济出版社
印 刷 者	北京富泰印刷有限责任公司
经 销 者	各地新华书店
开　　本	710mm×1000mm　1/16
印　　张	21.75
字　　数	323 千字
版　　次	2020 年 1 月第 1 版
印　　次	2023 年 2 月第 4 次
定　　价	69.00 元

广告经营许可证　京西工商广字第 8179 号

中国经济出版社 网址 www.economyph.com 社址 北京市东城区安定门外大街 58 号 邮编 100011
本版图书如存在印装质量问题，请与本社销售中心联系调换（联系电话：010－57512564）

版权所有　盗版必究（举报电话：010－57512600）
国家版权局反盗版举报中心（举报电话：12390）　　服务热线：010－57512564

PREFACE 前言

本书是适应资产评估专业应用型人才培养的需要编撰而成，本案例教材具有以下特点：一是以真实案例、突出应用。通过真实案例，培养学生的应用创新能力。二是类型全面，本书包含企业价值评估、无形资产评估、房地产评估、机电设备评估、金融资产评估、资源资产评估等资产评估业务的案例，对于提高资产评估专业学生的应用能力十分重要。三是体现新兴交叉学科特色，资产评估是经济学、金融学、会计学、财务管理和法学等诸多学科交叉的新兴学科，本教材内容也充分体现了这个特色。

全书分六章十八个案例，分别是：第一章，企业价值评估案例；第二章，无形资产价值评估案例；第三章，房地产价值评估案例；第四章，机电设备评估案例；第五章，金融资产评估案例；第六章，资源资产评估案例。

《资产评估案例精选》全书由广东金融学院史福厚教授、唐龙海副教授提出总体构思，拟定基本提纲、通读、统稿，并最后定稿。各章作者分别为：夏芳副教授编写第一章，王金平教授编写第二章，史福厚教授编写第三章，张玲副教授编写第四章，唐龙海副教授编写第五、第六章。

本书可作为应用型本科院校资产评估专业和其他经管类专业教材，也可作为经管类专业研究生、资产评估专业研究人员、资产评估从业人员和经济管理干部的学习参考用书。本书所编案例都是近年来资产评估公司真实案例，根据教学需要经过适当修改调整编写而成，对提供案例的有关公司表示衷心的感谢。

《资产评估案例精选》是由 2017 年广东省本科高校教学质量与教学改革工程建设项目资助出版，项目类别为"资产评估"特色专业，项目序号：263。

参加《资产评估案例精选》编写的各位作者付出了很多辛劳，但限于编写人员的知识水平，缺点和疏漏之处在所难免，恳请读者们批评指正。

编者

二〇一九年五月十日

目录

第一章　企业价值评估案例 …………………………………… 1
　案例一　BJRF 房地产开发有限公司全部股东权益价值评估 ……… 1
　案例二　BJSZ 新桥科技有限公司股权价值评估 ………………… 32
　案例三　TF HOL 股东全部权益价值评估 ………………………… 74

第二章　无形资产价值评估案例 ………………………………… 92
　案例四　G 公司利用锭离子提高林可霉素产量的专利权抵押价值
　　　　　评估 ……………………………………………………… 92
　案例五　以 K 公司"M"牌系列注册商标进行质押融资的评估
　　　　　 ………………………………………………………… 109
　案例六　W 水泥股份有限公司商誉减值测试评估 ……………… 130

第三章　房地产价值评估案例 …………………………………… 149
　案例七　BJ. W 投资性房地产价值评估 ………………………… 149
　案例八　GZ 市 FY 房地产发展有限公司拟进行公司发债就其涉及商铺
　　　　　等 153 项房地产专项资产市场价值进行评估 ………… 163
　案例九　F 市 S 区 L 公司拟出资设立子公司事宜所涉及的土地使用权
　　　　　 ………………………………………………………… 218

第四章 机电设备评估案例 237

案 例 十 机器设备评估案例（成本法）——XX光度计评估案例 237

案例十一 A公司拟收购一辆汽车价值评估案例 246

案例十二 （EMC）项目设备资产组评估 254

第五章 金融资产评估案例 269

案例十三 实物期权评估案例——发展选择权 269

案例十四 A银行拟处置不良贷款价值分析案例 276

案例十五 甲企业拟处置所持乙公司应收款债权价值评估案例 287

第六章 资源资产评估案例 295

案例十六 水泥用石灰岩矿采矿权出让收益评估案例 295

案例十七 生物资源资产评估案例 312

案例十八 A大理石矿采矿权出让收益评估案例 332

第一章 企业价值评估案例

案例一

BJRF 房地产开发有限公司全部股东权益价值评估

一、案例背景

(一)评估目的

接受江苏炎黄在线物流股份有限公司的委托,对 BJRF 房地产开发有限公司全部股东权益的市场价值进行评估,为江苏炎黄在线物流股份有限公司资产重组事宜提供价值参考依据。

(二)评估基准日

2008 年 12 月 31 日。

(三)评估对象和范围

BJRF 房地产开发有限公司全部股东权益。

BJRF 房地产开发有限公司 2008 年 12 月 31 日的全部资产及相关负债。BJRF 房地产开发有限公司资产总额账面值为 2,236,122,598.39 元,负债总额账面值为 1,664,028,189.92 元,所有者权益总额账面值为572,094,408.47元。

(四)价值类型

此次评估目的是为江苏炎黄在线物流股份有限公司资产重组事宜提供价值参考,根据评估目的、评估对象、交易的市场条件,将此次评估选择市场价值作为本评估报告的价值类型。

市场价值是指自愿买方和自愿卖方在各自理性行事且未受任何强迫的情况下,评估对象在评估基准日进行正常公平交易的价值估计数额。

二、评估标的

本案例分析涉及的评估标的为 BJRF 房地产开发有限公司全部股东权益。

(一)评估标的基本情况

1. 企业名称:BJRF 房地产开发有限公司。
2. 住所:略。
3. 法定代表人:略。
4. 注册资本:略。
5. 实收资本:略。
6. 公司类型:有限责任公司。
7. 成立日期:2001 年 6 月 21 日。
8. 经营范围:房地产开发及商品房销售、房地产信息咨询(中介除外)。

2001 年 6 月 20 日,自然人陈水波以货币出资 980 万元占 35%、陈水双以货币出资 420 万元占 15%、陈水滚以货币出资 420 万元占 15%、王宇以货币出资 700 万元占 25%、李荣宣以货币出资 280 万元占 10%,共同成立 BJRF 房地产开发有限公司。企业类型:有限责任公司;经营范围:房地产开发及商品房销售、接受委托从事物业管理、房地产信息咨询(中介除外),销售建筑材料、装饰材料、化工产品、机电设备。

2004 年 11 月 1 日,BJRF 房地产办理变更登记,变更事项有四项:一是股东王宇将其 700 万元的出资转让给陈水波;二是第三人北京中润东方石业有限公司向润丰房地产增加出资 3000 万元;三是润丰房地产注册资本从 2800 万元增加至 5800 万元;四是润丰房地产经营范围减掉"接受委托从事物业管理;销售建筑材料、装饰材料、化工产品、机电设备"。

2004 年 11 月 15 日,BJRF 房地产召开公司股东会,表决通过以下事项:一是同意北京中润东方石业有限公司退出公司股东会;二是同意北京中润东方石业将其全部出资3000万元中的988万元转让给陈水波、1088万元转让给陈水双、508万元转让给陈水滚、416万元转让给李荣宣,转让后公司出资情况为:陈水波出资2668万元占46%、陈水双出资1508万元占26%、陈水滚出资928万元占16%、李荣宣出资696万元占12%。以上事项同时办理了工商变更登记。

2005年3月31日,BJRF润丰房地产股东会同意由第三人福建省南安市润丰石材有限公司出资4200万元成为公司股东,公司其他股东出资不变。

北京国际信托投资有限公司以"润枫国际公寓项目集合资金信托计划"所募集的2亿元资金向润丰房地产以股权形式投资,BJRF房地产注册资本增加至3亿元人民币。本次北京国际信托投资有限公司出资2亿元经北京富尔会计师事务所有限责任公司于2006年1月20日出具京富会(2006)2A-277号验资报告验证。

2007年7月16日,北京国际信托投资有限公司将其持有的北京润丰房地产有限公司66.67%的股权转让给润丰投资集团有限公司,并放弃股东之优先购买权。

2007年7月26日,福建省南安市润丰石材有限公司将其持有的北京润丰房地产有限公司14%的股权转让给润丰投资集团有限公司,并放弃股东之优先购买权。

2007年7月29日,陈水波将其2668万元出资转让给润丰投资集团有限公司,陈水双将其1508万元出资转让给润丰投资集团有限公司,陈水滚将其928万元出资转让给润丰投资集团有限公司,李荣宣将其696万元出资转让给润丰投资集团有限公司。

2007年10月25日,润丰投资集团有限公司将持有的BJRF房地产开发有限公司20%的股权转让给林宝定。

(二)资产、财务及经营状况

表1-1 公司历年主营业务收入及利润总额情况　　　　　　单位:元

项目	2008年数	2007年数
一、营业收入	1,093,937,780.26	879,391,563.00

续表

项目	2008年数	2007年数
减：营业成本	653,406,197.73	700,515,994.68
营业税金及附加	105,287,917.39	55,976,362.96
销售费用	23,940,006.09	33,596,192.43
管理费用	16,407,414.08	9,458,763.36
财务费用	41,495,481.27	-1,484,295.90
资产减值损失	-1,426,019.39	572,876.25
加：公允价值变动收益		
投资收益	426,222.78	
二、营业利润	255,253,005.87	80,755,669.22
加：营业外收入	10,492.84	
减：营业外支出	3,343,977.62	306,583.27
其中：非流动资产处置净损失	4204.62	-3239.81
三、利润总额	251,909,028.25	80,459,578.79
减：所得税费用	73,545,447.76	10,623,406.67
四、净利润	178,363,580.49	69,836,172.12

表1-2 公司历年资产及负债情况　　　　　　　　　　单位：元

项目	2008年年末	2007年年末
资产总计	2,236,122,598.39	2,456,333,273.70
负债合计	1,664,028,189.92	2,027,602,445.72
所有者权益合计	572,094,408.47	428,730,827.98

注：以上财务报表已经南京立信永华会计师事务所有限公司审计。

三、评估方法

（一）评估方法的选择

本项目评估方法的选择，由于没有与被评估企业相类似的股权交易案例，无法搜集市场法所需的相关资料，故无法采用市场法进行评估。

通过对被评估企业的调查了解，被评估企业生产经营稳定，未来预期收益可以预测并可以用货币衡量，资产拥有者获得预期收益所承担的风险也可以预测并可以用货币衡量，被评估资产预期获利年限可以预测，故此次采用收益法进行评估。

由于被评估企业持续经营,被评估对象具有预期获利能力,被评估企业具备可利用的历史资料,在充分考虑资产的实体性贬值、功能性贬值和经济性贬值的基础上,采用成本法进行评估。

(二)成本法评估

企业价值评估中的成本法也称资产基础法,是指在合理评估企业各项资产价值和负债的基础上确定评估对象价值的评估思路。

对于各单项资产,根据所具备的评估条件,选择相应的评估方法。以下按照资产类别分项简述。

1. 流动资产评估

(1)货币资金

货币类流动资产为现金及银行存款。对现金进行盘点核实;对银行存款根据评估申报表,经与银行对账单及银行存款余额调节表核对,确定其账实是否相符。按清查核实后账面值确定评估值。

(2)应收款项

包括应收账款和其他应收款,对应收款项在弄清有关项目性质的前提下,核对账目、原始凭证,在进行经济内容分析和账龄分析的基础上,根据核实后的调整后账面价值及其可收回情况确定评估值。

(3)预付款项的评估

主要通过判断其形成取得货物的权利能否实现或能否形成资产确定评估值。对预付账款中的费用性质款项评估为零;预付的工程款项,因本次对于存货是以完全成本为基础进行评估的,评估价值中包括了发生在存货上的各项成本,因此对预付账款中的工程款评估为零。

(4)存货的评估

存货包括产成品(开发产品)、在产品(开发成本)。

①产成品(开发产品)的评估

企业的产成品为尚未完成销售的已完工商品房,评估时以评估基准日的市场售价为基础,减去销售费用、全部税金、适当的税后净利润及土地增值税后确认评估值。计算公式如下:

$$评估值 = 建筑面积 \times (销售单价 - 销售费用 - 销售税金及附加 -$$
$$所得税 - 评估扣除利润) - 土地增值税$$

其中：

A. 销售单价

根据该项目各楼 12 月平均销售均价,结合目前房地产市场情况和未来发展趋势,确定各楼销售均价。

B. 销售费用率

销售费用率按润丰房地产近年平均销售费用率确定,根据企业利润表测算为 4%。

C. 销售税金及附加

包括营业税及附加(销售收入的 5.5%)、印花税(销售收入的 0.05%),综合税率为 6%。

D. 所得税

该企业所得税适用税率为 25%,以企业利润总额为计税基数。根据企业近几年利润表测算,所得税费用约占销售收入的 5%。

E. 扣除利润

润丰房地产近年销售利润率为 15% 左右,根据其近期房产销售情况,扣减利润确定为 10%。

F. 土地增值税的扣除

根据《中华人民共和国土地增值税暂行条例实施细则》计算,计算内容如下:

$$土地增值额 = 房地产销售有关的收入 - 与房地产开发有关的税金 -$$
$$取得土地使用权所支付的费用 - 房地产开发成本 - 财务费用 -$$
$$房地产开发间接费用 - 其他扣除项目$$

计算土地增值税税额,可按增值额乘以适用的税率,减去扣除项目金额乘以速算扣除系数的简便方法计算,具体公式如下:

a. 增值额未超过扣除项目金额 50%:

$$土地增值税税额 = 增值额 \times 30\%$$

b. 增值额超过扣除项目金额 50%,未超过 100%:

土地增值税税额 = 增值额×40% - 扣除项目金额×5%

c. 增值额超过扣除项目金额100%,未超过200%：

土地增值税税额 = 增值额×50% - 扣除项目金额×15%

d. 增值额超过扣除项目金额200%：

土地增值税税额 = 增值额×60% - 扣除项目金额×35%

注：公式中的5%、15%、35%为速算扣除系数。

②在产品(开发成本)的评估

在产品(开发成本)主要是指润枫水尚项目已建成毛坯房和刚完成装修的房屋及旧宫项目土地开发成本。对于润枫水尚列入开发成本的项目评估，因已具备销售条件，此次按开发产品进行评估；由于旧宫项目用地是近期通过挂牌竞价取得，能够客观地反映市场价值水平，且截至评估基准日尚未进行开发建设，账面归集成本与项目完工程度一致，本次评估以账面值作为评估值。

2. 长期投资的评估

(1)长期投资包括持有到期投资、股权投资及投资性房地产

①持有到期投资为北京润丰房地产开发有限公司近期申购的"财富5号房地产集合资金信托计划"项1500份。

②股权投资为被评估企业对北京润丰宏业房地产开发有限责任公司62.16%的股权和对北京润兴伟业房地产开发有限责任公司100%的股权投资。

③投资性房地产为位于朝阳区安立路60号院的游泳池，建筑面积878.41平方米，房屋所有权证号为京房权证朝其05字第001044号。根据被评估企业说明，该房产规划时为游泳池，办理房屋所有权证时房屋用途为设备用房。

(2)评估人员主要对长期投资的形成原因、账面值和实际状况等进行了取证核实，并查阅了投资协议、章程和有关会计记录等，以确定长期投资的真实性和准确性。

①由于"财富5号房地产集合资金信托计划"为企业6月末购入，本次按账面值确定评估值。

②根据本次评估目的及长期投资企业情况,本次对北京润丰宏业房地产开发有限责任公司进行了整体评估,以其评估后的净资产值乘以润丰房地产开发有限公司的持股比例,计算确定长期投资的评估值。因北京润兴伟业房地产开发有限责任公司成立时间较短,尚未正式经营,本次评估以账面值确认评估值。

在确定长期股权投资评估值时,评估师没有考虑控股权、参股权等因素产生的溢价及折价。

③对于投资性房地产,因该房产为企业投资性房产,主要是出租经营。根据评估对象有固定的出租收益这一特点,本次选取收益法对评估对象进行评估。

3. 设备评估

设备主要为车辆及电子设备。

采用成本法进行评估,成本法是按被评估资产的现时重置成本扣减其各项损耗价值来确定被评估资产价值的方法。

$$评估值 = 重置价值 \times 综合成新率$$

评估人员首先进行资产清查,根据被评估企业的账簿记录和设备的购置发票、购置合同、报关单、付款记录等确定产权,然后根据委托评估设备与车辆清单,现场核查设备、车辆现状,并对设备新旧程度、技术性能、运行环境、利用率及维修保养状况进行实地考察,对价值较大的重点设备性能进行现场测试并查阅设备技术档案,按照操作要求,现场填写机器设备作业表;然后根据评估规定,结合设备、车辆现状,确定评估标准与测算方法,计算资产的现行价格。成新率则根据有形损耗和功能性贬值进行确定,操作过程如下:

(1) 重置价值的确定

①对能询到评估基准日市场价格的不需要安装的设备,以市场售价作为重置价值。

$$重置价值 = 市场售价$$

②对能询到评估基准日市场价格的需要安装、调试的设备,以市场售价加运杂费、安装调试费和资金成本作为重置价值。

$$重置价值 = 市场售价 + 运杂费 + 安装调试费 + 资金成本$$

运杂、安装调试费:根据设备生产厂的远近、设备安装的繁简、安装时配套装置的多少、调试的复杂程度,并参考《资产评估常用数据和参数手册》相关系数及被评估企业近期购入设备的数据,确定运杂费和安装调试费。

资金成本:对价值较高的设备,根据设备的购建建设期和同期金融机构贷款利率确定资金成本。

③对无法从市场获得设备价格的,通过查阅机电设备报价手册及机床产品订货手册所列价格,加运输费、安装调试费等确定设备的重置价值。

④对无法询价的设备,根据同类设备的价格,采用类比法,通过性能价格对比进行修正计算,加运杂费、安装调试费等确定设备的重置价值。

⑤对新购置的设备,购置日期距评估基准日时间不长,其间市场价格变化不大,在核实其账面价值及其构成后,以账面原值作为重置价值。

⑥车辆

$$车辆重置价值 = 车辆购置价 + 车辆购置税 + 其他费用$$

$$车辆购置税 = 含税价/(1+17\%) \times 10\%$$

其他费用 500 元。

(2)成新率的确定

①对重要、单位价值高、关键的设备,技术鉴定成新率权重取 60%,年限法成新率权重取 40%,然后综合确定成新率。

$$技术鉴定成新率 = \frac{鉴定分}{标准分} \times 100\%$$

$$年限法成新率 = \frac{经济使用年限 - 已使用年限}{经济使用年限} \times 100\%$$

$$或 = \frac{尚可使用年限}{已使用年限 + 尚可使用年限} \times 100\%$$

$$综合成新率 = 技术鉴定成新率 \times 60\% + 年限法成新率 \times 40\%$$

②对一般设备,先用年限法初步确定成新率,然后结合设备的出厂质量、利用率、近期技术状况及维护保养等情况综合确定成新率。

③对超役龄使用或严重老化、保养很差的设备,如尚可使用,成新率取定为 15%,如已无法运转,则按账面原值的 3% 计取残值。

④对部分购置后一直闲置不用的设备,结合出厂质量、利用率、近期技

术状况及维护保养等情况,以技术鉴定打分法确定成新率。

⑤对车辆,依据国家经贸委等部委联合发布的1997年"国经贸经〔1997〕456号《关于发布汽车报废标准的通知》"、1998年"国经贸〔1998〕407号《关于调整轻型载货汽车报废标准的通知》"及2000年12月18日"国经贸资源〔2000〕1202号《关于调整汽车报废标准若干规定的通知》"等文件规定,根据已使用年限和已行驶里程分别计算成新率,依据孰低原则确定理论成新率,该项权重为40%。现场勘察车辆状况打分确定技术鉴定成新率,该项权重为60%。由两项结合来确定其综合成新率。

$$综合成新率 = MIN(年限法成新率,里程法成新率) \times 40\% + 技术鉴定成新率 \times 60\%$$

(3)评估值的确定

$$评估值 = 重置价值 \times 综合成新率$$

4. 无形资产——其他无形资产的评估

为外购财务软件摊销后的余额。包括公司购置的财务软件和工程预算软件等,本次评估对各项软件按照重置成本和尚可使用月份确定评估值。

5. 流动负债评估

对流动负债评估采用的方法主要是查证核实。根据企业提供的各项目明细表,对评估范围内的负债构成情况进行初步了解,听取企业有关人员介绍负债的形成原因、记账原则等情况,并采用查阅账簿凭证和函证等方式对各项负债进行清查核实,逐项审核是否存在债权人和是否为实际需要付出的债务。在此基础上,根据实际情况,针对不同负债项目选取适当的评估方法进行评估。对于实际需要付出的债务以经过审查核实后的调整后账面值作为其评估值。

工作程序如下:

(1)核对清查评估明细表与报表、总账、明细账是否一致;

(2)逐项确认债权人或债权是否客观存在;

(3)抽查业务内容记账凭证及附件,以推断其余额的可靠性。

通过实施评估程序,以核实后的调整后账面值确定评估值。

(三)收益法评估

1. 收益法的应用简介

收益法是指通过估算被评估资产未来预期收益并折算成现值,借以确定被评估资产价值的一种资产评估方法。

采用收益法对资产进行评估所确定的资产价值,是指为获得该项资产以取得预期收益的权利所支付的货币总额。资产的评估价值与资产的效用或有用程度密切相关,资产的效用越大,获利能力越强,它的价值也就越大。

众所周知,资产成交后能为新的所有者带来一定的收益,所有者支付的货币量不会超过该项资产(或与其具有同样风险因素的相似资产)的期望收益的折现值。换一个角度分析,投资者投资购买资产时一般要进行可行性分析,其预计的内部回报率只有在超过评估的折现率时才肯支付货币额以取得该项资产。

2. 应用收益现值法评估资产必须具备的前提条件

(1)企业的资产评估范围产权明确;

(2)企业的未来收益可货币量化;

(3)企业的未来经营风险可货币量化。

此次对委托评估资产的评估,是在企业持续经营假设条件下进行的。企业持续经营假设是假定被评估企业仍按原先设计及兴建的目的使用,包括保留企业现时所处的位置,保持原有的经营方式和经营风格,在原有资产要素构成或必要的调整基础上继续经营。从资产评估的角度来理解企业持续经营还包括企业继续经营中所提供的产品或服务,能够满足及适合市场的需要,并从中持续地产生效益。

3. 收益预测基础

(1)本次评估的预测基础是建立在企业正常经营的前提条件下,未考虑偶然因素和不可比因素,是企业正常经营的收益。

(2)本次评估的收益预测是以企业现实存量资产为出发点,并考虑存量资产的合理改进,未考虑新的产权主体超常行为等因素对企业正常收益的影响。

(3)本次评估的收益预测是建立在 BJRF 房地产开发有限公司历史经营

成果审计结果的基础上,结合企业提供的预期收益预测和我公司调查搜集到的有关信息资料,运用适当的方法进行评估。

(4)BJRF房地产开发有限公司提供以前年度的经营资料和未来收益预测资料。

4. 评估模型

本次评估采用分段的自由现金流折现模型,即把未来分为可以相对准确预测的收益期和预测期后的永续期。根据自由现金流折现模型的要求,以及收集的北京润丰房地产开发有限公司对未来收益预测资料等具体条件,评估人员以未来3年作为预测期,第4年及以后作为永续期。

具体计算公式为:

(1)自由现金流 = 息税前利润(1 – 所得税率) + 折旧及摊销 – 资本性支出 – 营运资金增加额

(2)自由现金流现值

$$P = \sum_{t=1}^{\infty} \frac{F_t}{(1+i)^t} + \frac{1}{(1+i)^n} \cdot \frac{F}{i}$$

其中:

F_t 为第 t 年的全投资自由现金流;i 为折现率;F 为第 n 年以后的等额永续现金流;n 为准确预测年期,本次评估 n 为3年。

(3)企业整体价值 = 自由现金流现值 + 溢余资产价值 + 非经营性资产价值

(4)股东全部权益价值 = 企业整体价值 – 有息负债价值

(四)评估技术说明

本案例选取成本法的评估技术进行说明。

1. 流动资产评估说明

(1)评估范围

流动资产评估范围包括货币资金、应收账款、预付账款、其他应收款、存货。

(2)评估过程

①对评估范围内的流动资产构成情况进行初步了解,提交流动资产评估资料清单和评估申报明细表规范格式,按评估规范化的要求指导企业填

写相关评估明细表；

②听取公司有关人员介绍流动资产的情况，对非实物流动资产进行核对，对存货进行实地勘察核实；

③收集流动资产评估有关的资料和文件；

④根据实际情况，针对不同资产选取适当的评估方法进行评估；

⑤编制流动资产各科目清查评估明细表，撰写流动资产评估技术说明。

（3）评估方法

根据 BJRF 房地产开发有限公司提供的以及南京立信永华会计师事务所有限公司审定的 2008 年 12 月 31 日资产负债表、企业申报的流动资产各项目评估明细表，在核实报表、评估明细表和实物的基础上，按照《资产评估操作规范意见》和有关评估准则的要求，遵循独立性、客观性、科学性的工作原则进行评估工作。各科目具体评估方法如下：

①货币资金

货币资金包括现金和银行存款，账面值为 22,481,366.99 元。

现金的评估：现金账面值为 7150.62 元，存放在公司财务部门。评估人员核对了现金日记账并进行了现场盘点，以盘点日的账面值加减基准日至盘点日的收入数和支出数，倒推出基准日的账面数，以核实无误的清查调整后账面值作为评估值。

银行存款的评估：银行存款账面值为 22,474,216.37 元，系公司各开户银行账户的期末余额，主要用于公司的日常购销、交纳税款、支付工资、费用等。评估人员核实了公司提供的银行对账单及余额调节表，以清查调整后账面值作为评估值。

②应收账款

应收账款账面原值 839,920.00 元，坏账准备 41,996.00 元，应收账款净值 797,924.00 元，为应收房款，账龄均在 1 年以内。评估人员核对了应收账款明细账、总账和报表的一致性，核实了款项的发生时间和回款情况。同时，核对部分欠款单位的询证函，未发现应收款项无法收回的确凿证据。目前，账面所列示的应收账款单位主要为业主，发生坏账的可能性较小，因此应收账款的评估值按调整后账面原值确认，坏账准备评估为 0 元。

应收账款的评估价值为 839,920.00 元。

③预付账款

预付账款账面值 66,687,293.74 元,为预付的工程款和材料款、拆迁补偿费等。评估人员核对了预付账款明细账、总账和报表的一致性,并对预付款项进行了调查分析。预付账款中除第 9 项、10 项、17 项外,其余均为润枫水尚项目工程款项,因本次存货是以完全成本为基础进行评估的,评估价值中包括发生在存货上的各项成本,因此将润枫水尚项目预付工程款评估为 0。

预付账款的评估价值为 41,965,300.00 元。

④其他应收款

其他应收款账面原值为 4,994,852.87 元,坏账准备 1,130,028.04 元,账面净值为 3,864,824.83 元,为应收河北省曲阳县第六建筑工程公司、北京兴发鸿顺石材经销部、中圣嘉信投资(北京)有限公司等单位及个人的往来款、押金等。

对其他应收款的评估是比照对应收账款的评估方法进行的。即经查阅合同、原始凭证和账簿等相关资料,并核对大额应收款函证,在核实应收款项的业务内容、账龄、往来方和金额等无误的基础上,具体分析了业务内容、欠款时间和款项回收等情况。对于目前有充分理由相信可以全部收回的应收款,按每项应收账款的余额计评估值;对于历史上形成的目前有充分理由相信不能收回的部分,在评估值中予以扣除。目前,账面所列示的应收账款单位与委托方均有较密切的业务往来,因此应收账款的评估值按调整后账面原值确认,同时坏账准备评估值为 0 元。

其他应收款评估值为 4,994,852.87 元。

⑤存货

A. 评估范围

纳入此次评估范围的存货包括开发产品和开发成本。开发产品账面值 628,795,098.47 元,主要是润枫水尚项目在售房屋和润枫德尚项目尾房;开发成本账面值 1,246,850,301.22 元,主要是润枫水尚项目已建成毛坯房和刚完成装修的房屋及旧宫项目土地开发成本。

B. 评估对象概况

a. 润枫水尚项目概况

润枫水尚项目位于北京市朝阳区姚家园113号,在朝阳北路与青年路交汇路口西北处。项目规划总占地面积14万平方米,规划总建筑面积43万平方米,其中,居住建筑面积28万平方米,配套公建建筑面积15万平方米。建筑高度45.4米,绿化率35%。建筑结构为剪力墙结构。

基础配套:二级负荷双回路供电;市政供水;社区集中燃气供暖;宽带、电话等通信设施。

装修情况:外墙干挂花岗岩;高档铝合金断桥隔热门窗;公共部分为花岗岩立面,石材精装;5-8号楼室内为毛坯房,其他楼宇室内为高档精装。

截至评估基准日(2008年12月31日),该项目已经取得了《国有土地使用证》《建设用地规划许可证》和《建设工程规划许可证》。

土地使用权证证载数据:使用权面积121959.6平方米,用途为居住、商业、地下车库,使用权类型为出让。使用权终止日期:住宅为2074年11月23日,商业为2044年11月23日,地下车库为2054年11月23日。

被评估企业提供的《房屋土地测绘技术报告书》显示,该项目测绘总建筑面积为383,192.64平方米,地下车库总建筑面积为40,506.61平方米,车位数为1171个。

b. 旧宫项目概况

该项目为大兴区旧宫镇西广德住宅项目待开发的土地,于2007年12月通过挂牌出让竞得,2008年3月11日签订土地出让合同。出让土地面积为58,921平方米,规划建筑面积123,734平方米。用地性质为居住用地,可兼容配套设施。

账面列示金额主要为土地取得费及拆迁补偿费。截至评估基准日尚未进行开发建设。

c. 润枫德尚项目概况

润枫德尚项目位于朝阳区安立路60号院3、4、5号楼,该项目建成于2004年年底,所余尾房为4套住宅922.96平方米、商铺12,158.84平方米、69个车库。其中商铺已出售,尚未结转成本;住宅因采光较差,一直未出售。

C. 评估过程说明

首先,收集素材及准备阶段。评估人员进入现场后根据被评估企业提供的资产明细表进行表账核对;核对房屋建筑物的名称、坐落地点、结构、建筑面积、使用年限等;查看有关建筑物资料及有关工程资料;同时根据房屋建筑物的实际情况,制定了《房屋建筑物现场调查表》,由主管房屋建筑物的管理人员及现场维护使用人员填报。

其次,实地查勘阶段。对每一评估对象,评估人员都进行了尽可能详尽的现场考查,对房屋的外形、结构形式、层次、高度、内外装修、使用维修、施工质量、水暖电安装使用的情况进行了较详细的记录,还查阅了有关图纸及预结算资料,走访了有关房屋建筑物的管理维护人员及使用人员。对土地的位置、环境等进行了调查。

最后,评估作价阶段。取得各种作价依据,进行调整和处理,最终得到以2008年12月31日为基准日的评估结果。

D. 评估方法

a. 对于开发产品的评估

根据中国资产评估协会发布的《资产评估操作规范意见(试行)》,产成品一般以其完全成本为基础,根据该产品市场销售情况好坏决定是否加上适当的利润,或是要低于成本。具体情况如下:

第一,对于十分畅销的产品,根据其出厂销售价格减去销售费用和全部税金确定评估值;

第二,对于正常销售的产品,根据其出厂销售价格减去销售费用、全部税金和适当数额的税后净利润确定评估值;

第三,对于勉强能销售出去的产品,根据其出厂销售价格减去销售费用、全部税金和税后净利润确定评估值;

基本公式为:

产成品评估单价 = 不含税单价 − 销售税金及附加 − 销售费用 − 所得税 − 评估扣除利润

因纳入本次评估范围的存货为房地产开发企业开发的房产,适用的公式如下:

$$评估值 = 建筑面积 \times (销售单价 - 销售费用 - 销售税金及$$
$$附加 - 所得税 - 评估扣除利润) - 土地增值税$$

b. 对开发成本的评估

第一,润枫水尚项目

润枫水尚项目开发成本包括已建成未装修的毛坯房5号、6号楼和刚完成装修的7号、8号楼及配套底商。由于上述房产已建成,具备销售条件,此次按开发产品进行评估。

第二,旧宫项目土地开发成本

由于旧宫项目用地是近期通过挂牌竞价取得,能够客观地反映市场价值水平,且截至评估基准日尚未进行开发建设,账面归集成本与项目完工程度一致,本次评估以账面值作为评估值。

E. 评估测算过程

以润枫水尚项目开发成本为例进行说明:

a. 销售单价

根据该项目各楼12月平均销售均价,结合目前房地产市场情况和未来发展趋势,确定各楼销售均价如表1-3所示。

表1-3 该项目各楼销售均价

栋 号	销售单价(元/平方米)
5号楼(毛坯)	14,000.00
5号楼(底商)	20,000.00
6号楼(毛坯)	13,500.00
7号楼(精装)	18,500.00
8号楼(精装)	18,000.00
销售单价(元/平方米)	
8号楼(底商)	20,000.00
商业配套(1-3)	22,000.00

b. 销售费用率

销售费用率按润丰房地产近年平均销售费用率确定,根据企业利润表测算为4%。

c. 销售税金及附加

包括营业税及附加(销售收入的5.5%)、印花税(销售收入的0.05%),综合税率为6%。

d. 所得税

该企业所得税适用税率为25%,以企业利润总额为计税基数。根据企业近几年利润表测算,所得税费用约占销售收入的5%。

e. 扣除利润

润丰房地产近年销售利润率为15%左右,根据其近期房产销售情况,扣减利润确定为10%。

f. 土地增值税的扣除

根据《中华人民共和国土地增值税暂行条例实施细则》计算,计算内容如下:

土地增值额 = 房地产销售有关的收入 – 与房地产开发有关的税金 –
取得土地使用权所支付的费用 – 房地产开发成本 – 财务费用 –
房地产开发间接费用 – 其他扣除项目

计算土地增值税税额,可按增值额乘以适用的税率,减去扣除项目金额,乘以速算扣除系数的简便方法计算,具体公式如下:

第一,增值额未超过扣除项目金额50%:

土地增值税税额 = 增值额 × 30%

第二,增值额超过扣除项目金额50%,未超过100%:

土地增值税税额 = 增值额 × 40% – 扣除项目金额 × 5%

第三,增值额超过扣除项目金额100%,未超过200%:

土地增值税税额 = 增额 × 50% – 扣除项目金额 × 15%

第四,增值额超过扣除项目金额200%:

土地增值税税额 = 增值额 × 60% – 扣除项目金额 × 35%

注:公式中的5%、15%、35%为速算扣除系数。

根据上述方法计算5号至8号楼及商业配套应交土地增值税为314,521,792.98元。具体计算如表1-4所示。

表1-4 应交土地增值税计算

项目	金额/元
①房地产销售有关的收入	1,863,307,430.00
允许扣除项目:与房地产开发有关的税金	103,413,562.37
取得土地使用权所支付的费用	48,315,124.73
房地产开发成本	668,449,892.55
财务费用	29,642,621.14
房地产开发间接费用	35,838,250.86
其他扣除项目	71,676,501.73
②允许扣除项目之和	957,335,953.37
③土地增值额=①-②	905,971,476.63
应交土地增值税	314,521,792.98

F. 评估值

评估值 = 建筑面积 × (销售单价 - 销售费用 - 销售税金及附加 - 所得税 - 评估扣除利润) - 土地增值税

润枫水尚项目开发成本评估计算如表1-5所示。

表1-5 项目开发成本评估计算

栋号	面积/平方米 a	平均售价/元 b	销售费用/元 c	销售税金/元 d	所得税/元 e	税后净利润/元 f	总额/元 $I = a \times (b-c-d-e-f)$
5号楼	15,458.21	14,000.00	560.00	840.00	700.00	1400.00	162,311,205.00
5号楼(底)	1325.2	20,000.00	800.00	1200.00	1000.00	2000.00	19,878,000.00
6号楼	25,056.03	13,500.00	540.00	810.00	675.00	1350.00	253,692,303.75
7号楼	25,534.37	18,500.00	740.00	1110.00	925.00	1850.00	354,289,383.75
8号楼	24,534.48	18,000.00	720.00	1080.00	900.00	1800.00	331,215,480.00
8号楼(底)	1625.89	20,000.00	800.00	1200.00	1000.00	2000.00	24,388,350.00
商业配套(1-3)	15,254.9	22,000.00	880.00	1320.00	1100.00	2200.00	251,705,850.00
合计	108,789.08						1,397,480,572.50

润枫水尚项目开发成本评估结果为:

评估值 = 1,397,480,572.50 - 314,521,792.98 = 1,082,958,779.52(元)

G. 评估结果

经上述评估,存货评估结果为 2,047,985,689.48 元,其中,开发产品为 642,718,388.40 元;开发成本为 1,405,508,459.52 元。

H. 评估结论

表 1-6　流动资产评估结果汇总　　　　　　　　单位:元

序号	科目名称	账面值	调整后账面价值	评估值	增值额
1	货币资金	22,481,366.99	22,481,366.99	22,481,366.99	0.00
2	应收账款净额	797,924.00	797,924.00	839,920.00	41,996.00
3	预付账款	66,687,293.74	66,687,293.74	41,965,300.00	-24,721,993.74
4	其他应收款净额	3,864,824.83	3,864,824.83	4,994,852.87	1,130,028.04
5	存货	1,875,645,399.69	1,875,645,399.69	2,048,226,847.92	172,581,448.23
	流动资产合计	1,969,476,809.25	1,969,476,809.25	2,118,508,287.78	149,031,478.53

如表 1-6 所示,企业申报评估的流动资产账面值为 1,969,476,809.25 元,调整后的账面值为 1,969,476,809.25 元,评估值为 2,118,508,287.78 元,增值额为149,031,478.53元,增值率 7.57%。增值主要原因:

其一,应收账款和其他应收款的评估增值是由于坏账准备评估值为零导致;

其二,预付账款中大部分为存货涉及的预付工程款,此次存货评估值已包含全部工程成本,预付工程款评估为零,导致预付账款评估减值;

其三,存货增值原因:此次存货以完全成本为基础,按照评估基准日的售价进行评估,其中包含了所有工程成本、预计可实现的部分利润及由于土地使用权增值带来的增值收益。而存货账面值核算的只是企业投入成本,致使评估增值。

2. 非流动资产评估技术说明

(1)长期投资评估技术说明

①持有到期投资

截至评估基准日持有到期投资账面值为 15,000,000.00 元,调整后账面值为 15,000,000.00 元,为北京润丰房地产开发有限公司申购的"财富 5 号房地产集合资金信托计划"项 1500 份,财产壹仟伍佰万元整。信托计划期限:2 年,自信托计划成立日起计算;受托人:北京国际信托有限公司;保管人:中信银行股份有限公司;推介机构:北京国际信托有限公司。评估人员审核了相关凭证、资金计划等资料,由于"财富5号房地产集合资金信托计划"为企业6月末购入,本次以核实无误的调整后账面值确认评估值为15,000,000.00元。

②长期股权投资

A. 评估范围

纳入本次评估范围的长期股权投资为北京润丰房地产开发有限公司于2007年7月对北京润丰宏业房地产开发有限责任公司62.16%的股权投资,账面值金额为200,000,000.00元,及2008年11月19日对北京润兴伟业房地产开发有限责任公司100%的股权投资,账面值金额为11,880,000.00元。

B. 评估方法及过程

评估人员首先对长期投资形成的原因、账面值和实际状况进行了取证核实,并查阅了投资协议、股东会决议、章程和有关会计记录等,以确定长期投资的真实性和完整性,根据本次评估目的及被投资企业情况,本次对北京润丰宏业房地产开发有限责任公司进行了整体评估,以其评估后的净资产值乘以润丰房地产开发有限公司的持股比例,计算确定长期投资的评估值。

长期投资评估值=被投资单位整体评估后净资产×持股比例

因本次润丰地产及下属子公司经营模式相同、经营品种与资产类型相近,在评估过程中遵循的评估原则、采用的评估方法、各项资产及负债的评估过程均相同,均与润丰地产保持同一标准、同一尺度。

北京润丰宏业房地产开发有限责任公司在评估基准日的总资产为556,784,891.34元;总负债为251,109,554.01元;净资产为305,675,337.33元。经评估人员评估测算,北京润丰宏业房地产开发有限责任公司在评估基准日净资产评估值为343,962,449.54元。北京润丰房地产开发有限公司对其的持股比例为62.16%。则该项长期股权投资的评估值为:

评估值=343,962,449.54×62.16%=213,807,058.64元

北京润兴伟业房地产开发有限责任公司在评估基准日的总资产为11,852,603.94元;总负债为0元;净资产为11,852,603.94元。因北京润兴伟业房地产开发有限责任公司刚成立,尚未运营,本次评估以北京润兴伟业

房地产开发有限责任公司评估基准日审定后净资产乘以持股比例确认评估值。则该项长期股权投资的评估值为：

评估值 = 11,852,603.94 元 × 100% = 11,852,603.94 元

在确定长期股权投资评估值时，评估师没有考虑控股权和少数股权等因素产生的溢价和折价。

最终评估结果为：长期股权投资账面值为 211,880,000.00 元,调整后的账面值为 211,880,000.00 元,评估值为 225,659,662.58 元,增值额为 13,779,662.58元,增值率为 6.50%。

增值主要原因：由于企业长期投资账面余额反映的是初始投入资本,本次评估按照被投资企业评估后的净资产确定股权现值,且大于初始投入资本,造成评估增值。

③投资性房地产

A. 评估范围

纳入本次评估范围的投资性房地产为位于朝阳区安立路60号院的游泳池,建筑面积 878.41 平方米。房屋所有权证号为京房权证朝其 05 字第 001044 号,证载用途为设备用房。账面原值为 10,000,000.00 元,账面净值为 8,306,880.00 元。

B. 评估方法

因该房产为企业投资性房产,主要是出租经营。根据评估对象有固定的出租收益这一特点,本次选取收益法对评估对象进行评估。收益法是预测评估对象未来各期的净收益,选用适当的报酬率(折现率),将其折算到评估基准日上的现值,求其之和得出评估对象价格的一种评估方法。

假设评估对象折现率不变,则基本公式为：

$$P = \sum_{i=1}^{n} A_i / (1+r)^i$$

其中,P 为评估值;A 为年净收益;n 为收益年期;r 为折现率。

C. 评估过程

第一,租约内收益的计算：

a. 经对该游泳池出租情况进行了解,已签订合同租期为 2005—2013 年,

根据租赁合同确定年收入如下：

2009年1月—2010年12月，租金标准为2元/平方米/天，每年租金收入为63.25万元；

2011年1月—2013年6月，租金标准为2.5元/平方米/天，每年租金收入为79.06万元；

b.该房产出租过程涉及税费主要有房产税、营业税、物业费等。经分析测算，此部分税费大约占收入的20%。

c.年净收益＝年收入－年费用＝年收入×（1－年费用率）则：

2009年1月—2010年12月，每年净收益＝63.25×（1－20%）＝50.60万元

2011年1月—2013年6月，每年净收益＝79.06×（1－20%）＝63.25万元

第二，租约外收益预测：

根据该游泳池出租情况，结合周边房产出租水平，预测2013年7月该游泳池租金标准为3元/平方米/天，年费用约增加1%，并假设保持这一水平不变，收益年期至2042年6月（该房产土地使用权到期）。则：

2013年7月—2042年6月，每年净收益＝3×878.41×360×（1－21%）＝74.95万元

第三，折现率

折现率按评估基准日时中国人民银行公布的一年期定期存款利率2.25%作为安全利率，加上一定的风险调整值后综合确定取7.5%。

第四，游泳池评估值

游泳池评估值 ＝ 50.6/7.5% × $[1 - 1/(1 + 7.5\%)^2]$ + 63.25/7.5% × $[1 - 1/(1 + 7.5\%)^3]/(1 + 7.5\%)^2$ + 74.95/7.5% × $[1 - 1/(1 + 7.5\%)^{29}]/(1 + 7.5\%)^5$ ＝ 845.09万元

D.评估结果

投资性房地产账面原值为10,000,000.00元，账面净值为8,306,880.00元；调整后的投资性房地产账面原值为10,000,000.00元，账面净值为8,306,880.00元；评估值为8,450,900.00元，评估增值为144,020.00元，增值率为1.73%。增值主要原因是本次对于投资性房地产的评估是基于投资产生的净收益折现计算出的评估值，而企业账面值核算的只是企业建设成

本,致使评估增值。

(2)设备评估说明

①评估范围

北京润丰房地产开发有限公司此次申报评估的设备类资产包括车辆、电子设备,共137台(套),账面原值为12,921,779.25元,账面净值为9,346,206.52元。车辆主要有轿车、客车、洒水车、越野车;设备主要是电子设备,包括电脑和空调等,分布于北京润丰房地产开发有限公司办公区域内。

②设备概况

BJRF房地产开发有限公司的车辆购置时间为2005—2008年,电子设备主要购置于2003—2007年,有定期保养和维护。车辆使用状况良好,无大修记录;电子设备均能正常使用。

③清查情况

根据BJRF房地产开发有限公司提供的评估明细表所列项目,对车辆和电子设备进行了清点核查,包括核对设备名称、规格、制造厂家、使用时间、存放地点、数量及现状、行驶里程等,并查阅了固定资产明细账。了解设备运行、维修保养、存在问题等情况。

④评估方法的说明

采用重置成本法进行评估。

A. 重置价值的确定

第一,运输车辆

通过市场询价,再加上车辆购置税及其他费用作为其重置价值,其中购置税为不含税车价的10%;其他费用包括手续费、验车费、牌照、行驶证工本费等。其公式如下:

运输车辆重置价值 = 车辆购买价格 + 车辆购置税 + 其他相关规费

其中,

a. 购置附加费,按规定应以交纳增值税前车价的10%计算,即:

车辆购置税 = 市场现价 × (1/1.17 × 10%)

b. 其他费用指新车验车费、牌照费与上照手续费三项之和,不包括汽车运行后的其他费用或购车时所购的配套设备费用及保险费等,此部分按北京市规定计取。

第二,电子设备

由于电子设备价值量均较小,不需要安装,运输费用较低,故其重置全价参照现行市场购置价格确定。

B. 成新率的确定

a. 运输车辆

按以下方法确定成新率后取其较小者为最终成新率,即:

$$使用年限成新率 = (1 - 已使用年限/经济使用年限) \times 100\%$$

$$行驶里程成新率 = (1 - 已行驶里程/经济行驶里程) \times 100\%$$

$$成新率 = \text{Min}(使用年限成新率, 行驶里程成新率)$$

同时对待估车辆进行必要的勘查鉴定,若勘查鉴定结果与按上述方法确定的成新率相差较大,则进行适当的调整;若两者结果相当,则不进行调整。

b. 电子设备

因电子设备价值量较小,且在经济耐用年限内正常使用,本次采用年限法确定其成新率。

⑤评估结论

车辆账面原值为11,876,710.00元,账面净值为8,822,850.84元;调整后账面原值为11,876,710.00元,账面净值为8,822,850.84元;评估净值为9,283,270.00元,增值额为460,419.16元,增值率为5.22%。增值的原因是由于企业车辆计提折旧年限与评估确定的综合成新率的标准不同。

电子设备账面原值为1,045,069.25元,账面净值为523,355.68元,调整后账面原值为1,045,069.25元,账面净值为523,355.68元,评估值为514,274.00元,减值 -9081.68元,减值率为1.74%,减值的主要原因为电子设备市场价格变化较大。

(3)无形资产评估说明

无形资产账面价值93,563.96元,调整后账面价值93,563.96元,主要是外购的财务软件和工程预算软件等,本次评估对各项软件按照重置成本和尚可使用月份确定评估值。

无形资产评估价值为93,563.96元。

(4)递延所得税资产的评估说明

递延所得税资产账面价值为22,019,138.66元,主要为企业计提所得税费用。本次评估以账面值确认评估值。

递延所得税资产评估值为22,019,138.66元。

3．负债的评估说明

(1)评估范围

负债评估范围包括流动负债和非流动负债,流动负债包括应付账款、预收账款、应交税费、其他应付款,非流动负债主要为长期借款。依据北京润丰房地产开发有限公司提供的申报明细表,评估范围内的负债于评估基准日2008年12月31日的账面值如表1-7所示。

表1-7 负债账面值　　　　　　　　单位:元

序号	科目名称	账面价值	调整后账面值
1	应付账款	182,304,204.01	182,304,204.01
2	预收账款	660,243,347.40	660,243,347.40
3	应交税费	44,492,125.12	44,492,125.12
4	其他应付款	41,988,513.39	41,988,513.39
5	流动负债小计	929,028,189.92	929,028,189.92
6	长期借款	735,000,000.00	735,000,000.00
7	非流动负债小计	735,000,000.00	735,000,000.00
	负债合计	1,664,028,189.92	1,664,028,189.92

(2)评估过程

①对评估范围内的负债构成情况进行初步了解,提交负债评估资料清单和评估申报明细表规范格式,按评估规范化的要求,指导企业填写相关评估明细表;

②听取企业有关人员介绍负债的形成原因、记账原则等情况,并对各项负债进行抽查核实,同时收集与评估工作有关的资料;

③根据实际情况,针对不同负债项目选取适当的评估方法进行评定估

算,确定评估值;

④编制负债各科目清查评估明细表,撰写负债评估说明。

(3)评估方法

①应付账款

应付账款账面值 182,304,204.01 元,主要为应付北京华咨工程设计公司等 250 家公司的设计费、工程款等款项。评估人员核实了账簿记录、抽查了部分原始凭证,核实了交易事项的真实性、业务内容和金额等,并对金额较大的应付账款进行了函证。经审核无误以调整后账面值确认为评估值。

应付账款评估值为 182,304,204.01 元。

②预收账款

预收账款账面值为 660,243,347.40 元,为预收的房款,经对明细账和售房合同进行抽查,以调整后的账面值确定为评估值。

预收账款评估值为 660,243,347.40 元。

③应交税费

应交税费账面值为 44,492,125.12 元,为企业应交的营业税、土地增值税、企业所得税等,账面值的负数是由于预缴数大于本期实际缴纳数形成。评估人员对企业应交税费的具体内容、相关纳税申报情况进行了清查核实,以清查调整后的账面值作为评估值。

应交税费评估值为 44,492,125.12 元。

④其他应付款

其他应付款账面值 41,988,513.39 元。主要为应付深圳思源宏业房地产经纪公司的服务费等款项。

对于其他应付款主要核实相关协议、业务内容、结算方式、期限和金额等内容的真实性,并对大额应付款进行函证,以基准日后需实际承付的款项作为评估值。

其他应付款评估值 41,988,513.39 元。

⑤长期借款

长期借款账面值 735,000,000.00 元,主要为向中国工商银行北京海淀西区支行及北京国际信托有限公司的长期借款。评估人员审核借款内容、借款合同、记账凭证及还款情况,经审核无误后的调整后账面值确认评估值。

长期借款评估值735,000,000.00元。

(4) 评估结果

企业申报评估的负债账面值为1,664,028,189.92元,调整后账面值为1,664,028,189.92元,评估值为1,664,028,189.92元。详细情况如表1-8所示。

表1-8 应付账款价值

单位:元

序号	科目名称	账面值	调整后账面值	评估价值
1	应付账款	182,304,204.01	182,304,204.01	182,304,204.01
2	预收账款	660,243,347.40	660,243,347.40	660,243,347.40
3	应交税费	44,492,125.12	44,492,125.12	44,492,125.12
4	其他应付款	41,988,513.39	41,988,513.39	41,988,513.39
5	流动负债小计	929,028,189.92	929,028,189.92	929,028,189.92
6	长期借款	735,000,000.00	735,000,000.00	735,000,000.00
7	非流动负债小计	735,000,000.00	735,000,000.00	735,000,000.00
	负债合计	1,664,028,189.92	1,664,028,189.92	1,664,028,189.92

四、评估结果

截至评估基准日2008年12月31日,北京润丰房地产开发有限公司在持续经营的前提下,分别采用成本法和收益法得到的评估结果如下:

(一) 成本法评估结果

如表1-9所示,资产账面价值为223,612.26万元,调整后账面值为223,612.26万元,评估价值为239,952.91万元,评估增值16,340.65万元,增值率7.31%。

负债账面价值为166,402.82万元,调整后账面值为166,402.82万元,评估价值为166,402.82万元。

净资产账面价值为57,209.44万元,调整后账面值为57,209.44万元,评估价值为73,550.09万元,评估增值16,340.65万元,增值率28.56%。

表1-9 资产评估结果汇总

项目	账面价值/万元	调整后账面值/万元	评估价值/万元	增减值/万元	增值率/%
	A	B	C	$D=C-B$	$E=D/B\times100\%$
流动资产	196,947.68	196,947.68	211,850.83	14,903.15	7.57
长期投资	23,518.69	23,518.69	24,911.06	1392.37	5.92
固定资产	934.62	934.62	979.75	45.13	4.83
无形资产	9.36	9.36	9.36	—	—
其他资产	2201.91	2201.91	2201.91	—	—
资产总计	223,612.26	223,612.26	239,952.91	16,340.65	7.31
流动负债	92,902.82	92,902.82	92,902.82	—	—
非流动负债	73,500.00	73,500.00	73,500.00	—	—
负债总计	166,402.82	166,402.82	166,402.82	—	—
净资产	57,209.44	57,209.44	73,550.09	16,340.65	28.56

（二）收益法评估结果

在企业持续经营及本报告所列重要假设和限制条件下,评估基准日2008年12月31日企业申报的资产总额账面值为223,612.26万元,负债总额账面值为166,402.82万元,净资产为57,209.44万元;评估后净资产为76,134.61万元,净资产评估增值为18,925.17万元,增值率为33%。

（三）评估结论

BTRF房地产开发有限公司的股东全部权益价值采用成本法评估,评估结果为73,550.09万元,采用收益法评估,评估结果为76,134.61万元。差异额为2584.52万元,差异率为4%。

成本法是对企业账面资产和负债的现行市场价值进行评估,收益法是通过估算企业未来预期现金流和采用适宜的折现率,将预期现金流折算成现时价值,得到企业价值。

考虑到收益法受市场环境条件变化的影响较大,影响收入成本预测的因素较多,尤其是房地产行业受国家宏观调控和经济形势的影响较为突出,导致企业未来经营战略的实施存在一定的不确定性,收益预测主观性较强。

综上所述,本次采用成本法评估结果确定BJRF房地产开发有限公司的股东全部权益价值为 73,550.09 万元。

五、案例点评

(一)流动资产增减值变动情况分析

1. 流动资产中有增减值变动情况的科目

表 1-10 流动资产中有增减值变动情况

科目	调整后账面值/元	评估价值/元	增值额/元	增值率/%
应收账款	797,924.00	839,920.00	41,996.00	5.26
预付账款	66,687,293.74	41,965,300.00	-24,721,993.74	-37.07
其他应收款	3,864,824.83	4,994,852.87	1,130,028.04	29.24
存货	1,875,645,399.69	2,048,226,847.92	172,581,448.23	9.20

2. 变动原因分析

(1)应收账款和其他应收款的评估增值是由于坏账准备评估值为零导致。

(2)预付账款中大部分为存货涉及的预付工程款,此次存货评估值已包含全部工程成本,预付工程款评估为零,导致预付账款评估减值。

(3)存货增值原因:此次存货以完全成本为基础,按照评估基准日的售价进行评估,其中包含了所有工程成本、预计可实现的部分利润及由于土地使用权增值带来的增值收益。而存货账面值核算的只是企业投入成本,致使评估增值。

(二)非流动资产增减值变动情况分析

1. 非流动资产中有增减值变动情况的科目

表 1-11 非流动资产中有增减值变动情况

科目	调整后账面值/元	评估价值/元	增值额/元	增值率/%
长期股权投资	211,880,000.00	225,659,662.58	13,779,662.58	6.50
投资性房地产	8,306,880.00	8,450,900.00	144,020.00	1.73
固定资产	9,346,206.52	9,797,544.00	451,337.48	4.83

2. 变动原因分析

(1)长期股权投资增值原因:由于企业长期投资账面余额反映的是初始

投入资本,本次评估按照被投资企业评估后的净资产确定股权现值,且大于初始投入资本,造成评估增值。

(2)投资性房地产增值原因:本次对投资性房地产的评估是基于投资产生的净收益折现计算出的评估值,而企业账面值核算的只是企业建设成本,致使评估增值。

(3)固定资产增值原因:主要是车辆评估增值,由企业车辆计提折旧年限与评估确定的综合成新率的标准不同造成。

以上评估值增减变化因素在各项资产评估中已具体反映,综合来看,资产评估值变化的因素是客观存在的,价值调整是合理的。

(三)评估结论分析

成本法是对企业账面资产和负债的现行市场价值进行评估,收益法是通过估算企业未来预期现金流和采用适宜的折现率,将预期现金流折算成现时价值,得到企业价值。

考虑到收益法受市场环境条件变化的影响较大,影响收入成本预测的因素较多,尤其是房地产行业受国家宏观调控和经济形势的影响较为突出,导致企业未来经营战略的实施存在一定的不确定性,收益预测主观性较强。

综上所述,本次采用成本法评估结果确定 BJRF 房地产开发有限公司的股东全部权益价值是合理的。

案例二

BJSZ 新桥科技有限公司股权价值评估

一、案例背景

(一)评估目的

上市公司东华软件拟收购 BJSZ 新桥,本次评估目的是确定 BJSZ 新桥股东全部权益在评估基准日的市场价值,为东华软件股份公司发行股份购买资产事宜提供参考意见。

(二)评估基准日

本次评估的评估基准日为 2009 年 12 月 31 日。

(三)评估对象和范围

评估对象为 BJSZ 新桥股东全部权益评估基准日市场价值。

评估范围为 BJSZ 新桥申报的经审计后的全部资产及负债,具体资产类型包括流动资产、非流动资产和流动负债。总资产账面价值 154,250,116.11 元,总负债账面价值 73,357,868.70,净资产 80,892,247.41 元(详见表 1-12)。

表 1-12 评估对象和范围

资产	账面值/元	占资产比例/%	负债及所有者权益/元	账面值/元	占负债比例/%
货币资金	88,583,291.30	57.43	短期借款	30,000,000.00	41.00
应收账款	35,269,737.28	22.87	应付账款	6,904,118.26	9.44
预付款项	5,666,853.51	3.67	预收款项	24,745,494.56	33.82
其他应收款	1,320,679.68	0.86	应交税费	9,543,892.32	13.04
存货	14,061,951.44	9.12	其他应付款	470,195.16	0.64
其他流动资产			其他流动负债	1,500,000.00	2.05
流动资产合计	144,902,513.21	93.94	流动负债合计	73,163,700.30	100.00
长期股权投资	5,000,000.00	3.24	负债合计	73,163,700.30	100.00
固定资产	4,110,535.30	2.66	实收资本	30,000,000.00	

续表

资产	账面值/元	占资产比例/%	负债及所有者权益/元	账面值/元	占负债比例/%
长期待摊费用	80,468.16	0.05	盈余公积	11,533,758.44	
递延所得税资产	156,599.44	0.10	未分配利润	39,552,657.37	
非流动资产合计	9,347,602.90	6.06	所有者权益合计	81,086,415.81	
资产总计	154,250,116.11	100.00	负债和所有者权益总计	154,250,116.11	

(四) 价值类型

本次评估采用的价值类型为市场价值。

市场价值是指自愿买方和自愿卖方在各自理性行事且未受任何强迫的情况下,评估对象在评估基准日进行正常公平交易的价值估计数额。

采用市场价值类型的理由是市场价值类型与其他价值类型相比,更能反映交易双方的公平性和合理性,使评估结果能满足本次评估目的之需要。

二、评估标的

本案例分析涉及的评估标的为 BJSZ 新桥科技有限公司股东全部权益。

(一) 评估标的基本情况

1. 注册号:110108003136607。

2. 名称:BJSZ 新桥科技有限公司(以下简称"神州新桥")。

3. 住所:北京市海淀区大钟寺 13 号 1 号楼 10 层 B1。

4. 法定代表人:张建华。

5. 注册资本:3000.00 万元。

6. 实收资本:3000.00 万元。

7. 公司类型:其他有限责任公司。

8. 经营期限:2001 年 7 月 30 日至 2031 年 7 月 29 日。

9. 经营范围:

许可经营项目:元。

一般经营项目:法律、行政法规、国务院决定禁止的,不得经营;法律、行政法规、国务院决定应经许可的,经审批机关批准并经工商行政管理机关登记注册后方可经营;法律、行政法规、国务院决定未规定许可的,自主选择经营项目开展经营活动(知识产权出资 920 万元)。

表 1-13 2009 年 11 月公司股权结构

股东姓名或名称	认缴出资/万元	实缴出资额/万元	出资方式	出资比例/%
张秀珍	920.00	920.00	知识产权	82.759
	1562.77	1562.77	货币	
张建华	412.35	412.35	货币	13.745
江海标	46.26	46.26	货币	1.542
王伭	33.06	33.06	货币	1.102
吕兴海	25.56	25.56	货币	0.852
合计	3000.00	3000.00	合计	100

(二)资产、财务及经营状况

截至 2009 年 12 月 31 日,神州新桥资产总额 15,425.01 万元,负债总额 7316.37 万元,净资产 8108.64 万元,2009 年实现销售收入 25,190.88 万元,利润总额 3880.66 万元。神州新桥 2007 年 12 月 31 日至 2009 年 12 月 31 日的资产状况如表 1-14 所示。

表 1-14 财务状况

项 目	2007 年 12 月 31 日	2008 年 12 月 31 日	2009 年 12 月 31 日
流动资产/万元	7920.34	10,914.26	14,490.25
非流动资产/万元	1367.78	1820.54	934.76
资产总额/万元	9288.13	12,734.80	15,425.01
流动负债/万元	2685.93	5428.65	7316.37
负债总额/万元	2685.93	5428.65	7316.37
净资产/万元	6602.19	7306.16	8108.64
资产负债率/%	28.92	42.63	47.43
流动比率	2.95	2.01	1.98

表 1-15 经营状况

项 目	2007 年 12 月 31 日	2008 年 12 月 31 日	2009 年 12 月 31 日
一、营业收入/万元	16,033.00	22,514.29	25,190.88

续表

项 目	2007年12月31日	2008年12月31日	2009年12月31日
减:营业成本/万元	12,568.65	17,528.06	17,760.11
营业税金及附加/万元	219.76	261.71	322.74
销售费用/万元	827.06	1214.14	1572.07
管理费用/万元	995.47	1503.31	1528.93
财务费用/万元	40.79	93.54	90.99
资产减值损失/万元	-13.94	5.71	16.76
加:投资收益/万元	0	6.33	13.38
二、营业利润/万元	1395.21	1914.15	3912.65
加:营业外收入/万元	5.35	13.34	0
减:营业外支出/万元	2.45	2.5	31.99
三、利润总额/万元	1398.11	1924.99	3880.66
减:所得税费用/万元	290.64	321.03	578.18
四、净利润/万元	1107.47	1603.96	3302.49
五、净资产收益率/%	18.06	23.06	42.80

神州新桥2007年、2008年、2009年财务状况和经营状况已经由北京兴华会计师事务所审计,并出具了[2010]京会兴审字第3-55号无保留意见审计报告(见表1-15)。

三、评估方法

(一)评估方法的选择

企业价值评估的基本方法包括资产基础法、收益法和市场法。要根据评估对象、评估目的、价值类型、资料收集情况等相关条件,分析三种基本方法的适用性,恰当选择一种或多种资产评估基本方法。

根据本次评估的资产特性,由于我国目前市场化、信息化程度尚不高,难以收集到足够的同类企业产权交易案例,不宜采用市场法。因此,本次评估确定主要采用资产基础法和收益法进行评估。

(二)资产基础法

企业价值评估中的资产基础法即成本法,是指在合理评估企业各项资产价值和负债的基础上确定评估对象价值的评估思路,即将构成企业各种要素资产的评估值加总减去负债评估值求得企业股东权益(净资产)价值的方法。基本公式如下：

净资产评估值＝各单项资产评估值之和－负债评估值之和

1. 流动资产具体评估方法

(1)货币资金按实存数作为评估值。

(2)各种应收款项在核实无误的基础上，根据每笔款项可能收回的数额确定评估值。对于有充分理由相信全都能收回的，按全部应收款额计算评估值；对于很可能收不回部分款项的，在难以确定收不回款项的数额时，按财务上计算坏账准备的方法，估计出这部分款项，再从这部分应收账款总额中扣除得到评估值；对于符合有关管理制度规定应予核销的或有确凿证据表明无法收回的，按零值计算；各种情况计算出的评估值汇总即得出应收款项的评估值。坏账准备评估值为零。

(3)各种预付账款根据所能收回的相应货物形成资产或权利的价值确定评估值。对于能够收回相应货物的，按核实后的账面值为评估值；对于有确凿证据收不回相应货物，也不能形成相应资产或权益的预付货款的，其评估值为零。

(4)存货

①库存商品：对于库存时间短、流动性强、市场价格变化不大的库存商品，以核实后的账面价值确定评估值；

②在产品：主要是集成过程中的设备，按评估基准日设备的购置价或合同价加上完工程度乘以评估前三年的平均利润率，确定在产品评估值。

2. 非流动资产具体评估方法

(1)长期股权

对于全资子公司新桥软件，分别采用资产基础法、收益法进行整体评估，以新桥软件净资产评估值确定长期股权投资的评估价值。

(2)固定资产

依据评估目的，本次设备类资产评估采用成本法，即在持续使用的前提下，以重新购置该项资产的现行市值为基础确定重置成本，同时通过现场勘察和综合技术分析确定成新率，据此计算评估值。其计算公式为：

$$评估值 = 设备重置成本 \times 综合成新率$$

$$或评估值 = 重置价值 - 实体性贬值 - 功能性贬值 - 经济性贬值$$

①重置成本的确定

A. 不需要安装的机器设备

$$重置价值 = 市场现价$$

B. 需要安装的机器设备

$$重置成本 = 设备购置价 + 运杂费 + 基础费 + 安装调试费 +$$
$$其他费用 + 资金成本$$

设备购置价的确定：向设备生产厂家、销售单位询问设备现行市场价格信息,结合评估人员进行二手设备的市场调研和收集现价资料,确定设备的购置价格。

运杂费及安装费的确定：根据资产具体情况及特点,运杂费考虑运输的行业计费标准、安装费按行业概算指标中规定的费率计算。

基础费的确定：根据设备的具体情况,无设备基础的不考虑该项费用；小设备的基础费用包含在设备安装费中一并考虑；其他设备按照实际情况考虑基础费率。

其他费用确定：根据资产具体情况考虑该项费用（包括设计费、工程监理）。

资金成本的确定：资金成本为正常建设工期内工程占用资金的资金成本。资金成本费率为评估基准日正在执行的中国人民银行贷款利率。按工程合理的建设工期,整个建设工期内资金均匀投入计算。对不需安装的及安装周期短的设备不考虑资金成本。

C. 难以询价的设备

在市场寻找相同或具有可比性的参照物,调整不同因素,确定重置价值。

D. 市场寻不到参照物的设备

对于少数询不到价的单台设备,在分析核实其账面原值构成的基础上,主要采取物价指数法调整得到重置价值。

E. 车辆

根据委估资产所在地汽车交易市场现行销售价格,加上国家统一规定的车辆购置附加税、验车及牌照等费用确定重置成本;或根据二手车市场价格确定重置成本。

$$重置价值 = 购置价 + 车辆购置税 +$$

牌照费(上述价格中不含车辆使用期间的其他各种费用)

②综合成新率的确定

A. 对一般小型设备,进行一般性勘察,其综合成新率根据设备的工作环境、现场勘察状况,结合其经济寿命年限来确定。

B. 对重要设备,通过现场重点勘察,了解其工作环境、现有技术状况、近期技术资料、有关修理记录和运行记录等资料,作出现场勘察状况评分值(满分100分),即确定现场勘察成新率,该项权重为60%。再结合其理论成新率,该项权重为40%,采用加权平均法来确定其综合成新率。即:

$$综合成新率 = 理论成新率 \times 40\% + 技术鉴定成新率 \times 60\%$$

C. 车辆的成新率,根据国家汽车报废标准的相关规定及实际行驶里程和现场勘查的情况综合评定。

$$综合成新率 = 理论成新率 \times 40\% + 技术鉴定成新率 \times 60\%$$

其中,

$$理论成新率 = \min(年限法成新率,里程法成新率)$$

即理论成新率取年限法成新率与里程法成新率孰低者。

D. 对于超期服役且能基本正常使用的设备,根据《资产评估操作规范意见(试行)》的规定,其成新率按不低于15%确定。

(3)长期待摊费用评估方法

长期待摊费用在核实支出和摊销政策的基础上,以评估目的实现后的资产占有者还存在的且与其他评估对象没有重复的资产和权利的价值确定评估值。

(4)递延所得税资产评估方法

递延所得税资产根据各项资产的评估减值额,重新确定递延所得税资产的评估值。

(5)负债具体评估方法

对评估范围内的负债,以北京兴华会计师事务所提供的审定后的金额为基础,对各项负债进行核实,判断各笔债务是否是被评估单位基准日实际承担的债务,债权人是否存在,以评估基准日实际需要支付的负债额来确定评估值。

(三) 收益法

企业价值评估中的收益法,是指通过将被评估企业预期收益资本化或折现以确定评估对象价值的评估思路。收益法的基本公式为:

$$P_0 = \sum_{i=1}^{n} \frac{DCF_i}{(1+R)^i} + \frac{P_n}{(1+R)^n}$$

其中,P_0 为期初投资的价值;P_n 为 n 年后投资的价值;DCF_i 为第 i 年年内的经营现金收益;R 为折现率。

该基本公式可以解释为期初投资的价值等于存续持有期间经营现金收益的现值和加上期末残值的现值。P_n 可以理解为 n 年后企业价值,有时也称其为"残值"。对残值的估算,在持续经营假设条件下经常采用永续年金的方法或 Gordon 增长模型的方法,有时也可以采用市场比较的方法。

通常采用全投资自由现金流折现模型,将被评估公司全投资现金流折现值之和扣除经负息负债再经缺少流通折扣调整后加回非经营性资产净值最后得到公司股东全部权益(企业整体、股东部分权益)价值。

运用收益法,即用现金流的折现价值来确定资产的价值,通常分为如下 4 个步骤:

(1) 逐年明确地预测预期未来一段有限时间(通常是未来 5 年)委估企业产生的净现金流量;

(2) 采用适当折现率将净现金流折成现值,折现率应考虑相应的形成该现金流的风险因素和资金时间价值等因素;

(3) 采用一种综合的方式,如永续年金法或 Gordon 增长模型法等,确定该有限时间段后企业的剩余价值(残值),再将其折现为现值;

(4) 将有限时间段现金流现值与有限时间段后的剩余价值现值相加,再经过适当折扣调整后确定股权价值。

(四) 评估技术说明

本案例选取收益法的评估技术进行说明。

1. 选择收益法的理由和依据

评估人员从神州新桥总体情况、本次评估目的和企业前三年会计报表，分析三个方面对本评估项目能否采用收益法作出适用性判断。

（1）总体情况判断

根据对神州新桥历史沿革、所处行业、资产规模、盈利情况、市场占有率等各方面综合分析以后，评估人员认为本次评估所涉及的神州新桥整体资产具有以下特征：

①被评估资产是经营性资产，产权明确并保持完好，企业具备持续经营条件。

②被评估资产是能够用货币衡量其未来收益的整体资产，表现为企业营业收入能够以货币计量的方式流入，相匹配的成本费用能够以货币计量的方式流出，其他经济利益的流入流出也能够以货币计量，因此企业整体资产的获利能力所带来的预期收益能够用货币衡量。

③被评估资产承担的风险能够用货币衡量。企业的风险主要有政策风险、行业风险、经营风险和财务风险，这些风险都能够用货币衡量。

（2）评估目的判断

本次评估目的是为东华软件发行股份购买神州新桥全部股权提供价值参考意见。本次评估委托方要求评估人员在评估时，对神州新桥的市场公允价值予以客观、真实的反映，不仅仅是对各单项资产价值的简单加总，而是要综合体现神州新桥企业经营规模、行业地位、成熟的管理模式所蕴含的整体价值，即把企业作为一个有机整体，以整体的获利能力来体现股东全部权益价值。

（3）企业会计报表判断

根据神州新桥提供的会计报表，公司前几年的营业收入、净利润等均为正值，企业整体资产的获利能力从前三年的实际运行来看是可以合理预期的。

使用收益法的最大难度在于预测技术或方法上还不尽完善，以及数据采集、处理的客观性、可靠性等，使得评估值易产生某种误差累积或放大，在一定程度上影响了评估结果的准确性。但当对未来收益的预测较为客观、折现率的选取较为合理时,其评估结果具有较好的客观性,易于为市场所接受。

综合以上三方面因素的分析,评估人员认为本次评估项目在理论上和操作上适合采用收益法,采用收益法评估能够更好地反映企业整体资产的价值。

2. 企业经营、资产、财务分析

(1) 宏观经济分析

2009 年,全国各族人民在党中央、国务院的领导下,以邓小平理论和"三个代表"重要思想为指导,深入贯彻落实科学发展观,认真贯彻积极的财政政策和适度宽松的货币政策,全面落实应对国际金融危机的"一揽子"计划和政策措施,国民经济形势总体回升向好,各项社会事业取得新的进展。经初步核算,全年国内生产总值 335,353 亿元,比上年增长 8.7%。分产业看,第一产业增加值 35,477 亿元,增长 4.2%;第二产业增加值 156,958 亿元,增长 9.5%;第三产业增加值 142,918 亿元,增长 8.9%。第一产业增加值占国内生产总值的比重为 10.6%,比上年下降 0.1 个百分点;第二产业增加值比重为 46.8%,下降 0.7 个百分点;第三产业增加值比重为 42.6%,上升 0.8 个百分点。

(2) IT 行业状况及发展前景分析

① IT 行业状况

IT 行业是国民经济中的一个新型行业,尚处于明显欠成熟阶段,尤其是软环境。软环境包括:政治制度手段法律、相关人员意识、社会传播、理论、科研和教学机构、各级各类人才、专业知识嵌入工商管理知识状况、工商从业人员意识、互联网相关应用站点和软件。这些软环境欠佳导致了如今的 IT 服务业存在以下方面的问题:行业总体效益方面,在中低端和边际成本较高的项目上非良性竞争问题突出(如价格战、回扣战、合同前方案战),优质 SP 的优势不能很好地转换为竞争优势,良性竞争手段较难奏效。优质资源整合状况不良。人才流动率偏高导致服务质量、客户满意度和品牌塑造度偏低。行业中高级管理人才滞后于基础人才和纯技术人才发展水平。行业透明度和被相关者认知和理解度较低,导致优质资源市场转化率和营销效率偏低。营销水平参差不齐,战略战术尚需突破。行业企业品牌化运营率尚低。营销过程和售后服务中缺乏品牌文化支撑。品牌营销双低,即品牌差异化程度低、品牌传播水平低。

②发展前景分析

在市场稳定增长的同时,中国IT行业呈现出以下发展趋势:按需定制的产品和解决方案将成为企业级IT应用的主流。目前,随着IT技术发展及应用的逐渐成熟,中国行业和企业的信息化建设已经进入了一个新的阶段。企业应用的日趋复杂化和个性化,提升了对于IT企业所提供产品与服务的要求,使其产品与服务日益朝着适应用户需求的方向发展。业内越来越多的IT企业正在根据用户多变、复杂的需求,提供按需定制的产品和服务,以方便用户适应日益激烈的竞争环境,并取得市场竞争中的优势。中国内地IT企业在核心技术和品牌上与国际先进同行存在很大的差距,核心技术是中国IT行业的"短板"。多年来,许多中国内地IT企业在全球产业链中处于最底层的"生产代工"环节,增值能力低,抗风险能力也低。能够通过自主研发、核心技术形成产品和应用解决方案的中国内地IT企业还太少。

2009年以来的"一揽子"经济刺激政策已取得成效,中国经济企稳回升态势已基本形成。在这一大环境下,中国金融业也逐渐复苏,恢复了较为平稳的发展。与此同时,2009年下半年以来中国金融业整体的IT投资也有所回升。未来几年,随着中国宏观经济的增长,中国金融行业发展及行业IT投资将继续呈现平稳增长态势。

IDC预计,2010年,备受全球关注的IT消费支出水平将整体上涨3.2%,而硬件、软件以及服务的支出增长尤为明显,增速有望达2%~4%。作为新兴市场的中国,整体IT消费支出水平更为乐观,增长率预计将超9%。《经济参考报》预测:虽然受到金融危机、汇率升值、自然灾害等外部环境的影响,未来几年中国IT服务市场仍将继续保持高速增长的发展态势。IT与业务融合的加速,使得企业对于信息化建设有着更加迫切的市场需求,这是拉动中国IT服务市场未来发展的主要力量。因此,虽然目前的经济环境将对IT服务的增速产生影响,使得增长趋势变缓,但不会改变IT服务市场快速发展的整体态势。2011年以后将逐步摆脱负面的影响,IT服务市场将延续

2008年的快速爆发趋势,预计增速将达到25.58%,2012年预计增速达到26.83%。

中国经济的高速发展以及计算机、网络服务的普及为神州新桥企业发展提供了一个良好发展契机和空间。

(3)企业历史年度经营状况分析

①营业收入分析

表1-16 营业收入

序号	业务类别名称	历史数据		
		2007	2008	2009
1	集成收入/万元	12,506.69	18,286.18	20,292.42
2	技术服务收入/万元	3526.31	4228.11	4898.46
	合计	16,033.00	22,514.29	25,190.88
	销售增长率/%	26.31	40.42	11.89

从营业收入种类来看,神州新桥的主要收入来源为集成收入和技术服务收入两大类。集成收入占收入的比重较大,2007年、2008年、2009年分别为78%、81.22%、80.55%;技术服务收入占收入的比重较小,2007年、2008年、2009年分别为28.20%、23.12%、24.14%。

从营业收入总额来看,营业收入逐年增长,其中与2006年相比,2007年增长率为26.31%,与2007年相比,2008年增长率为40.42%,原因为:2008年为了保障奥运期间的金融服务,各大银行提前购置设备进行网络改造,致使2008年的营业收入大幅度提高;2009年受金融危机的影响,各大银行缩减了IT投入,导致2009年营业收入增幅减缓,与2008年相比,2009年增长率为11.89%。三年平均增幅为26.21%,仍高于行业平均值1.89%,表明企业抵抗风险的能力较强(见表1-16)。

②营业成本及毛利率分析

表1-17 营业成本

序号	业务类别名称	历史数据		
		2007	2008	2009
1	集成成本/万元	11,001.96	16,122.94	17,000.16

续表

序号	业务类别名称	历史数据		
		2007	2008	2009
2	技术服务成本/万元	1566.70	1405.11	759.95
	合计	12,568.65	17,528.06	17,760.12
	营业成本/营业收入/%	78.39	77.85	70.50

从近几年的历史数据来看,神州新桥集成服务毛利率分别为12.03%、11.83%、16.22%,呈先降后升趋势,毛利率基本比较稳定,保持在13.36%左右的水平;技术服务毛利率分别为55.57%、66.77%、84.50%,呈逐年上升趋势,盈利水平较高(见表1-17)。

③营业税金及附加分析

神州新桥的营业税金及附加主要为营业税、城建税、教育费附加等税费(见表1-18)。

表1-18 营业税金及附加 单位:万元

项目	序号	历史数据		
		2007	2008	2009
1	营业税	176.32	221.41	244.92
2	城建税	30.41	35.20	54.50
3	教育费附加	13.03	15.09	23.27
	合计	219.76	261.71	322.74

神州新桥系高新技术企业,根据国务院批准的《北京市新技术产业开发试验区暂行条例》(京政发〔1988〕49号)的规定,神州新桥2007年度的企业所得税率为15%。

依据科技部、财政部、国家税务总局联合印发的《高新技术企业认定管理办法》和《高新技术企业认定管理工作指引》,经北京市科委、财政局、国税局、地税局评审,神州新桥2008年度被重新认定为高新技术企业。根据《中华人民共和国企业所得税法》和《国家税务总局关于高新技术企业2008年度缴纳企业所得税问题的通知》(国税函〔2008〕985号)的规定,神州新桥2008年度和2009年度减按15%的税率缴纳企业所得税。

依据国务院下发的《关于鼓励软件产业和集成电路产业若干政策的通

知》(国发〔2000〕18号)第5条的规定,及由财政部、国家税务总局和海关总署联合下发的《关于鼓励软件产业和集成电路产业发展有关税收政策问题的通知》(财税〔2000〕25号)第1条规定,2000年6月24日至2010年年底以前,神州新桥本部所属子公司——北京神州新桥软件技术有限公司销售其自行开发生产的软件产品,按17%的法定税率征收增值税后,享受增值税实际税负超过3%的部分实行"即征即退"的优惠政策。

④营业费用分析

表1-19 营业费用

序号	费用项目	历史数据		
		2007	2008	2009
1	工资/万元	224.76	367.62	616.39
2	办公费/万元	35.90	13.05	32.13
3	手机费/万元	22.73	23.34	22.78
4	物耗/万元	0.35	0.06	
5	培训费/万元	1.06	2.20	
6	业务招待费/万元	197.88	258.38	266.84
7	住宿费/万元	0.08		1.09
8	会议费/万元	194.95	302.06	216.99
9	差旅费/万元	72.23	76.33	203.99
10	差旅费补助/万元	0.45	12.14	11.09
11	交通费/万元	16.49	8.33	26.10
12	房费/万元	25.94	33.59	8.33
13	汽车费用/万元	7.66	11.25	12.08
14	运费/万元	34.56	1.85	
15	劳务费/万元	0.60		5.53
16	服务费/万元	14.27	118.47	118.79
17	业务宣传费/万元			0.19
	合计/万元	827.06	1214.14	1572.07
	营业费用/营业收入/%	5.16	5.39	6.24

营业费用主要为工资、业务招待费、会议费等。从历年数据来看,营业费用呈上升趋势,占营业收入的比例大致在5.59%左右(见表1-19)。

⑤管理费用分析

表1-20 管理费用

序号	费用项目	历史数据		
		2007	2008	2009
1	工资/万元	80.26	125.66	150.15
2	工资/万元	-35.30	22.68	15.71
3	福利费/万元	19.62	33.96	46.03
4	医疗保险/万元	37.58	62.78	82.53
5	养老保险/万元	1.32	1.30	1.40
6	工伤保险/万元	2.63	4.59	4.40
7	失业保险/万元		0.97	1.31
8	生育保险/万元	13.73	34.77	52.74
9	住房公基金/万元	6.82	13.79	16.81
10	职业教育经费/万元	0.54	0.80	-7.46
11	工会经费/万元	19.99	34.70	16.23
12	房租/万元	82.17	90.00	72.16
13	电话费/万元	6.82	4.52	4.22
14	手机费/万元	1.42	1.89	2.04
15	物耗/万元	7.28		0.28
16	培训费/万元		1.08	0.64
17	业务招待费/万元	11.76	5.64	8.35
18	折旧/万元	108.41	121.88	152.24
19	无形资产摊销/万元	40.58	133.50	
20	递延资产摊销/万元		6.90	6.90
21	低耗品摊销/万元	0.12	0.27	0.56
22	差旅费/万元	1.65	2.85	2.05
23	差旅费摊销/万元	0.01	0.02	0.01
24	交通费/万元	6.14	2.64	4.05
25	运邮费/万元	13.85	14.97	16.42
26	汽车费用/万元	16.34	17.70	23.97
27	税金/万元	5.97	7.02	12.52
28	运费/万元	2.36	67.4	2.34
29	服务费/万元	49.42	32.56	28.57

续表

序号	费用项目	历史数据		
		2007	2008	2009
30	电费/万元	6.50	4.45	3.28
31	劳务费/万元	0.30	0.42	1.20
32	专业资格认证费/万元		15.68	3.27
33	维修费/万元			3.51
34	会议费/万元			1.65
35	劳动保护费/万元	484.93	693.19	792.64
36	研发费用合计/万元	995.47	1503.31	1528.93
	管理费用/营业收入/%	6.21	6.68	6.07

管理费用主要为人工成本、办公费、业务招待费、交通费等。从历年数据来看,管理费用占营业收入的比例比较均衡,大致在6.32%(见表1-20)。

⑥财务费用分析

表1-21 财务费用

序号	费用项目	历史数据		
		2007	2008	2009
1	利息支出/万元	40.89	67.62	66.60
2	银行利息收入/万元	-14.65	-15.92	-12.17
3	银行手续费/万元	1.81	7.45	11.04
4	贷款担保费用/万元	12.74	34.39	25.52
	合计/万元	40.79	93.54	90.99
	管理费用/营业收入/%	0.25	0.42	0.36

财务费用主要为借款利息支出、银行手续费、贷款担保费用等。神州新桥先后于2009年7月28日、9月16日,由中关村科技担保有限公司提供担保,向北京银行大钟寺支行取得短期借款3000.00万元,财务费用中的贷款担保费用为支付给中关村科技担保有限公司的担保费用(见表1-21)。

⑦主要财务指标分析

A. 盈利能力分析

表1-22　神州新桥近三年盈利能力指标及行业数据对比　　　（％）

指标	2007	2008	2009	平均值	行业平均值
净资产收益率	18.06	23.05	42.81	27.97	20.64
总资产报酬率	15.95	18.00	28.26	20.74	13.58
主营业务利润率	21.61	22.15	29.50	24.42	38.95
成本费用利润率	9.52	9.29	18.39	12.40	81.98

由表1-22可知，净资产收益率、总资产报酬率呈逐年上升趋势，前三年的平均值高于行业值，反映了资产创造收益的能力较强；主营业务利润率、成本费用利润率呈逐年上升的趋势，但前三年平均值低于行业平均值，原因为神州新桥大部分收入来源于集成收入，由于竞争的加剧，毛利率较低。加大研发投入、扩大技术服务市场，是提高企业竞争力和盈利能力的重要举措。

B. 企业营运能力分析

表1-23　神州新桥近三年营运能力指标及行业数据对比　　　（％）

指标	2007	2008	2009	平均值	行业平均值
总资产周转率	1.78	2.04	1.79	1.87	0.85
流动资产周转率	1.97	2.39	1.98	2.11	1.16
存货周转率	69.2	3.58	16.79	39.06	39.60
应收账款周转率	5.84	10.64	8.69	8.39	12.87

由表1-23可知，资产周转率有升有降，但前三年平均值好于行业平均值，表明企业资产的运用效率较高；存货周转率呈逐年大幅下降趋势，表明占用在存货上的资金周转速度变慢，但前三年平均值略好于行业平均值；应收账款周转率有升有降，前三年平均值比行业平均值差，原因为部分项目垫资进行，大部分结算集中在年底，回款速度慢，资金占用大。

C. 偿债能力分析

表 1-24　神州新桥近三年偿债能力指标及行业数据对比

指　标	2007	2008	2009	平均值	行业平均值
资产负债率/%	28.92	42.63	39.66	80.01	
流动比率	2.95	2.01	1.98	2.31	2.78
速动比率	2.82	1.88	1.79	2.16	2.42
现金流动负债比率/%	60.26	42.26	46.01	49.51	38.16

由表 1-24 可知，资产负债率呈逐年上升的趋势，但前三年平均值远低于行业平均值，表明资本结构稳定；流动比率、速动比率呈逐年下降的趋势，前三年平均值略低于行业平均值，表明短期偿债能力变弱；现金流动负债有升有降，但三年平均值高于行业平均值，说明偿债能力较好。

(4) 经营性资产、非经营性资产负债、溢余资产、有息负债分析

① 经营性资产分析

经营性资产是指对上述主营业务有直接"贡献"的资产，主要包括流动资产、固定资产、无形资产。

② 非经营性资产、负债分析

A. 非经营性资产

所谓非经营性资产，是指对企业主营业务没有直接"贡献"的资产。我们知道，企业中并不是所有的资产对其主营业务都有直接贡献，有些资产可能对主营业务没有直接"贡献"，如长期投资、在建工程及一些闲置资产等。

企业的长期投资是企业将自身的资产通过让渡给其他人拥有或使用，而本身收取投资收益。上述投资收益与自身的主营业务没有直接关系，因此，针对企业主营业务来说，也可以称为非经营性资产。

非经营性资产的另一种形态为暂时不能为主营业务贡献的资产或对企业主营业务没有直接影响的资产，如在建工程、多余现金和长期闲置资产等。

我们根据神州新桥截至评估基准日的财务报告以及我们了解的情况分析确定神州新桥存在以下非经营性资产：

截至评估基准日，神州新桥资产负债表上列明的长期股权投资共计

500.00万元,股权投资是将本企业的资金投到其他企业中使用,因此它与本企业的经营没有直接联系,针对本企业主营业务来说,为非经营性资产。

B. 非经营性负债分析

所谓非经营性负债,是指企业承担的债务不是由于主营业务的经营活动产生的负债,而是由于与主营业务没有关系或没有直接关系的其他业务活动如对外投资、基本建设投资等活动所形成的负债。

根据企业提供的评估基准日审计后的资产负债表,我们未发现企业存在非经营性负债情况。

C. 非经营性资产净值

经计算,神州新桥非经营性资产净值为500.00万元。

③溢余资产分析

溢余资产是指对暂时不能为主营业务贡献的资产或对企业主营业务没有直接影响的资产,如在建工程、超常持有的现金和等价证券、长期闲置资产等。

截至评估基准日,神州新桥共有货币资金8858.33万元,我们认为企业需要现金支付的成本、费用大致为成本、税金、营业费用和管理费用等付现成本,上述费用一般必须使用现金支付。根据企业2010年的经营预测,上述需要现金支付的费用大致为26,768.65万元。根据企业经营情况,集成服务从设备采购至项目完成,并收回大部分款项的周期为3~4个月,则全年资金周转率为3.5次,因此,大约需要营运资金为(26,768.65/3.5)7648.19万元。应收款项是其他企业占用神州新桥的资金,根据企业2010年的经营预测为3927.60万元;存货余额也反映为资金的占用,根据企业2010年的经营预测为548.24万元;应付款项是神州新桥占用其他企业的资金,根据企业2010年的经营预测为1860.62万元,则:

最低现金保有量=营运资金+应付、预收账款余额-应收、预付账款余额-存货余额=7648.19+1860.62-4475.84=5032.97(万元)

根据计算,我们认为企业的货币资金存量只需保证5032.97万元即可,其余作为溢余资金。

④有息负债分析

所谓负息负债,是指那些需要支付利息的负债,包括银行借款、发行的债券、融资租赁的长期应付款等。负息负债还应包括其他一些融资资本,这些资本本应该支付利息,但由于是关联方或其他方面的原因而没有支付利息,如其他应付款等。根据神州新桥评估基准日的资产负债表,负息负债包括银行短期借款3000.00万元。

⑤对比公司的选择

由于被评估企业——神州新桥是一家非上市公司,不能直接确定其市场价值,也无法直接计算其风险回报率等重要参数。为了能估算出该公司的市场价值、经营风险和折现率,我们采用在国内上市公司中选用对比公司并通过分析对比公司的方法确定委估企业的经营风险和折现率等因素。对比公司的选取过程如下:

A.在本次评估中对比公司的选择标准如下:

对比公司近年为盈利公司;

对比公司必须至少有两年上市历史;

对比公司只发行人民币A股;

对比公司所从事的行业或其主营业务为IT相关行业。

B.根据上述四项原则,我们选取了以下5家上市公司作为对比公司:南天信息、东华软件、华胜天成、信雅达和浙大网新。

3. 评估计算及分析过程

(1)收益模型的选取

企业价值由其正常经营活动中产生的营业现金流与正常经营活动无关的非营业资产价值构成,计算公式为:

企业整体资产价值 = 营业性资产价值 + 溢余资产价值 + 非经营性资产价值 − 非经营性负债

股东全部权益价值 = 企业整体资产价值 − 基准日有息债务

其中,营业性资产价值按以下公式确定:

$$P_0 = \sum_{i=1}^{n} \frac{DCF_i}{(1+R)^i} + \frac{P_n}{(1+R)^n}$$

其中,P_0为期初投资的价值;P_n为n年后投资的价值;DCF_i为第i年年内的经营现金收益;R为折现率。

(2)各参数的确定

①自由现金流量的确定

本次评估采用息前税后自由现金流,预测期自由现金流量的计算公式如下:

自由现金流量 = 息前税后利润 + 折旧及摊销 − 资本性支出 − 营运资金增加额

②收益期限的确定

本次评估采用的折现年限确定为无限期,收益期限确定的理由如下:

A. 根据现行公司法规定及公司章程约定,神州新桥只要在经营期限届满前6个月向工商行政管理部门申请,可以延长其经营期限,因此,神州新桥本身具备永续经营的前提。

B. 在执行评估程序的过程中我们与神州新桥的管理层进行了充分的讨论和分析,没有发现企业终止经营的任何理由。因此,假设神州新桥持续经营,收益期按永续确定,即收益期限为持续经营假设前提下的无限经营年期。

③预测期的确定

本次评估采用分段法对神州新桥的现金流进行预测,即将企业未来现金流分为明确预测期期间的现金流和明确预测期之后的现金流。明确的预测期为5年,预测到2014年。

④折现率的确定

按照收益额与折现率协调配比的原则,本次评估收益额口径为企业自由现金流量,则折现率选取加权平均资本成本(WACC)。

$$\text{WACC} = R_e \frac{E}{D+E} + R_d \frac{D}{D+E}(1-T)$$

其中,WACC 为加权平均总资本回报率;E 为股权价值;R_e 为期望股本回报率;D 为付息债权价值;R_d 为债权期望回报率;T 为企业所得税率。

股权回报率按国际通常使用的资本定价模型(Capital Asset Pricing Modelor,"CAPM")模型进行求取,CAPM 是通常估算投资者收益要求进而求取公司股权收益率的方法。

$$R_e = R_f + \beta \times ERP + \alpha$$

其中,R_e 为股权回报率;R_f 为无风险回报率;β 为风险系数;ERP 为市场风险超额回报率;α 为企业特定的风险调整系数。

(3)未来收益、成本的预测

①营业收入的预测

根据企业目前的发展状况,结合宏观经济前景预测、行业状况,神州新桥 2010 年营业收入将保持较高的增长率,以后年度将会继续保持增长态势,但其增长率会逐年下降,5 年之后销售收入的增长趋于稳定,2015 年及以后每年预测保持在 2014 年营业收入的水平。其营业收入预测如表 1-25 所示。

表 1-25 营业收入预测

序号	业务类别	未来数据预测				
		2010	2011	2012	2013	2014
1	集成收入/万元	24,350.90	28,734.06	32,469.49	35,067.05	36,119.06
2	技术服务收入/万元	5878.16	6936.23	7837.94	8464.98	8718.93
	合计/万元	30,229.06	35,670.29	40,307.43	43,532.03	44,837.99
	收入增长率/%	20.00	18.00	13.00	8.00	3.00

②营业成本的预测

技术服务成本因前三年一直呈下降趋势,目前已无下降空间,预测年度将按 2009 年 15.5% 的成本率测算;集成成本按 2007—2009 年的平均成本率 86.64% 测算,但成本率有下降的趋势,2010 年、2011 年的成本率按 86% 测算,2012 年、2013 年随着竞争的加剧,该项业务毛利率逐年下降,成本率逐年上升,预计分别为 87.5%、88.0%,2014 年及以后每年预测保持在 2013 年营业成本的水平(见表 1-26)。

表 1-26 营业成本预测

序号	业务类别	未来数据预测				
		2010	2011	2012	2013	2014
1	集成成本/万元	20,941.77	24,711.29	2841.80	30,859.00	31,784.77
2	技术服务成本/万元	911.11	1075.12	1214.88	1312.07	13,551.43

续表

序号	业务类别	未来数据预测				
		2010	2011	2012	2013	2014
3	合计/万元	21,852.88	25,786.41%	29,625.68	32,171.07	33,136.20
4	成本/收入/%	72.99	72.29	73.50	73.90	73.90

③营业税金及附加的预测

营业税金及附加的预测根据神州新桥评估基准日执行税收政策,据实测算。营业税根据应税收入的5%计算,增值税根据应税收入的17%计算,运费进项税率按7%计算,购进自用固定资产进项税率按17%计算,采购材料和集成设备进项税率按17%计算,城建税、教育费附加均以应交营业税和应交增值税的合计数为基数,税率分别为7%、3%(见表1-27)。

表1-27 营业税金及附加预测

序号	业务类别	未来数据预测				
		2010	2011	2012	2013	2014
一、	营业税/万元					
1	技术服务收入/万元	5878.16	6936.23	7837.94	8464.98	8718.93
2	应交营业税/万元	293.91	346.81	391.9	423.25	435.95
二、	增值税/万元					
1	集成收入/万元	24,350.90	28,734.06	32,469.49	35,067.05	36,119.06
2	集成收入销项税/万元	4139.65	4884.79	5519.81	5961.40	6140.24
3	固定资产进项税/万元	20.39	17.46	18.98	21.05	21.18
4	运费进项税/万元	1.9	2.25	2.54	2.74	2.83
5	集成设备进项税/万元	3560.10	4200.92	4829.84	5246.03	5403.41
6	进项税合计/万元	3582.39	4220.63	4851.36	5269.82	5427.42
三、	应交增值税/万元	557.26	664.16	668.45	691.58	712.82
1	应交城建税/万元	59.58	70.77	74.22	78.04	80.41
2	应交教育费附加/万元	25.53	30.33	31.81	33.44	34.46
四、	附加税合计/万元	85.11	101.1	106.03	111.48	114.87
五、	销售税金及附加合计/万元	379.02	447.91	497.93	534.73	550.82
六、	税金及附加/收入/%	1.25	1.26	1.24	1.23	1.23

④营业费用的预测

A. 营业费用中工资的预测:根据企业2009年12月的销售人员人数、薪金水平、企业历史薪金水平增幅及2009年北京市社会平均工资综合考虑确定。

B. 营业费用中的可控费用如培训费、会议费等的预测:在企业2009年的基础上,本着"节约开支、提供效率"的原则加以控制,每年考虑一定比率的增长,但与收入的增长幅度不同步。

C. 其他与业务量增长有关的费用预测:依据业务量的增加,考虑现有的营销网络分布、未来的市场拓广以及与营销终端之间的利益共享等状况加以预测,一般按各项营业费用占营业收入的平均比重计算得出,2015年及以后年度营业费用保持在2014年营业费用的水平上不变。2010—2014年营业费用预测如表1-28所示。

表1-28 2010—2014年营业费用预测

序号	费用项目	未来数据预测				
		2010	2011	2012	2013	2014
1	工资/万元	687.96	776.16	869.4	950.4	1039.68
2	办公费/万元	41.29	45.42	49.96	54.96	60.46
3	手机费/万元	33.25	39.24	44.34	47.89	49.32
4	物耗/万元	0.1	0.1	0.1	0.1	0.1
5	培训费/万元	3.02	3.57	4.03	4.35	4.48
6	业务招待费/万元	293.52	322.87	355.16	390.68	429.75
7	住宿费/万元	1.2	1.32	1.45	1.6	1.76
8	会议费/万元	238.69	262.56	288.82	317.7	349.47
9	差旅费/万元	166.26	196.19	221.69	239.43	246.61
10	差旅费补助/万元	12.09	14.27	16.12	17.41	17.94
11	交通费/万元	24.18	28.54	32.25	34.83	35.87
12	房费/万元	27.21	32.1	36.28	39.18	40.35
13	汽车费用/万元	15.11	17.84	20.15	21.77	22.42
14	运费/万元	21.16	24.97	28.22	30.47	31.39
15	劳务费/万元	1	1.05	1.1	1.16	1.22
16	服务费/万元	117.89	139.11	157.2	169.77	174.87

续表

序号	费用项目	未来数据预测				
		2010	2011	2012	2013	2014
17	业务宣传费/万元	0.22	0.25	0.29	0.33	0.38
	合计/万元	1684.15	1905.56	2126.56	2322.03	2506.07
	营业费用/营业收入/%	5.57	5.34	5.28	5.33	5.59

⑤管理费用的预测：

A. 管理费用中工资的预测：根据企业2009年12月的管理人员人数、薪金水平、企业历史薪金水平增幅及2009年北京市社会平均工资综合考虑确定。

B. 管理费用中保险费用的预测：养老保险、医疗保险等保险费用根据北京市的现行社保文件规定计算得出；福利费、工会经费、教育经费则以工资为基数，按照相应的比例计算得出。

C. 管理费用中折旧费的预测：尚存的固定资产折旧费、无形资产摊销费根据企业的折旧、摊销政策计算得出，预测年度新增固定资产、无形资产根据企业的折旧、摊销政策、转固时间计算得出，两部分合计即预测年度应计提的折旧额、摊销费。

D. 管理费用中税金的预测：根据印花税、残保金及车船使用税的相关政策计算得出。

E. 管理费用中研发费用的预测：根据国科发火〔2008〕172号《高新技术企业认定管理办法》规定，最近一年销售收入在20,000万元以上的企业，研究开发费用总额占销售收入总额的比例不低于3%。根据企业研发费用内容及前三年的历史数据及国家的相关规定，研发费用按当年销售收入3%的比例计算得出。

F. 管理费用中的可控费用如培训费、会议费等的预测：在2009年的基础上，本着节约开支、提供效率的原则加以控制，每年考虑一定比率的增长，但与收入的增长幅度不同步。

G. 其他与业务量增长有关的费用预测：依据业务量的增加，按各项营业费用占营业收入的平均比重计算得出，2015年及以后年度管理费用保持在

2014年营业费用的水平上不变。2010—2014年管理费用预测如表1-29所示：

表1-29 2010—2014年管理费用预测

序号	费用项目	未来数据预测				
		2010	2011	2012	2013	2014
1	工资/万元	138.00	159.00	181.44	205.32	230.64
2	福利费/万元	18.01	20.93	24.15	26.1	28.19
3	医疗保险/万元	128.68	149.48	172.48	186.42	201.34
4	养老保险/万元	257.35	298.97	344.95	372.84	402.67
5	工伤保险/万元	3.86	4.48	5.17	5.59	6.04
6	失业保险/万元	12.87	14.95	17.25	18.64	20.13
7	生育保险/万元	10.29	11.96	13.80	14.91	16.11
8	住房公积金/万元	154.41	179.38	206.97	223.70	241.60
9	职工教育经费/万元	19.30	22.42	25.87	27.96	30.20
10	工会经费/万元	25.74	29.90	34.50	37.28	40.27
11	办公费/万元	33.25	39.24	44.34	47.89	49.32
12	房租/万元	75.77	79.56	83.54	87.72	92.11
13	电话费/万元	6.05	7.13	8.06	8.71	8.97
14	手机费/万元	3.02	3.57	4.03	4.35	4.48
15	物耗/万元	3.02	3.57	4.03	4.35	4.48
16	培训费/万元	0.67	0.70	0.74	0.78	0.82
17	业务招待费/万元	8.77	9.65	10.62	11.68	12.85
18	折旧/万元	137.69	146.28	158.06	158.79	148.94
19	无形资产摊销/万元					
20	递延资产摊销/万元	6.90	1.15			
21	低耗品摊销/万元	0.59	0.62	0.65	0.68	0.71
22	差旅费/万元	3.02	3.57	4.03	4.35	4.48
23	差旅费补助/万元	0.01	0.01	0.01	0.01	0.01
24	交通费/万元	4.25	4.46	4.68	4.91	5.16
25	运邮费/万元	21.16	24.97	28.22	30.47	31.39
26	汽车费用/万元	25.17	26.43	27.75	29.14	30.60
27	税金/万元	22.75	26.88	30.99	33.74	35.49
28	运费/万元	6.05	7.13	8.06	8.71	8.97

续表

序号	费用项目	未来数据预测				
		2010	2011	2012	2013	2014
29	服务费/万元	51.39	60.64	68.52	74.00	76.22
30	电费/万元	6.05	7.13	8.06	8.71	8.97
31	劳务费/万元	1.26	1.32	1.39	1.46	1.53
32	专业资格认证费/万元	5	5	5	5	5
33	维修费/万元	9.07	10.7	12.09	13.06	13.45
34	会议费/万元	3.69	3.87	4.06	4.26	4.47
35	劳动保护费/万元	1.73	1.82	1.91	2.01	2.11
36	研发费用合计/万元	910.45	1068.92	1235.49	1308.39	1364.74
	合计/万元	2115.29	2435.79	2780.91	2971.93	3132.46
	管理费用/营业收入/%	7.00	6.83	6.90	6.83	6.99

⑥财务费用的预测

A. 利息支出的预测：神州新桥预计2010年后仍保持3000万元的流动资金借款，本次评估按照借款金额、国家规定的借款利率等估算其融资利息支出。

B. 利息收入的预测：鉴于企业的货币资金或其银行存款等在生产经营过程中频繁变化或变化较大，本报告的财务费用不考虑其存款产生的利息收入。

C. 银行手续费的预测：主要为工资代发、汇款等手续费用，按银行手续费占营业收入的平均比重测算。

D. 贷款费用的预测：主要为支付担保公司的担保费用，2010年神州新桥与东华软件交易完成后，其银行的借款可由东华软件提供担保，因此不再发生担保费用。具体预测情况如表1-30所示

表1-30 财务费用预测

序号	业务类别	未来数据预测				
		2010	2011	2012	2013	2014
1	短期银行借款利息支出/万元	159.30	159.30	159.30	159.30	159.30
2	银行利息收入/万元	0.00	0.00	0.00	0.00	0.00
3	手续费/万元	9.07	10.17	12.09	13.06	13.45

续表

序号	业务类别	未来数据预测				
		2010	2011	2012	2013	2014
	合计/万元	168.37	170.00	171.39	172.36	172.75
	财务费用/营业收入/%	0.56	0.48	0.43	0.40	0.39

⑦资产减值损失的预测

企业资产减值损失主要为应收款项坏账准备。根据企业的经营状况,以后年度发生坏账或存货毁损的可能性较小,故不予预测。

⑧营业外收入、营业外支出的预测

神州新桥公司以往各年度营业外收入主要来源于政府补助,金额不固定,根据谨慎性原则,本次神州新桥不对营业外收入进行预测。

神州新桥2007—2008年的营业外支出较少,主要为处理固定资产损失,2009年由于处理了一笔无形资产,产生了317,616.58元的损失,据此分析,神州新桥以往的营业支出具有很大的偶然性,并且以后年度神州新桥没有重大的处理有形及无形资产的计划,因此本次不对营业外支出进行预测。

⑨所得税的预测

北京神州新桥科技有限公司于2008年12月24日获得了高新技术企业认证,享受15%的所得税优惠税率,有效期三年,神州新桥以前年度连续通过高新技术企业认证,并一直重视研发的投入,因此预计2011年以后仍然能够通过高新技术企业认证。根据《企业研究开发费用税前扣除管理办法(试行)》的规定,神州新桥计入当期损益未形成无形资产的研发费用(包括研发人员的工资和办公费用),按其当年研发费用实际发生额的50%,直接抵扣当年的应纳税所得额。2010—2014年的所得税费用预测如表1-31所示。

表1-31 2010—2014年的所得税费用预测 单位:万元

项目	2010	2011	2012	2013	2014
利润总额	4029.35	4924.62	5104.96	5359.91	5339.60
应税所得额	4029.35	4924.62	5104.96	539.91	5339.69

续表

项目	2010	2011	2012	2013	2014
研发费用50%	236.45	286.98	345.02	362.95	380.49
应税所得额	3792.91	4637.65	4759.94	4996.97	4959.20
所得税	568.94	695.65	713.99	749.54	743.88

⑩折旧与摊销的预测

折旧与摊销的预测包括评估基准日存量资产和基准日后资本性支出的折旧摊销两个部分。评估对象的固定资产主要包括运输设备和电子设备等。固定资产按取得时的实际成本计价。本次评估按照企业执行的固定资产折旧政策,以基准日经审计的固定资产账面原值、预计使用期、加权折旧率等估算未来经营期的存量资产的折旧额;以评估基准日后的资本性支出、预计摊销期等计算基准日后资本性支出的摊销额(见表1-32)。

表1-32　2010—2014年折旧与摊销的预测　　　　单位:万元

项目	预测期				
	2010	2011	2012	2013	2014
存量资产的折旧与摊销	119.93	101.71	85.11	54.74	13.26
新增资产的折旧与摊销	22.79	49.91	78.72	109.85	141.12
折旧与返销	142.72	151.62	163.83	164.59	154.38

⑪资本性支出预测

资本性支出是为了保证企业生产经营可以正常发展的情况下,企业每年需要进行的资本性支出。神州新桥的资产主要是管理类的运输设备和电子设备。现有生产能力可以满足其预测期销售收入所需的生产能力,因此预测未来若干年假设均不会发生更新或较大的改造支出,为维持正常运转需要更新的主要是电子设备和运输设备。因此,资本性支出只需考虑这些设备的更新支出,并最终和现有主要设备实际折旧损耗相当,预测每年更新支出如表1-33所示。

表1-33 资本性支出预测　　　　　　　　　　　　　单位:万元

项　目	预测期					
	2010	2011	2012	2013	2014	2015年以后
电子设备及其他	19.93	102.72	111.62	123.83	124.59	
车辆		40.00	40.00	40.00	40.00	
资本性支出	119.93	142.72	151.62	163.83	164.59	154.38

⑫营运资金预测、营运资金增加额预测

营运资金的预测,一般根据企业最近几年每年营运资金占用占销售收入的比例进行分析和判断,在历史平均比例水平基础上结合企业目前及未来发展加以调整。为了合理地预测将来公司需要占用的营运资金情况,我们根据神州新桥资金周转率、市场方面进行预测。

另外,根据企业经营情况,神州新桥的集成服务从设备采购至项目完成,并收回大部分款项的周期为3~4个月,则全年资金周转率为3.5次,根据上述分析我们可以得到估算表1-34。

表1-34 估算表

项　目		2010	2011	2012	2013	2014
成本总额/万元	(1)	21,852.88	25,768.41	29,625.68	32,171.07	33,136.20
营业税金及附加/万元	(2)	379.02	447.91	497.93	534.73	550.82
营业费用/万元	(3)	1684.15	1905.56	2126.56	2322.03	2506.07
管理费用/万元	(4)	2115.29	2435.79	2780.91	2971.93	3132.46
财务费用/万元	(5)	168.37	170.00	171.39	172.36	712.75
付现所得税/万元	(6)	568.94	695.65	713.99	749.54	743.88
折旧与摊销/万元	(7)	142.72	151.62	163.83	164.59	154.38
付现成本合计/万元	(8)=(1)+(2)+(3)+(4)+(5)+(6)-(7)	26,768.65	31,441.32	35,91646	38,921.66	40,242.18
资金年周转次数	(9)	3.50	3.5	3.5	3.5	3.5
年营运资金需求数/万元	(10)=(8)/(9)	7648.19	8983.23	10261.85	11120.47	11497.77
年营业收入/万元	(11)	30,229.06	35,670.29	40.307.43	43,532.03	44,837.99
年营运资金/营业收入/%	(12)=(10)/(11)	25.30	25.18	25.46	25.55	25.64

因此,我们可以得到企业生产需要营运资金大约为年销售收入的25%。营运资金的预测如表1-35所示。

表1-35 营运资金的预测

项 目	预测期					稳定期
	2010	2011	2012	2013	2014	2015年以后
营运资金占用/万元	7557.27	8917.57	10,076.86	10,883.01	11,209.50	11,209.50
营运资金变动/万元	1208.75	1360.30	1159.29	806.15	326.49	
营运资金占用/营业收入/%	25.00	25.00	25.00	25.00	25.00	25.00

⑬残值预测

残值是企业在2014年预测经营期之后的价值。残值的预测一般可以采用永续年金的方式,在国外也有采用Gordon增长模型进行预测的。本次评估我们采用永续年金的方式预测,假定企业在2014年后每年的经营情况趋于稳定。

⑭企业自由现金流量的预测

综上所述,企业自由现金流量的预测结果如表1-36所示。

表1-36 企业自由现金流量的预测 单位:万元

项 目	预测期					
	2010	2011	2012	2013	2014	2015年及以后
一、营业收入	30,229.06	35,670.29	40,307.43	43,532.03	44,837.99	44,837.99
减:营业成本	21,852.88	25,786.41	29,625.68	32,171.07	33,136.20	33,136.20
营业税金及附加	379.02	447.91	497.93	534.73	550.82	550.82
销售费用	1684.15	1905.56	2126.56	2322.03	2506.07	2506.07
管理费用	2115.29	2435.79	2780.91	2971.93	3132.46	3132.46
财务费用	168.37	170	171.39	172.36	172.75	172.75
资产减值损失	0	0	0	0	0	0
加:公允价值变动收益	0	0	0	0	0	0
投资收益	0	0	0	0	0	0
二、营业利润	4029.35	4924.62	5104.96	5359.91	5339.69	5339.69

续表

项目	预测期					
	2010	2011	2012	2013	2014	2015年及以后
加:营业外收入	0	0	0	0	0	0
减:营业外支出	0	0	0	0	0	0
三、利润总额	4029.35	4924.62	5104.96	5359.91	5339.69	5339.69
减:所得税费用	568.94	695.65	713.99	749.54	743.88	743.88
四、净利润	3460.41	4228.97	4390.97	4610.37	4595.81	4595.81
加:利息支出(扣除所得税影响)	143.11	144.5	145.68	146.51	146.84	146.84
五、息前税后利润	3603.52	4373.47	4536.65	4756.88	4742.65	4742.65
加:折旧、摊销	142.72	151.62	163.83	164.59	154.38	154.38
减:资本性支出	119.93	142.72	151.62	163.83	164.59	154.38
净营运资金变动	1208.75	1360.30	1159.29	806.15	326.49	—
六、企业自由现金净流量	2417.56	3022.07	3389.57	3951.49	4405.95	4742.60

(4)折现率的确定

折现率,又称期望投资回报率,是基于收益法确定评估价值的重要参数。由于被评估企业不是上市公司,其折现率不能直接计算获得。因此,本次评估采用选取对比公司进行分析计算的方法估算被评估企业期望投资回报率。第一步,首先在上市公司中选取对比公司,然后估算对比公司的系统性风险系数 β(Levered Beta);第二步,根据对比公司资本结构、对比公司 β 以及被评估公司资本结构估算被评估企业的期望投资回报率,并以此作为折现率。

①对比公司的选取

关于对比公司的选择详见上文相关内容。

②加权资金成本的确定(WACC)

WACC(Weighted Average Cost of Capital)代表期望的总投资回报率,是期望的股权回报率和所得税调整后的债权回报率的加权平均值。

在计算总投资回报率时,第一步,需要计算截至评估基准日,股权资金回报率和利用公开的市场数据计算的债权资金回报率;第二步,计算加权平均股权回报率和债权回报率。

A. 股权回报率的确定

为了确定股权回报率,我们利用资本定价模型(Capital Asset Pricing Model,"CAPM")。CAPM 是通常估算投资者收益要求进而求取公司股权收益率的方法。它可以用下列公式表述:

$$R_e = R_f + \beta \times \mathrm{ERP} + \alpha$$

其中,R_e 为股权回报率;R_f 为无风险回报率;β 为风险系数;ERP 为市场风险超额回报率;α 为企业特定的风险调整系数。

分析 CAPM,我们采用以下几步:

第一步:确定无风险收益率。

国债收益率通常被认为是无风险的,因为持有该债权到期不能兑付的风险很小,可以忽略不计。

我们在沪、深两市选择从评估基准日到国债到期日剩余期限超过 5 年期的国债,并计算其到期收益率,取所有国债到期收益率的平均值作为本次评估无风险收益率,以上述国债到期收益率的平均值 3.74% 作为本次评估的无风险收益率。

第二步:确定股权风险收益率。

股权风险收益率是投资者投资股票市场所期望的超过无风险收益率的部分。正确地确定风险收益率一直是许多股票分析师的研究课题。例如,在美国,Ibbotson Associates 的研究发现 1926—1997 年,股权投资到大企业平均年复利回报率为 11.0%,超过长期国债收益率约 5.8%。如果以几何平均计算,这个差异被认为是股权投资风险收益率 ERP。

参照美国相关部门估算 ERP 的思路,我们按如下方式计算中国股市风险收益率 ERP:

确定衡量股市的指数。估算股票市场的投资回报率,首先需要确定一个衡量股市波动变化的指数,中国目前沪、深两市有许多指数,但是我们选用的指数应该是能最好反映市场主流股票变化的指数,参照美国相关机构估算美国 ERP 时选用标准普尔 500(S&P 500)指数的经验,我们在估算中国市场 ERP 时选用了上证 180 指数和深证 100 指数。

计算年期的选择。中国股市起始于 20 世纪 90 年代初期,但最初几年发展不规范,直到 1996—1997 年之后才逐渐走上正轨,考虑到上述情况,我们在测算中国股市 ERP 时从 1998 年开始,也就是我们估算的时间区间为 2000-12-31 到 2009-12-31。

指数成分股的确定。上证 180 指数和深证 100 指数的成分股每年是发生变化的,因此,我们在估算时采用每年年底时上证 180 和深证 100 的成分股。2000—2001 年上证 180 指数没有推出之前,我们采用外推的方式,即采用 2002 年年底上证 180 指数的成分股外推到上述年份,2000—2001 年的成分股与 2002 年年末一样。对于深证 100 指数也是采用同样的处理方式。

数据的采集。本次 ERP 测算我们借助 Wind 资讯的数据系统提供所选择的各成分股每年年末的交易收盘价。由于成分股收益中应该包括每年分红、派息和送股等产生的收益,我们选用的年末收盘价是 Wind 数据 2000-12-31 至 2009-21-31 的复权交易年收盘价格,上述价格中已经有效地将每年由于分红、派息等产生的收益反映在价格中。

年收益率的计算采用算术平均值和几何平均值两种计算方法:

算术平均值计算方法:

设每年收益率为 R_i,则:

$$R_i = \frac{P_i - P_{i-1}}{P_i}(i = 1,2,3,\cdots,9)$$

其中,R_i 为第 i 年收益率;P_i 为第 i 年年末交易收盘价(复权)。

设第 1 年到第 n 年的收益平均值为 A_n,则:

$$A_n = \frac{\sum_{i=1}^{n} R_i}{N}$$

其中,A_n 为第 1 年(即 1998 年)到第 n 年收益率的算术平均值,$n=1,2,3,\cdots,9$。

几何平均值计算方法:

设第 1 年到第 i 年的几何平均值为 C_i,则:

$$C_i = \sqrt[(i-1)]{\frac{P_i}{P_1}} - 1 \qquad (i = 2,3,\cdots,n)$$

其中,P_i为第i年年末交易收盘价(后复权)。

无风险收益率R_{fi}的估算:为了估算每年的 ERP,需要估算计算期每年的无风险收益率R_{fi},本次测算我们采用国债的到期收益率(Yield to Maturate Rate)作为无风险收益率。国债的选择标准是每年年末距国债到期日剩余年限超过5年的国债,最后以选定的国债到期收益率的平均值作为每年年末的无风险收益率R_{fi}。

估算结论:

每年 ERP 的估算分别采用如下方式:

算术平均值法:

$$\text{ERP}_i = A_i - R_{fi}$$

几何平均值法:

$$\text{ERP}_i = C_i - R_{fi} (i = 1,2,\cdots,8)$$

通过估算 2000—2009 年每年的市场风险超额收益率 ERP_i,结果如表 1 – 37 所示。

表 1 – 37　市场超额收益 ERP 估算结论　　　　　　　　(%)

序号	年份	算术平均值 A_n	几何平均值 C_n	无风险收益率 R_f	$\text{ERP} = A_n - R_f$	$\text{ERP} = C_n - R_f$
1	2000	32.47	26.92	3.46	29.01	23.46
2	2001	15.06	11.15	2.92	12.14	8.23
3	2002	7.49	1.93	2.79	4.70	-0.86
4	2003	9.80	3.89	3.27	6.53	0.62
5	2004	7.69	1.93	4.71	2.98	-2.78
6	2005	4.49	-0.78	3.14	1.35	-3.92
7	2006	23.96	13.23	3.18	20.68	10.05
8	2007	52.60	30.32	4.03	48.57	26.29
9	2008	44.28	9.68	3.42	40.86	6.26
10	2009	45.94	16.51	3.77	42.71	12.74
	平均值	24.37	11.48	3.47	20.90	8.01

由于几何平均值可以更好地表述收益率的增长情况,我们将采用几何平均值计算的 C_n,并进而估算的 ERP＝8.01% 作为目前国内市场超额收益率。

第三步:确定对比公司相对于股票市场风险系数 β(Levered Beta)。

β 被认为是衡量公司相对风险的指标。投资股市中一家公司,如果其 β 值为 1.1,则意味着其股票风险比整个股市平均风险高 10%;相反,如果公司 β 为 0.9,则表示其股票风险比股市平均低 10%。因为投资者期望高风险应得到高回报,β 值对投资者衡量投资某种股票的相对风险非常有帮助。

目前中国国内 Wind 资讯公司是一家从事 β 的研究并给出计算 β 值的计算公式的公司。本次评估我们选取该公司公布的 β 计算器计算对比公司的 β 值,上证指数选择上证 180,深证指数选择深证 100 指数。上述 β 值是含有对比公司自身资本结构的 β 值。

第四步:计算对比公司 Unlevered Beta 和估算被评估企业 Unlevered Beta。

根据以下公式,分别计算对比公司的 Unlevered Beta:

$$Unlevered\ Beta = \frac{Levered\ Beta}{1+(1-T)(D/E)}$$

其中,D 为债权价值;E 为股权价值;T 为适用所得税率。

将对比公司的 Unlevered Beta 计算出来后,取其按照对比公司行业与被评估企业的关联度,分别设定相应的权重,以此权重计算加权平均值作为被评估企业的 UnLevered Beta,计算过程如表 1－38 所示。

表 1－38　可比上市公司财务杠杆的贝塔系数 β 一览

序号	证券代码	证券简称	权重	债权比例 D/(D+E)	股权价值比例 E/(D+E)	有财务杠杆贝塔系数 β	无财务杠杆风险系数 β
1	000948.SZ	南天信息	18%	7.5%	92.5%	0.918	0.856
2	002065.SZ	东华软件	20%	1.5%	98.5%	0.540	0.533
3	600410.SH	华胜天成	19%	2.6%	97.4%	0.811	0.793
4	600571.SH	信雅达	20%	8.1%	91.9%	0.797	0.738
5	600797.SH	浙大网新	23%	14.0%	91.9%	1.027	0.902
		加权平均					0.77

经计算,被评估企业的 UnLevered Beta＝0.77。

第五步:确定被评估企业的资本结构比率。

在确定被评估企业目标资本结构时我们选取了被评估企业自身账面价值计算的资本结构。

债权价值:$D=3000.00$ 万元。神州新桥评估基准日账面付息债务的评估值为3000.00万元,截至评估报告日已经归还,但企业2010年以后有借款计划,预计借款3000.00万元;

股权价值:$E=3750.31$ 万元。神州新桥评估基准日净资产账面价值为8108.64万元,剔除了非经营性资产和溢余资产后的净资产账面价值为3750.31万元。

第六步:估算被评估企业在上述确定的资本结构比率下的 Levered Beta。

我们将已经确定的被评估企业资本结构比率代入如下公式中,计算被评估企业 Levered Beta:

$$Levered\ Beta = Unlevered\ Beta \times [1+(1-T)\times D/E] = 1.28$$

其中,D 为债权价值;E 为股权价值;T 为适用所得税率(取25%)。

第七步:确定公司特定风险调整系数。

特定公司风险溢、折价表示非系统风险,由于目标公司具有特定的优势或劣势,要求的回报率也相应地增加或减少。本次委估公司为非上市公司,而评估参数选取参照的是上市公司,故需通过特定风险调整。综合考虑规模收益等,确定委估企业特定风险调整系数。

神州新桥是一家以计算机应用服务为主营业务的公司,α 主要指公司经营风险与公司财务风险报酬率之和。一方面,现时行业的竞争现状及公司在未来经营中可能承担风险,经营风险一般为2.5%;另一方面,公司的资本性支出增加,长期贷款需求增大,存在一定的财务风险,故取财务风险为2%。综合各项因素,确定委估企业特定风险调整系数为4.5%。

第八步:计算现行股权收益率。

将恰当的数据代入 CAPM 公式中,就可以计算出对被评估企业的股权期望回报率,$R_e=18.51\%$。

B.债权回报率的确定

在中国,对债权收益率的一个合理估计是将市场公允短期和长期银行贷款利率结合起来的估计。

目前在中国,只有极少数国有大型企业或国家重点工程项目才可以被批准发行公司债券。事实上,中国目前尚未建立起真正意义上的公司债券市场,尽管有一些公司债券是可以交易的。然而,官方公布的贷款利率是可以得到的。事实上,评估基准日,有效的一年期贷款利率是5.31%。我们采用该利率作为债权年期望回报率率。

C. 总资本加权平均回报率的确定

股权期望回报率和债权回报率可以用加权平均的方法计算总资本加权平均回报率。权重评估对象实际股权、债权结构比例。总资本加权平均回报率利用以下公式计算:

$$\text{WACC} = R_e \frac{E}{D+E} + R_d \frac{D}{D+E}(1-T) = 12.32\%$$

D. 被评估企业折现率的确定

根据上述计算得到被评估企业总资本加权平均回报率为12.32%,故我们以12.32%作为被评估公司的折现率。

(5)神州新桥营业资产价值的测算

表1-39 营业资产价值测算

项 目	预测期					2015年以后年度
	2010年	2011年	2012年	2013年	2014年	
企业自由现金净流量/万元	2417.56	3022.07	3389.57	3951.49	4405.95	
折现率(资本成本)/%	12.32	12.32	12.32	12.32	12.32	12.32
折现期	1	2	3	4	5	
折现系数	0.8903	0.7927	0.7057	0.6283	0.5594	
折现值/万元	2152.35	2395.59	2392.02	2482.72	2464.69	
永续期折现值/万元	21,534.40					
营业性资产价值/万元	33,421.77					

(6)资产及非经营性资产、负债的确定

①非经营性资产的确定

经评估,神州新桥对北京神州新桥软件技术有限公司长期投资在2009

年 12 月 31 日的净资产评估价值为 428.21 万元。按长期投资评估价值确定该项非经营性资产的评估值。

②溢余资产的确定

溢余资金为 3825.36 万元,以其核实后账面价值作为评估价值。

(7)有息负债的确定

有息负债短期借款 3000.00 万元,以其核实后账面价值作为评估价值。

(8)评估结果

神州新桥整体资产价值 = 营业性资产价值 + 溢余资产价值 + 非经营性资产价值 − 非经营性负债 = 33,421.77 + 428.21 + 3825.36 = 37,675.34(万元)

股东全部权益价值 = 整体资产价值 − 基准日有息负债 = 37,675.34 − 3000.00 = 34,675.34(万元) = 34,675.00(万元)取整

综上所述,用收益法评估神州新桥的股东全部权益价值为 34,675.00 万元。

四、评估结果

(一)资产基础法评估结果

经实施评估程序后,于评估基准日,委估股东全部权益在持续经营等假设前提下的市场价值为 8140.13 万元,净资产评估价值较账面价值评估增值 31.49 万元,增值率为 0.39%。评估结论如表 1 − 40 所示。

表 1−40　资产评估结果汇总(资产基础法)　　　　单位:万元

项目		账面净值 A	评估价值 B	增减值 $C = B - A$	增值率% $D = C/A \times 100$
流动资产	1	14,490.25	14,549.65	59.4	0.41
非流动资产	2	934.76	906.85	−27.91	−2.99
其中:长期股权投资	3	500	428.21	−71.79	−14.36
固定资产	4	411.05	461.68	50.63	12.32
长期待摊费用	5	8.05	8.05	—	—
递延所得税资产	6	15.66	8.91	−6.75	−43.1
资产总计	7	15,425.01	15,456.50	31.49	0.2
流动负债	8	7316.37	7316.37	0	0

续表

项 目		账面净值 A	评估价值 B	增减值 C=B-A	增值率% D=C/A×100
非流动负债	9	0	0	0	0
负债总计	10	7316.37	7316.37	0	0
净资产	11	8108.64	8140.13	31.49	0.39

(二)收益法评估结果

经实施评估程序后,于评估基准日,委估股东全部权益在持续经营等假设前提下的市场价值为34,675.00万元,净资产评估价值较账面价值评估增值26,566.36万元,增值率为327.63%。评估结果如表1-41所示。

表1-41 资产评估结果汇总(收益法)   单位:万元

项 目		账面净值 A	评估价值 B	增减值 C=B-A	增值率% D=C/A×100
流动资产	1	14,490.25			
非流动资产	2	934.76			
其中:长期股权投资	3	500.00			
固定资产	4	411.05			
长期待摊费用	5	8.05			
递延所得税资产	6	15.66			
资产总计	7	15,425.01			
流动负债	8	7316.37			
非流动负债	9	0.00			
负债总计	10	7316.37			
净资产	11	8108.64	34,675.00	26,566.36	327.63

(三)评估结论

本次评估,我们分别采用收益法和资产基础法两种方法,通过不同途径对委估对象进行估值,两种方法的评估结果差异为26,534.87万元,差异率为325.98%。

我们认为,两种评估结果的差异率是在合理误差范围内的。收益法是从未来收益的角度出发,以被评估企业现实资产未来可以产生的收益,经过风险折现后的现值和作为被评估企业股权的评估价值，因此收益法对企业未来的预期发展因素产生的影响考虑比较充分。

资产基础法是从现时成本的角度出发，以被评估企业账面记录的资产、负债为出发点，将构成企业的各种要素资产的评估值加总减去负债评估值作为被评估企业股权的评估价值。

资产基础法模糊了单项资产与整体资产的区别。凡是整体性资产都具有综合获利能力。资产基础法仅能反映企业资产的自身价值，而不能全面、合理地体现企业的整体价值。神州新桥成立于2001年，自成立开始即参与金融行业IT建设，目前是中国工商银行和交通银行的主要IT服务商之一，同时神州新桥在中国建设银行、人民银行、中国农业银行、华夏银行、民生银行及保险证券业积累了丰富的集成服务经验，经过8年多的发展，神州新桥已形成了自己特有的经营理念、经营策略、经营方法，占有一定的市场份额，具有稳定的客户群体和收入来源。

收益法与资产基础法的差异反映了神州新桥账面未记录的企业品牌、资质、人力资源、管理团队、计算机软件著作权、商誉等无形资产的价值，因此两个评估结果的差异是合理的。

本次评估的神州新桥目前处于一个预期增长期内，因此，预期的增长对企业的价值可能影响相对较大，所以我们认为收益法的结论应该更切合神州新桥的实际情况。

根据以上分析，我们认为，本次评估采用收益法结论作为最终评估结论比较合理。

最终评估结论为人民币叁亿肆仟陆佰柒拾伍万元整。

五、案例点评

标的企业BJSZ新桥所属的行业性质为计算机应用服务业，是一家提供网络专业服务及解决方案的系统集成商。从神州新桥提供的会计报表来看，公司前几年的营业收入、净利润等均为正值，企业整体资产的获利能力从前三年的实际运行来看是可以合理预期的。评估师选用收益法作为判断估值的依据是合理的。

但是,使用收益法的最大难度在于预测技术或方法上还不尽完善,以及数据采集和处理的客观性、可靠性等,使得评估值易产生某种误差累积或放大,在一定程度上影响了评估结果的准确性。

神州新桥目前处于一个预期增长期内,因此,预期的增长对企业的价值可能影响相对较大。评估师认为神州新桥 2010 年营业收入将保持较高的增长率,以后年度将会继续保持增长态势,但其增长率会逐年下降,5 年之后销售收入的增长最后趋于稳定,2015 年及以后每年预测保持在 2014 年营业收入的水平上。由于企业高速发展的不稳定性,此种盈利预测恐难准确。

案例三

TF HOL 股东全部权益价值评估

一、案例背景

(一)评估目的

中鼎股份因业务发展需要,其全资子公司中鼎欧洲有限公司拟收购被评估单位 TF HOL 的股东全部权益。因而,需要对该事宜所涉及的 TF HOL 股东全部权益在评估基准日的市场价值作出评估,为该事宜提供价值参考。

(二)评估基准日

2016 年 9 月 30 日。

(三)评估对象和范围

(1)本次评估对象:中鼎欧洲有限公司拟收购的 TF HOL 股东全部权益。

(2)本次评估范围:上述评估对象所涉及的 TF HOL 全部资产及负债,包括流动资产、非流动资产及流动负债。根据华普天健会计师事务所(特殊普通合伙)出具的会审字〔2017〕0090 号《审计报告》,截至 2016 年 9 月 30 日,TF HOL 合并报表口径总资产账面价值为 91,911.46 万元,其中,流动资产账面价值为 61,194.91 万元,非流动资产账面价值为 30,716.55 万元(其中,固定资产 26,274.28 万元,在建工程 3498.46 万元,无形资产 759.38 万元,递延所得税资产 184.43 万元);负债账面价值为 50,874.43 万元,其中,流动负债账面价值为 39,672.32 万元,非流动负债账面价值为 11,202.11 万元;所有者权益账面价值为 41,037.03 万元。

(四)价值类型

根据评估目的和委估资产的特点,确定本次评估结论的价值类型为市场价值。市场价值是指自愿买方和自愿卖方在各自理性行事且未受任何强迫的情况下,评估对象在评估基准日进行正常公平交易的价值估计数额。

二、评估标的

本案例分析涉及的评估标的为 TF HOL 股东全部权益价值。

(一)评估标的基本情况

本项目被评估单位为 TF HOL 及其子公司。

1. 企业登记情况

公司名称:TF HOL。

公司类型:简化股份有限公司。

注册号:522 609 841 RCS Nantes(南特)。

注册地址:"Z. I. de Nantes – Carquefou – BP 30412, 44474 Carquefou Cedex,法国"。

注册资本:50,000 欧元。

注册时间:2010 年 5 月 22 日。

法定代表人:Günter Frölich。

经营范围:收购和管理上市或未上市证券、所有公司的股权或权益,集中化管理和公司间现金管理以及与公司活动相关的所有财务、商业、不动产运营业务。

Tristone 系非上市的股份有限公司,主要负责整个集团的投资管理,其有 13 家子公司,公司分布于三大洲 13 个国家,主要产品为发动机和电池冷却管、进气管等,各地子公司主要负责生产、研发和销售。

2. 公司简介

TF HOL 成立于 2010 年 5 月 22 日,现有注册股本为 50,000 欧元。根据其股东名册及登记文件,截至 2016 年 9 月 30 日,TF HOL 为 Bavaria France Holding S. A. S 的全资子公司,成立至今,未发生股东方和股本变动情况。

Tristone 是一家世界领先的为乘用车行业提供流动技术解决方案的公司,提供发动机冷却、电池冷却、空气充注、进气完整系统应用服务,是全球原始设备制造商多元化基地的首选一级供应商,公司在 9 个国家的 9 个生产基地主要位于低成本国家。Tristone 共有员工约 2500 人,行政总部位于德国法兰克福。客户主要覆盖大众、宝马、奥迪、欧宝、福特、通用、标致、雪铁龙等整车制造商的中高端车型等大型整车厂和一级供应商。

TF HOL 共拥有 13 家子公司,分别为 Tristone Flowtech（China）Ltd.（Tristone 中国公司）,Tristone Flowtech Czech Republic s. r. o.（Tristone 捷克公司）,Tristone Flowtech France S. A. S.（Tristone 法国公司）,Tristone Flowtech Germany GmbH（Tristone 德国公司,其设立了一家位于瑞典的分公司 Tristone Flowtech Germany GmbH Filial Sverige）,Tristone Flowtech India Ltd.（Tristone 印度公司）,Tristone Flowtech Italy SPA（Tristone 意大利公司）,Tristone Flowtech Mexico S. d. R. L. de C. V.（Tristone 墨西哥公司）,Tristone Flowtech Poland Sp. Z. o. o.（Tristone 波兰公司）,Tristone Flowtech Slovakia spol s. r. o.（Tristone 斯洛伐克公司）,Tristone Flowtech Solutions SNC（Tristone 法国研发公司）,Tristone Flowtech Spain S. A. U.（Tristone 西班牙公司）,Tristone Flowtech Istanbul Otomotiv Sanayi ve Ticaret Ltd. Sirketi（Tristone 土耳其公司）,Tristone Flowtech USA Inc.（Tristone 美国公司）。

（二）资产、财务及经营状况

TF HOL 本部主要负责整个集团的投资管理业务,其 13 家下属子公司、1 家分公司均处于正常经营中。Tristone 是一家传动系统部件的制造商,在世界范围内有 9 家制造厂,在欧洲和北美有 4 个销售办事处和研发中心。

Tristone 能够为汽车客户提供关键汽车领域本地制造。并且,预计将在印度和巴西设立工厂（2017/2018 年）,完成产品全球覆盖。公司的产品类型主要为发动机和电池冷却（E&B Cooling）,空气充气（AC）和空气进气管（AI）等服务的橡胶管、塑料管等产品。

Tristone 在上述产品领域处于行业领先地位,其客户均为大型整车厂和一级供应商,主要覆盖大众、宝马、奥迪、欧宝、福特、通用、标致、雪铁龙等整车制造商的中高端车型。

TF HOL(合并)近年资产、财务、经营状况如表 1-42 所示。

表1-42 资产、财务、经营状况 单位:万元

项目	2016年9月30日	2015年12月31日	2014年12月31日
总资产	91,911.46	85,052.65	75,820.12
负债	50,874.43	49,799.88	48,311.62
净资产	41,037.03	35,252.77	27,508.50
	2016年9月	2015年度	2014年度
营业收入	134,515.14	157,548.55	158.554.80
利润总额	11,464.58	11,457.06	7,875.06
净利润	9027.23	9186.89	5692.58
审计机构	华普天健会计师事务所	华普天健会计师事务所	华普天健会计师事务所

以上数据均来源于华普天健会计师事务所（特殊普通合伙）出具的会审字〔2017〕0090号《审计报告》。审计意见为："我们认为，TF HOL财务报表在所有重大方面按照企业会计准则的规定编制，公允反映了TF HOL 2014年12月31日、2015年12月31日及2016年9月30日的合并及母公司财务状况以及2014年度、2015年度及2016年1—9月的合并及母公司的经营成果和现金流量。"

三、评估方法

（一）评估方法的选择

资产评估基本方法包括市场法、收益法和资产基础法。

市场法，是指将评估对象与可比上市公司或者可比交易案例进行比较，确定评估对象价值的评估方法。

收益法，是指将预期收益资本化或者折现，确定评估对象价值的评估方法。

资产基础法，是指以被评估企业评估基准日的资产负债表为基础，合理评估企业表内及表外各项资产、负债价值，确定评估对象价值的评估方法。

按照《资产评估准则—基本准则》，评估需根据评估目的、价值类型、资料收集情况等相关条件，恰当选择一种或多种资产评估方法。

根据本次项目背景、评估目的、可搜集的资料和评估对象的特点，以及

评估方法的适用条件,选择市场法和收益法进行评估。

(二)市场法

市场法是通过将评估对象与参考企业、在市场上已有交易案例的企业、股东权益、证券等权益性资产进行比较以确定评估对象价值的一种方法。在市场法中常用的两种方法是上市公司比较法和交易案例比较法。

上市公司比较法是指通过对资本市场上与被评估企业处于同一或类似行业的上市公司的经营和财务数据进行分析,计算适当的价值比率或经济指标,在与被评估企业比较分析的基础上,得出评估对象价值的方法。

交易案例比较法是指通过分析与被评估企业处于同一或类似行业的公司的买卖、收购及合并案例,获取并分析这些交易案例的数据资料,计算适当的价值比率或经济指标,在与被评估企业比较分析的基础上,得出评估对象价值的方法。

由于可比的交易案例资料缺乏,无法了解其中是否存在非市场价值因素,本次评估不采用交易案例比较法;由于国际资本市场上汽车零部件行业的上市公司较多,可以在其中选出可比企业进行分析比较,本次选择上市公司比较法进行评估。

1. 可比企业的选取

(1)TF HOL 注册于法国 Nantes(南特),公司经营管理中心位于德国法兰克福。另外,TF HOL 的年报审计合并报表是按照德国《商法典》的相关规定进行编制,公司实际地处资本市场较为成熟、具有一定规模的德国,故本次评估选择德国证券交易市场为资本市场。

(2)根据被评估企业所处行业,收集德国证券市场上的汽车零部件行业上市公司的公开信息,初选可比企业。

(3)根据初选企业情况,考虑企业规模、经营环境等因素,筛选可比的上市公司。

2. 确定价值比率

采用上市公司比较法,常见价值比率有市盈率(P/E)、市净率(P/B)、市销率(P/S)、价值/EBITDA 比率(EV/EBITDA)等。在比较可比公司和目标公司对各乘数影响因素的差异后,调整确定目标公司的市盈率(P/E)、市净率(P/B)、市销率(P/S)、价值/EBITDA比率(EV/EBITDA),据此计算目标公司股东权益价值。

TF HOL主营产品属于汽车零部件行业产品,未来发展经营依赖于公司生产线、资产规模和科研能力。资产是企业发展的基础,建立在净资产规模基础上的价值比率——市净率,与TF HOL企业价值之间的对应关系较为直接、可靠。综上所述,本次市场法评估选择市净率作为价值比率。

3. 计算企业股东权益价值

以各可比企业2015年度财务数据为基础,通过对可比企业财务比率指标的分析,将被评估单位相应的财务指标与可比企业逐一进行比较,得到的各项可比指标调整系数,相乘得出各可比企业的市净率调整系数,然后乘以可比企业中对应的市净率得到各可比企业调整后的市净率,计算各可比企业调整后的市净率的平均值,然后乘以被评估单位2015年度审计后的账面净资产。在此基础上,考虑上市公司少数股权影响因素和非流动性折扣因素后,得出被评估企业股东全部权益价值。

(三)收益法

收益法是本着"收益还原"的思路对企业的整体资产进行评估,是指将预期收益资本化或者折现,确定评估对象价值的评估方法。收益法常用的具体方法包括股利折现法和现金流量折现法。本次评估采用现金流量折现法。

1. 基本评估思路

根据本次尽职调查情况以及评估对象的资产构成和主营业务特点,本次评估是以评估对象的合并报表口径估算其权益资本价值,本次评估的基本评估思路是:

(1)对纳入报表范围的资产和主营业务,按照最近几年的历史经营状况的变化趋势和业务类型等分别估算预期收益(净现金流量),并折现得到经营性资产的价值;

(2)对纳入报表范围,但在预期收益(净现金流量)估算中未予考虑的诸如基准日存在企业非经营性活动产生的往来款等流动资产(负债);

(3)由上述各项资产和负债价值的加和,得出评估对象的企业价值,经扣减付息债务价值后,得出评估对象的净资产价值。

2. 评估模型

(1)基本模型

本次评估的基本模型为:

$$E = B - D$$

其中,E 为评估对象的股东全部权益(净资产)价值;B 为评估对象的企业价值。

$$B = P + I + C$$

P 为评估对象的经营性资产价值。

$$P = \left[\sum_{i=1}^{n} R_i (1+r)^{-i} + R_{n+1}/r (1+r)^{-n} \right]$$

其中,R_i 为评估对象未来第 i 年的预期收益(自由现金流量);r 为折现率;n:评估对象的未来经营期;I 为未纳入预测范围的长期股权投资价值;C 为评估对象基准日存在的溢余或非经营性资产(负债)的价值;D 为评估对象的付息债务价值。

(2)收益指标

本次评估使用企业的自由现金流量作为评估对象经营性资产的收益指标,其基本定义为:

$$R = 净利润 + 折旧摊销 + 扣税后付息债务利息 - 追加资本$$

根据评估对象的经营历史以及未来市场发展等,估算其未来经营期内的自由现金流量。将未来经营期内的自由现金流量进行折现并加和,测算得到企业的经营性资产价值。

(3)折现率的选取

有关折现率的选取,我们采用了加权平均资本成本估价模型("WACC")。WACC 模型可用下列数学公式表示:

$$\text{WACC} = k_e \times [E \div (D+E)] + k_d \times (1-t) \times [D \div (D+E)]$$

其中,k_e 为权益资本成本;E 为权益资本的市场价值;D 为债务资本的市场价值;k_d 为债务资本成本;t 为所得税率。

计算权益资本成本时,我们采用资本资产定价模型("CAPM")。CAPM模型是普遍应用的估算股权资本成本的办法。CAPM模型可用下列数学公式表示:

$$r_e = r_f + \beta(r_m - r_f) + \varepsilon$$

其中,r_f 为无风险报酬率;r_m 为市场期望报酬率;ε 为评估对象的特性风险调整系数;β_e 为评估对象权益资本的预期市场风险系数。

(四)评估技术说明

本案例选取市场法的评估技术进行说明。

1. 评估方法选择的理由

由于可比的交易案例资料缺乏,无法了解其中是否存在非市场价值因素,本次评估不采用交易案例比较法;由于国际资本市场上汽车零部件行业的上市公司较多,可以在其中选出可比企业进行分析比较,本次选择上市公司比较法进行评估。

2. 评估模型和技术思路

(1)价值比率的选取

采用上市公司比较法,常见价值比率有市盈率(P/E)、市净率(P/B)、市销率(P/S)、价值/EBITDA 比率(EV/EBITDA)等。在比较可比公司和目标公司对各乘数影响因素的差异后,调整确定目标公司的市盈率(PE)、市净率(PB)、市销率(PS)、价值/EBITDA 比率(EV/EBITDA),据此计算目标公司股东权益价值。

TF HOL 主营产品属于汽车零部件行业产品,未来发展经营依赖于公司生产线、资产规模和科研能力。资产是企业发展的基础,建立在净资产规模基础上的价值比率——市净率,与 TF HOL 企业价值之间的对应关系较为直接、可靠。综上所述,本次市场法评估选择市净率(PB)作为价值比率。

(2)可比企业的选取

①TF HOL 注册于法国 Nantes(南特),公司经营管理中心位于德国法兰克福。另外,TF HOL 的年报审计合并报表是按照德国《商法典》的相关规定进行编制,公司实际地处资本市场较为成熟、具有一定规模的德国,故本次

评估选择德国证券交易市场为资本市场。

②根据被评估企业所处行业，收集德国证券市场上的汽车零部件行业上市公司的公开信息，初选可比企业。

③根据初选企业情况，考虑企业规模、经营环境等因素，筛选可比的上市公司。

（3）可比指标的选取

本次估值主要从企业的盈利能力、营运能力、偿债能力、成长能力等方面对估值对象与可比公司间的差异进行量化，具体量化对比思路如下：

选取流动比率、速动比率、资产负债率、应收账款周转率、总资产周转率、营业增长率、净资产收益率、销售净利率8个财务指标作为评价可比公司及被评估企业的因素。

上述8个财务指标的具体公式如下：

$$流动比率 = 流动资产/流动负债 \times 100\%$$

$$速动比率 = (流动资产 - 存货)/流动负债 \times 100\%$$

$$资产负债率 = 负债总额/资产总额 \times 100\%$$

$$应收账款周转率 = 主营业务收入净额/平均应收账款余额$$

$$总资产周转率 = 主营业务收入净额/平均资产总额$$

$$营业增长率 = (本年营业收入 - 上年营业收入)/上年营业收入$$

$$净资产收益率 = 净利润/平均净资产 \times 100\%$$

$$销售净利率 = 净利润/营业收入 \times 100\%$$

（4）与可比公司间的比较量化

①以目标公司审计后的2014年、2015年财务数据和查询到的可比公司的2014年、2015年的财务数据，分别计算TF HOL和可比公司的指标值；

②以TF HOL的指标作为分子，可比公司的指标作为分母，逐个进行比较，得出TF HOL对应的各可比公司的指标调整值；

③各可比公司的调整分值分别乘以各可比公司的市净率（PB），得出TF HOL对应的各可比公司的调整市净率（PB）；

④对上述已计算得出的调整市净率进行离散度分析，剔除差异较大的市净率。

(5)计算企业股东权益价值

将以上得到的各比准市净率进行平均,得出委估对象市净率,乘以委估企业 2015 年年报的所有者权益后,扣除非流动性影响和加回控股权溢价影响,得出评估对象相应的股权价值。

3. 市场法评估过程

(1)可比公司的选取

通过 Bloomberg 资讯分析系统和市场公开信息查询可知,德国上市公司中,属于汽车零配件行业的公司共计 13 家,根据市场法的评估原理和适用前提,评估人员主要从公司规模、生产产品类型、可取得资料等方面选取可比上市公司,最终选取了 4 家上市公司作为可比公司(见表 1-43)。

表 1-43 4 家上市公司基本情况

序号	股票代码	股票简称	经营范围
1	ZIL2 GR Equity	ELRINGK - LINGER AG	ELRINGKLINGER AG 为全球汽车行业和制造业开发、制造与分销技术和化学产品。它包括五个部分:原始设备、售后市场、工程塑料、服务和工业园区。原始设备部门开发,生产和销售用于动力传动系统的气缸盖、专用垫圈与轻质塑料部件和外壳模块,以及用于发动机、变速箱和排气道应用的热和声学部件。该部门还提供锂离子电池、燃料电池系统、废气净化系统、屏蔽系统和车身的轻质塑料部件。售后市场部门提供一系列备件,包括气缸盖垫圈和垫圈组、主要用于发动机、齿轮箱和排气系统的维修。工程塑料部门提供由聚四氟乙烯塑料制成的产品,用于化学和设备工程、医疗和实验室技术、机械工程和食品技术。服务部门为汽车制造商和汽车供应商提供使用测试和测量设施的发动机、变速箱和排气系统的开发服务;并提供物流服务。该区域还经营餐厅,提供餐饮服务。工业园区域租赁和管理土地和建筑物,其中包括位于法兰克福附近的 Idstein 和匈牙利的 Kecskemét 工业园区。ElringKlinger AG 成立于 1879 年,总部位于德国 Dettingen an der Erms

续表

序号	股票代码	股票简称	经营范围
2	ZAR GR Equity	RENK AG	RENK AG 在全球范围内开发、制造和销售驱动技术产品。公司包括特殊减速器、车辆变速箱、标准齿轮单元和滑动轴承部分。它提供具有中型和大型重量级的履带式车辆的制动系统和最终传动的自动换挡、倒挡和转向传动;风力发电厂传动系统试验台;交钥匙测试系统,用于汽车、轨道车辆、航空和国防工业的开发、生产和质量保证应用。公司还提供用于电机、鼓风机、压缩机、泵、涡轮机和通用机械工程应用的水平和垂直滑动轴承;变速器滑动轴承;和船用轴轴承和推力轴承。它还提供用于水泥系统、塑料工业和风力涡轮机的减速器;用于石化工业和发电厂的正齿轮和行星齿轮单元,以及用于快速工艺和海军应用的复杂齿轮单元。公司还提供用于商船、海上风力发电机齿轮装置、LNG／LPG 油轮和特殊船舶的减速器;海洋换向齿轮装置;减速和控制船用发电机系统的减速器;齿轮系统,用于涡轮、泵和压缩机应用;海上风能市场的减速机。此外,它提供用于工业应用的弯曲齿轮联轴器、用于慢速和高速工业系统的钢制多盘离合器、高速机械用膜片联轴器、安全联轴器、扭转挠性联轴器。公司成立于 1873 年,总部位于德国奥格斯堡。RENK AG 为 MAN SE 的子公司
3	GMM GR Equity	GRAMMER AG	GRAMMER AG 为全球汽车内饰开发和生产组件和系统。该公司的汽车部门为汽车制造商和汽车系统供应商提供内部部件,包括头枕、扶手和中控台。其座椅系统部门为座椅单元和座椅系统的一级和售后市场供应商。这个部门为农业和建筑车辆,如叉车、卡车、公共汽车和火车,以及铁路运输 OEM、铁路运营商和公共汽车制造商提供驾驶员和乘客座位。成立于 1880 年,总部位于德国 Amberg
4	DEX GR Equity	DELTICOM AG	DELTICOM AG 在德国和国际上作为在线轮胎零售商。其电子商务部门向汽车、摩托车、卡车、公共汽车、工业车辆和自行车销售轮胎、轮辋和轮子;更换汽车零部件及配件;发动机油、雪链、电池和选定的备件。这个部门为经销商、车间、最终用户,以及私人和商业客户提供大约 100 个轮胎品牌和 25,000 个型号。它通过在 45 个国家的约 245 家在线商店提供产品。该公司的批发部门向批发商销售轮胎。成立于 1999 年,总部设在德国汉诺威

根据 ELRINGKLINGER AG 的信息披露,企业的资产负债情况及经营状况如表 1-44 所示。

表 1-44 企业的资产负债情况及经营状况
（根据 ELRINGKLINGER AG 的信息披露）   单位：千欧

项目	2014	2015
总资产	97,495	105,364
总负债	46,279	52,154
净资产	51,216	53,210
营业收入	60,603	64,041
净利润	5888	5479

根据 RENK AG 的信息披露，企业的资产负债情况及经营状况如表 1-45 所示。

表 1-45 企业的资产负债情况及经营状况
（根据 RENK AG 的信息披露）   单位：千欧

项目	2014	2015
总资产	58,926	66,460
总负债	26,188	30,439
净资产	32,738	36,021
营业收入	49,319	50,499
净利润	4876	4178

根据 GRAMMER AG 的信息披露，企业的资产负债情况及经营状况如表 1-46 所示。

表 1-46 企业的资产负债情况及经营状况
（根据 GRAMMER AG 的信息披露）   单位：千欧

项目	2014	2015
总资产	83,654	99,195
总负债	60,478	73,853
净资产	23,176	25,342
营业收入	136,590	142,569
净利润	3365	2378

根据 DELTICOM AG 的信息披露，企业的资产负债情况及经营状况如表 1-47 所示。

表1-47 企业的资产负债情况及经营状况
（根据DELTICOM AG的信息披露）

单位：千欧

项目	2014	2015
总资产	16,401	15,997
总负债	11,372	10,870
净资产	5029	5127
营业收入	51,377	57,364
净利润	286	337

(2) 可比公司及 TF HOL 修正指标数据

表1-48 可比公司及 TF HOL 评估基准日修正指标数据

项目	偿债能力		发展能力		营运能力		盈利能力	
	流动比率	速动比率	资产负债率	营业增长率	应收账款周转率	总资产周转率	净资产收益率	销售净利率
Tristone	154.30%	124.17%	58.55%	-0.63%	5.77	3	29.28%	5.83%
ELRINGKLINGER AG	74.51%	43.40%	49.50%	5.67%	3.96	0.63	10.49%	8.56%
RENK AG	163.49%	102.33%	45.80%	2.39%	6.58	0.81	12.15%	8.27%
GRAMMER AG	173.77%	132.77%	74.45%	4.35%	7.83	1.58	9.80%	1.65%
DELTICOM AG	111.74%	47.73%	67.95%	11.65%	31.73	3.54	6.63%	0.59%

数据来源：Federal Gazette（德国联邦公报）网站的各家公司的2015年年报。

对上述8个指标均以 TF HOL 为标准分100分进行对比调整：低于目标公司指标系数的，则调整系数小于100；高于目标公司指标系数的，则调整系数大于100。

打分规则：对于偿债能力指标、盈利能力指标、发展能力指标、营运能力指标，评估人员根据可比公司指标与目标公司指标相差数额，根据一定的单位（%）进行加、减分值。

根据上述对调整因素的描述及调整系数确定的方法，各影响因素调整系数如表1-49、表1-50所示。

表1-49 可比公司与被评估单位打分

项目	偿债能力		发展能力		营运能力		盈利能力	
	流动比率	速动比率	资产负债率	营业增长率	应收账款周转率	总资产周转	净资产收益率	销售净利率
Tristone	100	100	100	100	100	100	100	100
ELRINGKLENGER AG	93.00	92.00	101.00	103.00	100	89.0	97.00	100.00
RENK AG	100.0	98.00	102.00	101.00	100	90.00	97.00	10000
GRAMMER AG	101.0	100.00	97.00	102.00	101.00	93.00	97.00	10000
DELTICCM AG	96.00	92.00	99.00	106.00	112.0	102.00	96.00	99.00

表1-50 可比公司及被评估企业打分汇总

项目	偿债能力	发展能力	营运能力	盈利能力
Tristone	100	100	100	100
ELRINGKLINGER AG	95	103	95	99
RENK AG	100	101	95	99
GRAMMER AG	99	102	97	99
DELTICOM AG	96	106	107	98

(3) TF HOL 市净率 PB 的确定

将 TF HOL 的各项指标与可比公司的各项指标进行逐一比对(TF HOL 各指标÷可比公司各指标)后得出对应的各项指标的调整系数,计算结果如表1-51所示。

表1-51 各项指标调整系数

项目	偿债能力	发展能力	营运能力	盈利能力
ELRINGKLINGER AG	1.05	0.97	1.05	1.01
RENK AG	1.00	0.99	1.05	1.01
GRAMMER AG	1.01	0.98	1.03	1.01
DELTICOM AG	1.04	0.94	0.93	1.02
平均	1.03	0.97	1.02	1.01

将表1-51中表得到的各项可比指标调整系数相乘得到各可比公司的 PB 调整系数,然后乘以可比公司中对应的 PB 得到各可比公司调整后的 PB。计算结果如表1-52所示。

表 1-52 各可比公司调整后的 PB

序号	标的公司	调整系数	可比公司 PB	可比指标调整后 PB
1	ELRINGKL ENGER AG	1.09	1.88	2.05
2	RENK AG	1.05	5.00	5.26
3	GRAMMER AG	1.30	6.30	6.50
4	DELTICOM AG	0.94	3.88	3.63

(4)剔除离散度较大的比准预测市净率

对已计算得出的比准预测市净率,按大小排序,剔除离散度超过50%的市净率,对上述已计算的比准预测市净率进行筛选剔除,最终选取的比准预测市净率如表1-53所示。

表 1-53 最终选取的比准预测市净率

序号	标的公司	调整系数	可比公司 PB	可比指标调整后 PB
1	RENK AG	1.05	5	5.26
2	GRAMMER AG	1.03	6.3	6.5
3	DELTICOM AG	0.94	3.88	3.63
	平均			5.13

(5)缺乏流动性折扣率的确定

市场流动性是指在某特定市场迅速地以低廉的交易成本买卖证券而不受阻的能力。缺乏流动性折扣(DLOM)是相对于流动性较强的投资,流动性受损程度的量化。一定程度或一定比例的缺乏流动性折扣应该从该权益价值中扣除,以此反映市场流动性的缺失。

目前国际上研究缺乏流动性折扣的主要方式或途径包括以下两种:一种是限制性股票交易价值研究途径;另一种是 IPO 前交易价格研究途径。目前,美国的一些评估分析人员相信 IPO 前研究缺少流动性折扣率与限制股交易研究相比,对于非上市公司,可以提供更为可靠的缺少流动性折扣率的数据。原因是 IPO 前的公司股权交易与实际评估中非上市公司的股权交易情况更为接近,因此按 IPO 前研究得出的缺少流动性折扣率更适合实际评估中的非上市公司的情况。IPO 前研究主要是 Robert W. Baid 和 Company 的研究,该研究包含了1980—2000年超过4000个 IPO 项目以及543项满足条件的 IPO 前交易案例的数据。另一个研究是 Valuation Advisor 的研究,该研究收集并编辑了大约 3200 个 IPO 前交易的案例,并建立了一个 IPO 前研究缺少流动性折扣的数据库。根据其研究成果,IPO 前交易时间为 1~90 天、91~180 天、181 天~270 天、271~365 天的流动性折扣为 16.72%~47.44%,平均值为 36.24。根据上述研究结果,被评估企业所属行业为传统制造业,本次评估选择的缺少流动性折扣率为 35%。

(6)修正上市公司少数股权因素的确定

国际上控制权溢价研究主要是美国评估界所作的相关研究,主要包括 Mergerstat Review 研究和 Mergerstat / Shannon Pratt's Control Premium Study 研究,研究结论是控制权溢价率的平均值和中位值分别为 29.0% 和 20.5%。

考虑到被评估企业所处行业特点,经综合分析,本次评估选择的修正上市公司少数股权因素为 20%。

(7)考虑缺乏流动性折扣和修正上市公司少数股权因素后的被评估单位股东全部权益价值

本次评估基于数据的可获得性和可比性,对被评估企业和可比公司均采用了 2015 年年报数据进行比较,得到修正后 TF HOL 于 2016 年 9 月 30 日的 PB 值为 5.13。

经审计,财务报表 2015 年 12 月 31 日股东权益为 35,252.77 万元,根据上述确定的 TF HOL 的市净率(PB)值,并考虑缺乏流动性折扣和修正上市公司少数股权因素,得出基准日 TF HOL 的股东全部权益价值为:

TF HOL 市净率 × 股东权益 × (1 − 缺乏流动性折扣) ×

(1 + 上市公司少数股权因素) =

$5.13 \times 35,252.77 \times (1 - 35\%) \times (1 + 20\%) = 141,128.03$(万元)

TF HOL 在 2016 年 9 月 30 日股东全部权益的评估结果为 141,128.03 万元。

四、评估结果

(一)市场法评估结果

经实施清查核实、实地查勘、市场调查和询证、评定估算等评估程序,采用市场法对企业股东全部权益价值进行评估，TF HOL 在评估基准日 2016 年 9 月 30 日的净资产账面值为 41,037.03 万元，评估后的股东全部权益价值为 141,128.03 万元，增值额为 100,091.00 万元。

（二）收益法评估结果

经实施清查核实、实地查勘、市场调查和询证、评定估算等评估程序，采用现金流折现方法（DCF）对企业股东全部权益价值进行评估，TF HOL 在评估基准日 2016 年 9 月 30 日的净资产账面值为 41,037.03 万元，评估后的股东全部权益价值为 135,172.99 万元，增值额为 94,135.96 万元，增值率为 229.39%。

（三）评估结果的确定

本项目收益法是从未来收益角度出发，以被评估单位未来可以产生的收益，经过风险折现后的现值作为其股东全部权益的评估价值。因此，收益法对企业未来的预期发展因素产生的影响考虑比较充分，评估结果不仅考虑了已列示在企业资产负债表上的所有有形资产和负债的价值，同时也考虑了资产负债表上未列示的其他无形资产的价值以及未来的综合获利能力对企业价值的影响。

本项目市场法是从市场交易角度出发，体现了企业在证券市场的价格，代表市场对于其价值的认可程度。但受外部市场各种因素的影响，股价会出现较为敏感的波动，影响对企业内在价值的判断。

因此，收益法评估结果更能合理反映 TF HOL 的内在价值，确定收益法评估结论作为本评估报告使用的评估结果。

本报告最终评估结论未直接考虑流动性对评估对象价值的影响。

五、案例点评

市场法是通过将评估对象与参考企业、在市场上已有交易案例的企业、股东权益、证券等权益性资产进行比较以确定评估对象价值的一种方法。评估标的企业 Tristone 是一家世界领先的为乘用车行业提供流动技术解决方案的公司，公司提供发动机冷却、电池冷却、空气充注、进气完整系统应用服务，是全球原始设备制造商多元化基地的首选一级供应商。由于国际资本市场上汽车零部件行业的上市公司较多,可以在其中选出可比企业进行分析比较,本次选择上市公司比较法进行评估是可行的。

在使用市场法进行评估的过程中,虽然评估师已尽可能地选择了与评估标的特征相近的 4 个可比公司,但是可比对象在经营范围、规模和财务指标上仍与评估标的公司存在不同程度的差异。为解决差异问题,采用打分确定调整系数的方法进行了处理,但是打分存在的主观性仍不可避免,因而评估结果存在一定的偏差可能。

第二章　无形资产价值评估案例

案例四

G 公司利用铵离子提高林可霉素产量的专利权抵押价值评估

一、案例背景

(一)评估目的

本次评估的目的是 G 公司以其拥有的利用铵离子提高林可霉素产量专利权为质押物向银行申请贷款。为了进一步扩大生产规模,G 公司经过该省国有资产监督管理委员会批准,拟收购邻县境内的 XX 药厂,该药厂的地理位置与公司相距 50 千米,有年产盐酸林可霉素 100 吨的生产能力,且该企业的生产设备完好、技术状态尚可满足生产要求,由于经营不善,该企业一直处于半停产状态,现在该企业有意转让。G 公司对该企业的收购存在意向,目的是进一步扩大市场份额,增加产品的竞争力,但由于自有资金有限,G 公司为了筹集必要的收购资金,拟将盐酸林可霉素的专利权进行抵质押,以获取银行贷款。

(二)评估基准日

2013 年 3 月 31 日。

(三)评估对象和范围

本次评估对象为 G 公司所拥有的一种利用铵离子提高林可霉素产量的

专利权,该专利是在中国申请的发明专利,专利号为 Z12000000032000,为 G 公司所独立拥有,申请日期为 2008 年 1 月,授权日期为 2013 年 12 月,评估范围为 G 公司于评估基准日涉及的全部资产及负债。

评估对象应用于微生物发酵领域,是一种优化林可霉素发酵生产的方法,该发明人首次在较大规模水平上研究丁林可霉素菌发酵生产林可链霉素的影响因素,总结了优化的林可链霉素发酵生产方法,利用该方法可使林可霉素的产量获得较大提高,该专利属于发明专利。

(四)价值类型

根据评估目的和评估对象的特点,考虑到市场条件及评估对象的使用等并无特别限制和要求,确定本次评估结论的价值类型为市场价值。

市场价值是指自愿买方和自愿卖方在各自理性行事且未受任何强迫压制的情况下,资产在基准日进行正常公平交易的价值估值数额。

二、评估标的

本案例分析涉及的评估标的为 G 公司的全部资产及负债。

G 公司创建于 1985 年,现为国家二级企业,下设三个全资子公司、两个中外合资控股公司、六个生产车间、两个辅助车间,设有药物研究所、质监、技术、生产、设备、技改等处室。国药公司现有品种 140 余个,主要产品有发酵虫草菌粉(CS-4)、盐酸林可霉素、盐酸土霉素、十三碳二元酸等原料药以及中成药(片剂、胶囊剂、针剂、丸剂、糖浆剂、颗粒剂等)、西药制剂等。公司产品严格按 GMP 要求、国家和国际标准组织生产,产品质量好、信誉高,在国内外市场具有很强的竞争能力。公司现有两个国家银质产品、三个部优产品、八个省优产品,特别是盐酸林可霉素、盐酸土霉素通过了美国 FDA 认证,发酵虫草菌粉(CS-4)为中国第一个一类新中药,完全能在国际市场上"以质取胜",公司小容量注射剂、盐酸林可霉素、盐酸土霉素已通过已国家 GMP 认证。公司主营新药开发、化学原料药、生物原料药、中药及成品制剂生产、销售等,年产乙酰螺旋毒素居全国首位,共生产 11 个类型 366 个品种和规格的产品,产品销售网络覆盖全国各地以及西欧、东南亚等国家和地区。评估基准日 G 公司的资产负债情况如表 2-1 所示。

表2-1 评估基准日G公司资产负债表情况　　　单位：元

项目	账面值	备注
一、流动资产合计	155,228,958.95	
货币资金	606,508.95	
交易性金融资产	110,000.00	
应收账款	8,779,238.44	一年内应收账款
预付账款	4,237,141.60	一年内预付账款
其他应收款	10,441,227.81	
存货	21,464,842.15	原材料、在产品、产成品
二、非流动资产	12,336,476.98	
长期股权投资	375,000.00	
固定资产	4,587,426.21	
无形资产	7,374,050.77	
三、资产总计	158,775,435.93	
四、流动负债合计	28,465,804.14	
短期借款	15,000,000.00	农业银行借款
应付账款	2,217,515.46	
应付职工薪酬	716,496.96	
应变税费	294,597.18	
应付利息	590,492.59	
其他应付款	9,646,701.95	
五、非流动负债	0.00	
六、负债总计	28,465,804.14	
七、净资产（所有者权益）	130,309,631.79	

评估基准日前三年的经营情况如表2-2所示。

表2-2 G公司前三年的经营情况

项目	2010	2011	2012
一、主营业务收入/十万元	3632.28	4452.81	4720.80
减：主营业务成本/十万元	2657.73	2362.77	2108.11
主营业务税金及附加/十万元	0.00	0.00	0.00
营业费用/十万元	354.72	286.58	530.59
二、主营业务利润/十万元	619.83	1803.46	2082.1
减：管理费用/十万元	723.97	795.27	1062.06

续表

项　目	2010	2011	2012
财务费用/十万元	139.33	208.10	91.68
三、营业利润/十万元	−243.48	800.09	928.36
加：营业外收入/十万元	1232.82	38.31	0.35
减：营业外支出/十万元	3.90	15.37	0.00
四、利润总额/十万元	985.44	823.03	928.71
减：所得税/十万元	10.00	0.00	0.00
五、净利润/十万元	975.44	823.03	928.71
销售利润率/%	7.9	8.1	8.0
六、资产总额(期末)/十万元	4994.34	5221.19	5877.55
七、负债总额(期末)/十万元	3449.35	3193.99	2846.58
其中：付息债务/十万元	575.78	571.63	1500.00
八、净资产(期末)/十万元	1544.99	2027.20	3030.97

三、评估方法

(一) 评估方法的选择

无形资产评估与企业价值评估密切相关，对企业资产评估通常有三种方法，即收益法、资产基础法和市场法。

依据收集的资料分析，国内在该领域获取的专利仅有几例，且尚未发现类似专利的交易案例，由于缺少与评估对象相似的三个以上的参考企业，且可比企业资料收集较难，故本次评估不采纳市场法，又由于专利形成的直接成本往往与专利的实际市场价值之间没有直接的对应关系，即专利投入产出的弱对应性，因此，成本法一般不宜用于对专利评估。本次评估的目的是企业将专利权质押，实质上是对企业无形资产的盈利能力的价值评估，即根据企业未来的预期收益折现，然后根据专利对企业未来收益的贡献确定分成率，进而确定委估专利权的市场价值，即采用收益法的技术路线进行评估。

收益法是指通过将被评估企业预期收益资本化或折现以确定评估对象价值的评估方法。收益法评估必须具备以下三个前提条件：一是能够对企业的生产经营期限作出合理的预测；二是能够对企业未来收益进行合理预测；三是能够对企业未来收益的风险可靠计量。收益法的计算公式如下：

$$P = 未来收益期内各期收益的现值之和 = \sum_{i=1}^{n} \frac{F_i}{(1+r)^i}$$

其中，P 为评估值；r 为折现率；n 为收益年期；F_i 为未来第 i 个收益期的预期收益。从公式中可见，影响收益现值的三大参数为收益期限 n、逐年预期收益的分成额 F_i 和折现率 r。本次无形资产评估选用下面的销售收入分成收益模型：

$$F_i = 各年预期销售收入 \times 销售收入净分成率$$

（二）主要参数的选取

1. 预期净收益的预测

委估无形资产预期净收益公式如下：

$$委估无形资产预期净收益 = 委估无形资产产品销售收入 \times 销售收入净分成率$$

其中，委估无形资产产品销售收入为以后年度应用专利的各类产品销售后产生的收入。

2. 无形资产分成率

本次无形资产评估采用的是销售收入分成收益模型，无形资产分成率为销售收入净分成率。

3. 收益年期的确定

科技成果的经济寿命取决于行业技术的发展更新速度、技术的领先程度、法律或者行政保护强度。由于科学技术是不断发展的，并且科技发展的速度越来越快，一种新的、更为先进、适用程度或效益更高的技术的出现，会使原有技术资产贬值。通常影响技术资产寿命的因素是多种多样的，主要有法规（合同）年限、保密状况、产品更新周期、可替代性、市场竞争情况等。按照法律保护寿命和技术经济寿命孰短原则确定收益年限。

4. 折现率的确定

确定无形资产折现率时一般应遵循以下几个原则：①不低于行业平均净资产收益率；②折现率与收益额相匹配；③适当考虑投资者的期望回报率及交易双方的利益均衡性。

折现率与公司的资产结构相关，这里从两个不同角度区分公司的资产结构：一是从资产来源角度进行归类，企业资产可以分为股权资产和债权资产，股权资产是从投资角度确认资产，而债权资产是从融资角度确认资产，两者要求的收益率会存在差异;二是从资产存续的形态进行分类,本案例中将资产分为无形资产、经营资金和有形非流动资产,它们之和构成了企业资产,相应的不同资产要求的投资回报率会存在差异。通过两种分类可以构建不同的平均资本成本模型,从而利用 WACC 模型倒算无形资产的折现率。

无形资产折现率 R_i 计算公式如下:

$$R_i = \frac{全部资产}{无形资产}(\text{WACC} - R_c \frac{营运资金}{全部资产} - R_f \frac{有形非流动资产}{全部资产})$$

其中,全部资产 = 无形资产 + 营运资金 + 有形非流动资产;营运资金 = 流动资产 - 非付息负债;有形非流动资产 = 有形非流动资产账面价值;无形资产 = 全部资产 - 营运资金 - 有形非流动资产;R_c 为营运资金回报率;R_f 为有形非流动资产回报率。

在求取 WACC 时,需要测算股东权益资本成本和债务资本成本,其计算公式如下:

$$\text{WACC} = K_e \times W_e + K_d \times (1 - t) \times W_d$$

其中,WACC 为加权平均资本成本;K_e 为公司股东权益资本成本;K_d 为公司债务资本成本;W_e 为股东权益资本在资本结构中的百分比;W_d 为债务资本在资本结构中的百分比;t 为公司所得税税率。

(三)评估值测算过程

1. 预测盐酸林可霉素产品的销售收入

(1)收益预测分析。委估无形资产收入是指盐酸林可霉素销售收入中所包含的由专利带来的收入,具体是指盐酸林可霉素的液体、片剂、胶囊等各项收入的合计收入。

2013 年我国抗生素产量达 12.12 万吨,出口 3.43 万吨,出口价值 21.91 亿美元,占整体原料药出口的 9.53%,是我国原料药出口规模最大的品种,在国际市场中占有 70% 的份额。当前,我国抗生素的主要竞争对手是印度,印度是目前最大的 7 - ACA(头孢菌素主要原料)加工基地与出口国之一,而我国则在青霉素、四环素、土霉素、庆大霉素、盐酸林可霉素(洁霉素)、链霉素、螺旋霉素等大宗发酵抗生素产品上占有优势。在未来几年内,由于国内抗生素产量巨大,全球市场几近饱和,主要抗生素类产品的价格除个别品种会有小幅调整外,绝大部分抗生素原料药难有价格回升空间。但是,一些小品种如培南类的高端抗生素产品仍有一定的增长空间和较高的利润。

近年来,盐酸林可霉素产业发展迅速,年均增长约10%,价格持续上涨。在出口方面,2009—2012年快速增长,出口量从2009年的958吨跃升至2012年的1963吨,2013年盐酸林可霉素出口增速出现下降,出口总量达2078吨,出口价格依然坚挺,达到76.7美元/千克。目前,盐酸林可霉素市场行业前两家生产企业占有大部分市场份额,其中河南南阳普康是全球龙头,年产量2400吨,约占出口量的一半;其次为天方药业,年产能1300吨,约占出口量的1/4。苏州第四制药厂主要是为自产克林霉素供货,已被海翔药业收购。预测国际市场的销售不会出现大幅度波动,出口销售量基本稳定在2000吨左右。

①国外市场销售情况。国家食品药品监督管理局披露的资料显示,未来几年我国盐酸林可霉素的出口将在2000吨左右。按照G企业出口量在国内所占5%的市场份额,即有100吨的产品出口。具体情况如表2-3所示。

表2-3 盐酸林可霉素出口及市场占有率情况

厂家	2013年出口量(美元/公斤)	2013年出口量/吨	市场占有率/%
河南普康	76	1000	50
天方药业	76	500	25
G企业	76	100	5
其他企业	76	400	20

②内销市场发展规划。这里假定G企业未来的公司战略没有发生重大变化,根据G企业的历史销售收入,预测未来若干年的销售收入将稳定在前三年的水平,未来年份的价格也根据前三年的平均水平确定,具体销售及财务情况如表2-4和表2-5所示。

表2-4 内销市场销售情况

年 份	2010	2012	2013	预测2014
国内销售量/吨	120	117	122	119.67
国内销售收入/万元	4100	4245	4300	4215
平均单价(万元/吨)	34.17	36.28	33.25	35.23

则 G 公司 2014 年总的销售收入 = 国内销售收入 + 国外销售收入 = $4215 + 100 \times 6.4 \times 76 \times 1000 \div 10000 = 9080.22$(万元)

(2)无形资产经济寿命的确定。专利权的经济寿命一般取决于行业技术的更新速度、技术的领先程度、法律或者行政保护强度。由于科学技术是不断发展的,一种新的、更为先进的技术出现时,通常会使原有技术资产发生贬值。同时,影响技术寿命的因素是多种多样的,主要有法规(合同)年限、保密状况、产品更新周期、可替代性以及市场竞争情况等。

专利权的经济寿命可以根据技术的更新周期评估剩余经济年限。技术的更新周期有两个参照系:一是产品更新周期,在一些高技术和新兴产业中,科学技术进步往往很快转化为新产品的更新换代。例如,微型计算机每 2~3 年就会开发出新的型号;二是技术更新周期,即新一代技术的出现替代现有技术的时间。具体测算时,通常根据同类技术资产的历史经验数据,运用预测手段来分析。

根据《中华人民共和国专利法》的规定,从提交专利的申请日开始计算,发明专利保护期限是 20 年,截至评估基准日,委估专利剩余保护年限为 14 年零 10 个月。如果从经济寿命的角度出发,考虑到盐酸林可霉素的市场销售情况,确定委估专利的经济寿命为评估基准日后 10 年。按照法律保护寿命和技术经济寿命孰短原则,本次评估的剩余收益年限为 10 年。

2. 销售收入净分成率的选取

在一个公司的经营中,管理、技术、人力、物力、财力以及其他资产必须共同发挥作用。知识产权作为特定的生产要素,对公司的收益产生贡献,这是其参与企业收益分配的理论依据。本次评估选取华东医药、康恩贝、奇正藏药三家上市公司作为对比公司,根据上市公司的经营数据,提取销售收入分成率,特对比公司情况介绍如下:

(1)华东医药股份有限公司。股票简称华东医药,股票代码为 000963,2000 年 1 月 27 日于深交所上市,主营业务为药品的生产、经营(具体经营范围见许可证,涉及危险品的仅限下属分支机构凭证经营);消字号和杀字号及杀字号用品、医疗器械、玻璃仪器、日用化学品、家用电器、农副产品(不含食品)、百货、土特产品、工艺美术品、针纺织品的销售;医疗器械、实验仪器、诊断仪器的维修,化妆品、化学试剂、健字号滋补品、保健品的销售;仓储服务;经营进出口业务。

(2)浙江康恩贝制药股份有限公司。股票简称康恩贝,股票代码为600572,2000年3月29日于上交所上市,主营业务为化学原料药、化学药剂、中成药。药品生产范围:片剂、硬胶囊剂、颗粒剂、滴鼻剂、喷雾剂、软膏剂、乳膏剂、凝胶剂、糖浆剂、小容量注射剂、合剂(含口服液)、中药提取物(银杏叶提取物)、搽剂、口服溶液剂;中药饮片(净制、切制)、含毒性中药材加工、直接口服中药饮片、免煎颗粒饮片的生产、销售;中药材的收购和销售;初级农产品的销售。

(3)西藏奇正藏药股份有限公司。股票简称奇正藏药,股票代码为002287,2009年8月28日于深交所上市,主营业务为药材收购加工,进出口贸易、贴膏剂、软膏剂、颗粒剂、丸剂、散剂开发生产。

根据上述三家对比公司2011—2013年的财务报告,得到对比公司的资本结构如表2-5所示。

表2-5 对比公司2011—2013年的财务报告 (%)

项目	对比公司名称	2013	2012	2011	三年平均	平均值
营运资金比例	华东医药	17.3	18.6	21.8	19.2	
	康恩贝	16.7	28.4	28.3	24.4	21.0
	奇正藏药	15.9	22.9	19.1	19.3	
有形非流动资产比例	华东医药	8.4	9.2	9.0	8.9	
	康恩贝	22.0	23.1	28.3	24.4	13.1
	奇正藏药	5.3	22.9	29.3	24.8	
无形资产比例	华东医药	74.3	72.2	69.1	71.9	
	康恩贝	61.3	48.5	42.5	50.8	65.9
	奇正藏药	78.8	70.7	75.9	75.1	

对比公司无形资产应为企业全部的无形资产,不仅是专利,而且包括其他无形资产(如销售渠道、管理经验、商誉等),对于本次的盐酸林可霉素专利来说,由于三家公司同属于制药企业,专利在企业生产经营中发挥着重要作用,根据对三家上市公司的调查分析,采用平均数来测算专利在制药企业中的比例关系,经过测算,专利在无形资产中的平均比例为30%,这里以

30%作为无形资产中专利的比例。但我们的分成率并不能直接用无形资产在资本结构的比例乘以专利在无形资产中的比例,这是因为在计算现金流时,无形资产现金流还存在利息、所得税以及分摊和折旧等因素的影响,因此需要利用税息折旧及摊销前利润进行调整,专利提成率的计算如表2-6所示。

表2-6 对比公司专利提成率的测算

对比公司名称	年份	无形资产在资本结构中比例/%	无形资产中专利的比例/%	专利在资本结构中比例/%	税息折旧/摊销前利润总额/万元	专利对现金流的贡献/万元	营业收入/万元	专利提成率/%
华东医药	2011	69.1	30.0	20.7	79,201.6	16,427.9	1,113,137.2	1.5
	2012	72.2	30.0	21.7	101,077.2	21,900.0	21,457,923.0	1.5
	2013	74.3	30.0	22.3	2,115,969.0	25,844.1	1,671,798.6	1.5
康恩贝	2011	42.5	30.0	12.7	33,621.4	4283.6	212,281.6	2.0
	2012	48.5	30.0	14.5	43,705.2	6358.2	273,369.1	2.3
	2013	61.3	30.0	18.4	52,033.9	9570.6	292,415.9	3.3
奇正藏药	2011	75.9	30.0	22.8	19,650.7	4472.2	78,922.5	5.7
	2012	70.7	30.0	21.2	21,218.4	4503.6	93,427.5	4.8
	2013	78.8	30.0	23.6	23,312.2	5512.8	96,946.7	5.7
平均数		—	—	—	—	—	—	3.1

本次评估将表2-6中专利技术提成率的平均值3.1%作为对比提成率。

为了测算G公司盐酸林可霉素的提成率,还需要比较对比公司与G公司盐酸林可霉素产品的销售毛利率,根据对比公司销售收入的情况,可以测算出其销售毛利率,具体如表2-7所示。

表2-7 对比公司的销售毛利率 (%)

对比公司名称	2013	2012	2011	三年平均
华东医药	20.2	19.5	19.6	19.8
康恩贝	67.8	66.7	65.9	66.8
奇正藏药	63.2	53.3	54.5	57.0
平均值	50.4	46.5	46.7	47.9

一般认为,销售毛利率水平越高,则相应的技术贡献水平也越高,所以在最终确定分成率时,还应考虑销售利润率,而销售率和销售分成率呈线性关系,根据测算,G 公司盐酸林可霉素的历史销售毛利率约为 8%。通过对比公司目标公司销售利润率的差异测算委估专利的提成率,如表 2-8 所示。

表 2-8 委估专利销售收入分成率

项目	对比公司平均销售利润率/%	目标公司销售利润率/%	差异率	对比公司专利提成率平均值/%	目标公司专利提成率/%
	A	B	C = B/A	D	E = C + D
委估专利	47.90	8.00	0.17	3.10	0.50

因此,委估专利销售收入分成率取 0.5%(税前),所得税按照边际税率 20% 计算,销售收入净分成率为 0.5% × (1 - 20%) = 0.4%(税后)

3. 折现率的选取

折现是指通过将未来收入的货币量按一定的比率折算成现时货币量的折算过程。折现时所采用的比率称为折现率。折现率与资本化率在本质上没有区别,它们都属于投资报酬率或资产收益率。确定无形资产折现率时,一般应遵循以下几个原则:

(1) 不低于行业平均净资产收益率。无形资产由于存在较大的风险,其对应的收益率一般高于有形资产的收益率,一般也高于所在行业平均净资产收益率。

(2) 折现率与收益额相匹配。折现率与收益额存在计算口径的匹配问题,即如果采用税前收益额,则需要采用税前的折现率;反之,如果采用税后收益额,则需要采用税后折现率。同时,如果收益额采用利润口径,则折现率需要采用利润口径的折现率,如果收益额采用现金流口径,则折现率需要采用现金流口径的折现率。

(3) 综合考虑投资者的期望回报率及交易双方的利益均衡性。无形资产通常通过产品销售或者服务实现其价值,这时就需要考虑作为无形资产拥有方的投资回报率,也需要考虑除无形资产以外其他资产的回报率。本案例中,无形资产回报率需要考虑全部资产在产品销售收入中的贡献,根据不同类型资产所要求的回报率来确定。

这里将 G 公司的全部资产分为无形资产、营运资金和有形非流动资产,其对应的资产回报率分别为无形资产折现率、股东权益资本成本和有形非流动资产回报率,全部资产的回报率则是加权平均资本成本。那么无形资产折现率 R_i 可采用如下公式表示:

$$R_i = \frac{全部资产}{无形资产}\left(\text{WACC} - R_c\frac{营运资金}{全部资产} - R_f\frac{有形非流动资产}{全部资产}\right)$$

其中,全部资产=股权价值+付息债务价值;营运资金=流动资产-非付息负债;有形非流动资产=有形非流动资产账面价值;无形资产=全部资产-营运资金-有形非流动资产;R_c 营运资金回报率;R_f 有形非流动资产回报率。

$$\text{WACC} = K_e \times W_e + K_d \times (1-t) \times W_d$$

其中,WACC 为加权平均资本成本;K_e 为公司权益资本成本,K_d 为公司债务资本成本;W_e 为权益资本在资本结构中的百分比;W_d 为债务资本在资本结构中的百分比;t 为公司所得税税率。

股东权益资本成本 K_e 的确定:

$$K_e = R_f + \text{ERP} \times \beta + R_c$$

其中,R_f 为无风险报酬率;ERP 为市场风险溢价;β 为权益预期市场风险系数;R_c 为企业个别风险调整系数。

①无风险报酬率 R_f。R_f 为无风险报酬率,无风险报酬率是对资金时间价值的补偿,这种补偿出于两个方面考虑:一方面是在无通货膨胀、无风险情况下的平均利润率,是转让资金使用权的报酬;另一方面是通货膨胀附加率,是对因通货膨胀造成购买力下降的补偿。由于现实中无法将这两种补偿分开,它们共同构成无风险利率。本次估值选取 Wind 金融终端上市交易的长期国债到期收益率平均值 4.37% 作为无风险报酬率。

②市场风险溢价 ERE 的确定。市场风险溢价 ERP 是指投资者对于一个充分风险分散的市场投资组合所要求的高于无风险利率的回报率,市场风险溢价是利用 CAPM 模型估计权益成本时需要的一个重要参数,在估值项目中起着重要作用。

结合中国股票市场相关数据进行研究,我们按如下方式计算中国的市场风险溢价：

第一步，确定衡量股市整体变化的指数。目前国内沪、深两市有许多指数，选用的指数应该是能最好反映市场主流股票变化的指数，在估算中国ERP时选用了沪深300指数作为测算指数。该指数由沪深A股中规模大、流动性好、最具代表性的300只股票组成，以综合反映沪深A股市场的整体表现。

第二步，对收益率计算年期的选择。考虑到中国股市股票波动的特性，本次对具体指数的时间区间选择为2001—2013年。

第三步，对指数成分股的确定。沪深300指数的成分股每年是发生变化的，因此，我们在估算时采用每年年底时沪深300指数的成分股。

第四步，对数据的采集。借助Wind金融经济的数据系统提供所选择的各成分股每年年末的交易收盘价。由于成分股收益中应该包括每年分红、派息等产生的收益，需要考虑所谓分红、派息等产生的收益，为此我们选用的年末收盘价是Wind金融经济数据中的年末"复权"价，已经有效地将每年由于分红、派息等产生的收益反映在价格中，对于沪深300指数没有推出之前的2001—2003年，评估人员采用外推的方式推算其相关数据，即采用2004年年末沪深300指数的成分股外推到上述年份，亦即假定2001—2003年的成分股与2004年年末相同。

为简化本次测算过程，评估人员选择将各年年末成分股的交易收盘价作为基础数据进行测算。由于成分股收益中应该包括每年分红、派息和送股等产生的收益，因此评估人员选用的成分股年末收盘价是包含了每年分红、派息和送股等产生的收益的复权年末收盘价格，以全面反映各成分股各年的收益状况。

第五步，对无风险收益率的估算。选择每年年末距到期日剩余年限超过10年的国债收益率。

经过计算可知，当前我国的市场风险隘价约为7.6%。

③β系数的确定。β系数是衡量委估企业相对于资本市场整体回报的风险溢价程度，也是用来衡量个别股票受包括股市价格变动在内的整个经济环境影响程度的指标。对比公司的选择，通常来说，选择与被评估公司所

在同一行业或受同一经济因素影响的上市公司作为参考公司,且尽量选择与被评估公司所在同一国家或地区的企业作为参考公司。G公司属于医药制造行业,我们选取了该行业的3家上市公司,通过Wind金融终端查询了其调整后β值,将参考公司有财务杠杆β系数换算为无财务杠杆β系数,其计算公式:

$$剔除财务杠杆调整\beta = 调整后\beta / [1 + (1 - t) \times d/e]$$

具体计算如表2-9所示。

表2-9 无财务杠杆β系数

企业	有息负债d/所有者权e	所得税税率$t/\%$	调整后的β系数	剔除杠杆调整系数 $[1+(1-t)\times d/e]$	剔除财务杠杆的β系数
华东医药	0.1029	15	0.3227	1.0875	0.2967
康恩贝	0.0939	15	0.8523	1.0798	0.7893
奇正藏药	0.0072	25	0.8215	1.0054	0.8171
平均值	0.0680	—	0.6655	1.0576	0.6344

对比公司的平均财务杠杆系数(d/e)为0.0680。剔除财务杠杆后调整β均值为0.6344,按照平均财务杠杆系数换算为被评估公司目标财务杠杆β值,其中边际税率采用25%,有息负债与所有者权益的比例关系采用对比公司的均值0.0680测算。

$$被评估公司调整后\beta = 剔除财务杠杆调整\beta \times$$
$$[1 + (1-t) \times d/e] = 0.6344 \times [1 + (1 - 25\%) \times 0.0680] = 0.6696$$

因此,$R_0 = 4.37\% + 7.6\% \times 0.6696 = 9.46\%$。

④R_c的确定。R_c为被评估企业个别风险溢价,是公司股东对所承担的与其他公司不同风险因而对投资回报率额外要求的期望,G公司的个别风险分析如下:

首先是规模风险。与上市公司相比,G公司规模较小,抵御风险能力较弱,取规模风险2%。

其次是市场风险。G公司的盐酸土霉素和盐酸林可霉素目前市场供大于求,未来市场状况能否有所改善,存在一定的风险。同时,虫草菌粉的下游产品金水宝胶囊受竞争产品百令胶囊的冲击较大,金水宝胶囊能否在未来实现销售增长存在一定的风险。因此,取市场风险2%。综上所述,本次评估个别风险溢价R_c取4%。

将无风险报酬率、市场风险溢价和个别风险溢价相加,得到G公司的权益资本成本,经计算$K_e=13.46\%$。

⑤债务资本成本的确定。目前中国境内只有极少数国有大型企业或国家重点工程项目才可以被批准发行公司债券。事实上,尽管有一些公司债券是可以交易的,但是目前尚未建立起完善的公司债券市场。通过查询中国人民银行公布的在评估基准日有效的5年期以上贷款利率是6.55%,本次评估采用该利率作为被评估企业债权年期望回报率。

⑥加权平均资本成本的确定。结合企业未来盈利情况、管理层未来的筹资策略,确定上市公司平均资本结构为企业目标资本结构比率(见表2-10)。

表2-10 加权资本成本测算表 (%)

企业名称	$W_d=d/(d+e)$	$W_e=1-W_d$
华东医药	9.33	90.67
康恩贝	8.58	91.42
奇正藏药	0.71	99.29
平均值	6.21	93.79

参照选取的对比公司,W_d为6.21%,W_e为93.79%。则:

$WACC = K_e \times W_e + K_d \times (1-t) \times W_d = 13.46\% \times 93.79\% + 6.55\% \times (1-15\%) \times 6.21\% = 12.97\%$

本次评估采用的加权平均资本成本即折现率为12.97%,取整为13%。

这里采用三家上市公司的资本结构,所以测算经营资金、有形非流动资产以及无形资产的比例关系时,需要采用上市公司的资产比例关系,根据资产评估基准日的资产负债表进行测算,三家上市公司的平均资产比例关系分别如下:

营运资金/全部资产 = 21.0%

有形非流动资产/全部资产 = 13.1%

无形资产/全部资产 = 65.9%

由于营运资金流动性较高、风险较小,回报率R_c取一年期贷款利率

6%，而有形非流动资产的流动性较差、风险较高，有形非流动资产回报率 R_f 取 5 年期贷款利率 6.55%。

因此，无形资产折现率 = (13% − 21.0% × 6% − 13.1% × 6.55%)/65.9% = 16.51%。

考虑到目前盐酸林克霉素市场供大于求，对委估专利取 1% 的个别风险，无形资产折现率为 17.51%，取整为 18%。

四、评估结果

上述说明中已经预测了委估无形资产未来 5 年的逐年净收益，5 年以后年度的净收益与第 5 年持平。

因此，委估无形资产收益法评估结果如表 2-11 所示。

表 2-11 评估结果　　　　　　　单位：万元

项目	第1年	第2年	第3年	第4年	第5年	第6~10年
销售收入	9080.22	9080.22	9080.22	9080.22	9080.22	9080.22
销售收入净分成率	0.4%					
分成后净收益	36.32	36.32	36.32	36.32	36.32	36.32
折现率	18%					
折现系数	0.8475	0.7182	0.6086	0.5158	0.4371	1.3669
分成后净收益现值	30.78	26.09	22.10	18.73	15.88	49.65
无形资产评估值	160（取整至千万）					

G 公司的委估专利是盐酸林可霉素专利权，由 G 公司独自拥有专利权。因此，这种利用铵离子调控林可霉素发酵过程及提高林可霉素产量的专利权公开市场价值为 160 万元。

五、案例点评

(一) 对评估对象的认识

本案例的评估对象为 G 公司拥有的一种提高盐酸林可霉素产量的专利权。专利是指专有的利益和权利，属于独占的一种权利，是各国专利部门对提出专利申请的发明创造,经依法审查合格后,向专利申请人授予的、在规定时间内对该项发明创造所享有的专有权。专利具有三个方面的特点:新颖性、创造性和实用性。新颖性是指该发明不属于现有技术,也没有任何单位或者个人就同样的发明或者实用新型在申请日以前向专利部门提出过申请,并记载在申请日以后公布的专利申请文件或者公告的专利文件中;创造性是指与现有技术相比,该发明具有突出的实质性特点和显著的进步;实用性是指该发明或者实用新型能够制造或者使用,并且能够产生积极效果。能够制造或者使用是指发明创造能够在工农业及其他行业的生产中大量制造,并且应用在工农业生产和人民生活中,同时产生积极效果。

G公司的产品专利是一种可以优化盐酸林可链霉素发酵生产方法,利用该方法可使盐酸林可霉素的产量大大提高,为G公司带来超额的收益。

(二)评估方法的选用

本案例是对专利权的价值评估,一般认为无形资产的评估通常采用收益法,本案例也不例外,但在具体方法的运用中,又可以采用专利许可使用费法、超额收益法、要素贡献法对专利权的价值进行评估,这几种方法各有特点,需要对这几种方法有明确的认识,如专利使用费法中的权利金节省法或许可费节省法。使用权利金节省法或许可费节省法确定无形资产价值,是指与向第三方支付许可使用费相比,假设拥有该资产将不必支付使用费并由此产生的资本价值。要素贡献法是对于已成为生产经营活动必要条件的无形资产而言,通过该无形资产取得的经营收益中估算出其带来的收益。无形资产超额收益是指使用无形资产后比未使用无形资产在产品经营中增加的收益,即无形资产带来的超额收益。

本案例的评估涉及无形资产专利的评估,可以采用超额收益法进行评估,关键是采用收益法时能够测算出超额收益,或者是因使用无形资产比不使用无形资产所带来的额外收入,以此超额收益进行折现,就可以测算出无形资产的价值。

本案例采用的评估方法是合理的。

案例五

以K公司"M"牌系列注册商标进行质押融资的评估

一、案例背景

（一）评估目的

根据K公司2014年第三次临时股东大会决议的相关条款，K公司拟将"M"牌系列注册商标进行抵押，以获取L银行的贷款，为此，需对上述经济行为中所涉及的K公司的"M"牌系列注册商标权进行价值评估，为本次经济行为提供价值参考。

（二）评估基准日

2011年10月31日。

（三）评估对象和范围

评估对象为K公司在评估基准日的商标"M"牌系列注册商标权。评估范围为K公司填写的评估申报表上的相关资产及负债，包括流动资产、固定资产、无形资产、流动负债及非流动负债。

（四）价值类型

鉴于此次评估目的，本次评估采用的价值类型为市场价值。市场价值是指自愿买方和自愿卖方在各自理性行事且未受任何强迫压制的情况下，评估对象在评估基准日进行正常公平交易的价值估计数额。

二、评估标的

K公司始建于1948年，是一家白色家电生产销售企业，从1988年起公司的发展较为缓慢，为了扭转发展不利的局面，从2000年开始积极探索市场有效经营方式，对原有的管理体制和治理模型进行了改革，使公司在激烈的市场竞争中稳步发展。K公司现拥有三大生产基地，可生产六大系列20余个品种的产品,白色家电年生产能力达350万台,在技术和市场占有率方面居国内领先地位,具有较强的竞争优势,其白色家电的销售总量居中部六省第一,并名列全国白色家电行业重点骨干企业前十位,具有良好的市场知名度。

"M"牌系列注册商标是K公司的产品标记,是进入白色家电市场的重要"名片",具有一定的市场知名度和美誉度,对该公司的生产经营活动有重要影响,为此,该公司极重视该商标在市场中的形象,长期以来,该公司以其产品的优良品质确立了国内用户对"M"牌商标的信赖,连续多年被评为地区驰名商标。

纳入此次评估范围的"M"牌系列注册商标权,其具体内容如下:

公司纳入评估范围的无形资产——商标,是指该企业用来区别本企业的品牌或服务,以区别于其他企业的商品或服务的"M"标记。其包括但不限于的商标,具体如表2-12所示。

表2-12 无形资产——商标明细

商标名称	注册号	核定服务项目类别	取得日期	有效期
"M"牌K	3613992	第11类	2005-02-14	2015-02-13
"M"牌K	3613994	第11类	2005-02-14	2015-02-13
"M"牌K	3613995	第7类	2005-07-07	2015-07-06
"M"牌K	3613996	第7类	2005-07-07	2015-07-06
"M"牌K	3613997	第20类	2005-10-28	2015-10-27
"M"牌K	3613998	第20类	2005-06-14	2015-06-13

三、评估方法

(一)评估方法的选择

本案例评估的商标权属于无形资产,其效用的发挥需要依托有形资产,商标的作用是通过生产的产品或者提供的服务产生超额收益。因此,要对商标权无形资产进行评估,需要根据销售的产品或者服务对预期收益进行预测,然后根据商标对收益的贡献大小,以在评估基准日的公开市场价值的收益进行分成,测算由于商标的作用导致的收益增加额,然后预测商标的折现率和收益期限,最后据此测算出商标权的价值,并以此作为商标权的最终价值。

上述评估思路可用下面的价值模型表示:

$$商标权评估值 = \sum_{t=1}^{n} \frac{M_t}{(1+R)^t} + \frac{M_t+1}{R(1+R)^n}$$

其中,M_t 为第 t 年商标带来的净收益,M_{n+1} 为第 $n+1$ 年及以后永续年产生的收益;R 为商标的折现率;t 为序列年值;n 为委估无形资产可预测的年限。

(二)评估技术说明

2011 年,受欧美债务危机、全球多国货币贬值、大宗原材料价格剧烈波动和国内刺激内需政策效果减弱等多重影响,家电行业整体增长趋势放缓,行业竞争加剧,这令 2012 年中国家电行业的形势变得难以乐观。但是,中国正处于城市化的发展时期,家电市场面临产业升级、房地产价格调整等形势,将为家电业带来新商机等。

1. 2012 年影响家电行业发展的不利因素分析

当前,国内外经济形势继续发生巨大变化,可能为家电业带来不利影响的国际因素主要有以下几个方面:

(1)欧美债务危机阴影。欧盟主权债务危机持续蔓延、不断恶化,对全球经济复苏构成威胁,导致世界金融市场出现剧烈震荡,投资者再现恐慌情绪,全球股市大幅缩水,大宗商品市场暴跌,有关经济二次探底的忧虑笼罩全球。欧美经济形势恶化终将拖累新兴经济体,为世界经济发展前景又蒙上新的阴影。而全球经济前景的不确定性将严重影响消费者信心,对 2012 年家电业全球市场销售不利。

(2)金融市场动荡。2011 年 8 月以来,全球金融市场剧烈动荡,多国货币大幅贬值,新兴经济体货币贬值幅度更大于发达经济体。截至 2011 年 12 月初,印度卢比、南非兰特、阿根廷比索、墨西哥比索、土耳其里拉跌幅超过 10%,巴西雷亚尔跌幅为 6%。自 2011 年 8 月美债危机爆发以来,人民币加快升值步伐,兑美元汇率突破 6.4 元,截至 2011 年 10 月底,累计升值约 3.7%。而 2011 年 8 月以来,世界主要经济体货币兑美元大幅贬值,导致人民币与主要贸易伙伴国家的货币,特别是对新兴经济体国家货币的汇差上扬。2011年人民币兑卢比、雷亚尔、兰特的汇率差升幅超过10%,兑卢布升幅达5%。

国际货币市场的这种形势加剧了出口结汇的风险,如果按照这种形势继续发展,不仅2011年第四季度出口成本压力陡升,而且2012年的出口形势也不太乐观,会明显削弱中国产品在国际市场的价格竞争力。如果说2011年对中国制造业影响最大的问题是大宗原材料价格居高不下,那么2012年,多国货币贬值与人民币保持升值带来的汇差不断加大,将成为对家电出口乃至对行业经营形势有重大影响的新问题。

(3)经营风险陡增。2011年以来,大宗原材料价格经历了先升后跌、先高后低的走势。铜价从2010年下半年的5万元/吨开始持续攀升,升至2011年3月的7.3万元/吨,一直到2011年8月,均价保持在7.1万~7.2万元/吨的高位,比2010年同期的5.5万元提高25%~30%。2011年上半年铝价均价比2010年上升约17%。此外,电工钢、稀土价格也大幅上扬,导致原材料采购成本大幅上升。

尽管中国经济通胀压力有所减轻,且中国采购率有所下降,对大宗货物会产生一定的影响,但全球经济前景不明朗,后期走势扑朔迷离难以预料,给未来市场带来了更大的不确定性,也使经营风险上升。2012年大宗原材料价格将继续成为影响行业正常运行的首要因素。中国经济调整周期仍在持续,2012年中国经济增长将继续放缓,经济结构调整将成为主旋律。

(4)冰箱、洗衣机销量下滑。2009年以来,中国家电业经营形势较好,其中重要原因是得益于政府的刺激内需政策。但是,政策在一定时期内促进了消费,也透支了一部分未来的购买力。伴随着农村市场近年来家电普及率的持续大幅度上升,2011年家电下乡产品除空调、热水器外,多数产品销量增势趋缓,下半年这种形势更为明显。

2011年刺激内需政策已经逐步退出或效果减退,山东、河南、四川三个省的家电下乡工作已经如期结束,定速空调的节能补贴政策也已到期,预计2012年拉动内需政策的刺激效果将进一步减退。2012年,冰箱、洗衣机等近年销售大幅增长的产品,将会继续受到消费透支的影响而销售放缓,空调销量大幅增加,也将对2012年下半年的冷冻产能释放造成影响。

(5)企业竞争程度加剧。2009—2010年家电业经历了新一轮的产能扩张期,根据中国家用电器协会近期测算,全国冰箱生产能力增幅超过30%,空调生产能力增幅为22%,洗衣机生产能力增幅为14%,冰箱压缩机产能增长23%,空调压缩机产能增长15%。目前,在家电业中,冰箱、空调、冰箱压缩机、空调压缩机的生产能力均在1亿台左右。在国内外市场需求并没有明显增长的背景下,产能过剩必然导致家电市场竞争加剧。

2. 2012年有利于家电业发展的积极因素

虽然中国家电行业在2012年面临众多的不利因素,但支持家电行业发展的根本动力并没有发生质的改变:

(1)城市化发展带动刚性消费上升。尽管面临国内外严峻的竞争形势,但从中长期发展趋势看,中国仍处于向现代化、工业化、城镇化发展的历史机遇期,2006—2010年平均每年城市化率上升1个百分点,每年新增城镇人口2000余万人,约1000万个家庭,2011—2015年城市化率与每年新增城镇人口仍将保持这一上升幅度,尽管由于住宅市场停滞,暂时会受到一些影响,但市场的刚性需求保证了一定的上升潜力。

此外,中国在2011—2015年正值婚龄期人口增长的上升阶段,平均每年进入婚龄期的人口为2457万人,新组建1200余万个家庭,将比上一个五年增加420万人,约200万家庭。新婚家庭是家用电器第一次购买的主要群体,这一刚性需求仍然是拉动内需增长的动力。

(2)消费升级提供机遇。目前,中国正处于消费升级的历史时期,家电消费升级的趋势不可逆转。来自多家市场调查公司的数据显示,2011年的家电市场高性能、高能效、大容量的家电产品需求比重上升,其中变频产品尤为受到消费者的青睐。从国内外发展规律来看,每轮经济下降时期都是产业升级的有利时机,尽管总会有一些经营不善的企业被淘汰,但是,真正优秀的企业却能够在这样的背景下获得新的发展机会。

(3)房地产市场价格调整,有望打破僵局。国家出台的房地产市场调控新政策影响到了部分消费者的购买决策。2011年,国家又出台了进一步的住房调控政策,政策更加趋紧,个别城市甚至出现了限制销售的政策。房地产市场的收缩直接影响了大家电特别是空调、厨房类电器的销售。国家出台的多项抑制房价过快、过高增长的调控政策正在生效,住宅价格已经开始松动,暂时受到抑制并积蓄的刚性购买力一旦释放,必将拉动家用电器的消费回升。

此外,大规模的保障性住房建设将会给家电业带来新的商机,国家计划在2015年年底前新建3600万套保障性住房,2011年已开工1000万套,但住宅从建设到销售通常至少需要一年以上的周期,保障性住房建设对中国家电市场的拉动作用最早于2012年下半年方可显现。

(4)成本压力降低。尽管原材料价格还处在高位,但自2011年第三季度以来,原材料价格上行压力已经比上半年大幅减缓。而全球经济复苏放缓,中国的需求下降也将在一定程度上抑制大宗商品的价格过快上涨。国家的货币政策已有所调整,人民币升值速度也将根据中国的具体国情而更有弹性。而此前过高的需求不断下降,也将影响到劳动力市场,人工成本提升速度将明显放缓。这些因素都将减缓中国家电企业的经营成本压力。

综合各种因素分析之后,应对中国家电企业2012年及更远的未来抱有信心。①应乐观地看待家电行业长期的发展趋势,而不应对短期的调整感到悲观。2009—2011年家电行业经历了两年多的高速增长,高速增长后出现调整是经济发展规律的体现。在消费刺激政策逐渐退出或减弱后,家电行业将回到市场化竞争的正轨上来,市场环境将更为公平。②从生产规模上看,中国家电行业尤其是大宗家电产品已经达到相当高的水平,再期望销售量有大的增长是不现实的,企业应学习成熟市场的运营方法,从调整结构上寻找发展空间。③坚持行业转型和升级不放松,在消费市场出现疲软的时候,仍要继续加大技术和管理升级的力度,为下一阶段的发展奠定基础。④家电企业应关注消费市场的变化,尤其是关注消费需求特点的变化,从为消费者创造价值入手,挖掘新的增长点,实现行业的良性增长。⑤利用目前国际市场低迷、成本较低而中国影响力正在上升的优势,有实力的企业应加大国际品牌的开拓力度,改变中国企业外贸出口的方式。⑥越是在不利的环境下,越是应当坚持行业自律不放松,坚持价值竞争,自觉维护健康的行业竞争秩序。

3. K公司生产经营的SWOT分析

K公司是我国历史较为悠久的冰箱(柜)生产企业,在国内冰箱(柜)行业占有一席之地。

（1）S（企业优势）分析。企业优势分析主要包含三个方面：一是企业具有团队优势。该企业从成立到现今，经历了多次起伏，是国内为数不多的元老级企业之一。企业能够在激烈的市场竞争中始终不倒，企业团队的作用不容小觑。当时企业在时任管理层的带领下，正为实现企业"精做中部，辐射全国"的销售战略而辛勤努力。二是自2009年以来，K公司生产经营稳步发展，当年公司成功中标了国家"家电下乡"项目，成为省内本土品牌唯一家电下乡中标企业。在广大的农村市场，K公司享有较高的知名度。三是政府的强力支持。K公司从濒临破产到持续发展，与市委、市政府的大力支持是密不可分的，在政府有关部门的支持下，企业甩掉了许多压在身上的债务包袱，实现了轻装上阵。

（2）W（企业弱势）分析。企业弱势分析主要包含三个方面：一是K公司作为中国家电行业的小品牌，在市场品牌集聚度日益增高的环境下，生存空间不断被大品牌挤压，在大城市中这种现象尤为明显。二是在开拓市场方面，营销人员的水平与素质、策略的制定与执行也在很大程度上制约了K公司的发展。三是K公司在发展过程中多次遭受重创，企业的底蕴明显不足。

（3）O（企业机会）分析。企业机会分析主要包含两个方面：一是我国国内不断推出的刺激内需的政策。如2011年中央要求进一步扩大国内需求，特别是消费需求，并将稳定外贸政策，促进对外贸易平稳增长，积极扩大进口。二是国际市场已显复苏的迹象。2011年前三个季度发达国家的经济增长总体上呈放缓态势，明显展现出复苏动力不足。但新兴经济体在世界经济中的地位进一步提升，新兴经济体与发展中经济体产出增长率为6.4%，从经济总量来看，2011年新兴经济体与发展中经济体按购买力平价和市场汇率计算的国内生产总值在全球经济中的比重分别占到49.0%和35.9%，比2010年分别提高了1.1%和1.6%。

（4）T（企业威胁）分析。企业威胁主要包含四个方面：一是国内"家电下乡"政策到期，对K公司传统优势细分市场形成压力，同时该政策也透支了未来的消费能力。二是企业资金面临压力，由于回收货款的速度进一步放缓，给公司的资金带来了一定的压力。三是上游成本过高带来的成本压力,该成本压力又难以通过下游产品价格得到转嫁。四是出口产品面临较大的汇率风险,许多经济体都在实施宽松的量化货币政策,给人民币带来了升值压力,导致公司出口更加困难。

(三)评估值测算过程

1. 营业收入历史状况

根据对K公司历史经营资料的分析,整理得出2007—2011年1—10月各年(期)的营业收入,具体如表2-13所示。

表2-13 K公司2007—2011年1—10月各年(期)营业收入

项目时间		2007	2008	2009	2010	2011年1—10月
产品销售收入—销售事业部	年销量/台	31,500	25,500	38,230	30,800	28,200
	平均单价/元	800	850	900	860	800
	销售收入/元	25,200,000.00	21,675,000.00	3,440,700.00	26,488,000.00	22,560,000.00
产品销售收入—技术事业部	年销量/台	27,100	15,630	10,000	1600	60
	平均单价/元	600.00	670.00	700.00	480.00	300.00
	销售收入/元	16,260,000.00	10,472,100.00	7,000,000.00	768,000.00	180,00.00
产品销售收入—外贸事业部	年销量/台	128,000	182,000	154,200	90,800	96,400
	平均单价/元	600.00	630.00	650.00	660.00	680.00
	销售收入/元	76,800,000.00	114,660,000.00	100,230,000.00	59,928,000.00	65,552,000.00
其他收入	年销量/台	33,620	29,000	16,000	24,000	13,000
	平均单价/元	400	400	353	415	276
	销售收入/元	13,448,000.00	11,600,000.00	5,648,000.00	9,960,000.00	3,588,000.00
销售收入合计/元		131,708,000.00	158,407,100.00	147,285,000.00	97,144,000.00	91,718,000.00

从营业收入总额来看,企业2007—2009年营业收入较高,这与其间国家刺激家电消费政策和国际市场需求密切相关。但之后国际金融危机蔓延,农村需求市场逐步饱和,导致企业2010年后的营业收入下降明显。

2. 未来营业收入预测

K公司营业收入主要包括内销和外销(出口)两大类。内销以销售事业部和技术事业部(原来主要负责内销中超市板块,后来业务逐步合并到销售事业部)为主,外销由外贸事业部负责。通过对上述两大类收入的历史分析,综合考虑中国当时的宏观经济政策、行业经济环境状况、公司未来几年的经营计划、发展规划等影响收入实现的主要因素,综合判断未来几年的营业收入如表2-14所示。

表2-14　2011年11月至2015年主营业务收入预测　　　　单位:元

项目	2011年11—12月	2012	2013	2014	2015
营业收入	18,343,380.00	110,060,280.00	110,060,280.00	110,060,280.00	110,060,280.00

根据K公司当时的经营能力分析,上述收入所需各方面的支持能够得到满足。企业2010年营业收入虽明显下降,但随着国际市场的逐步复苏和国家刺激内需政策的进一步实施,预计2011年企业营业收入将有一定幅度的恢复,不过受制于成本及资金因素,恢复的幅度将非常有限。出于谨慎性考虑,2012年及以后的营业收入基本与2011年保持一致。评估人员综合分析了各方面因素,并与企业经营管理人员进行了访谈,认为该经营预测数据是合理的。

3. 确定无形资产的贡献率

(1)对比公司的选择。由于被评估企业K公司是一家非上市公司,因此不能直接确定其无形资产的市场价值,也无法直接计算其风险回报率等重要参数。为了能估算出该公司商标权的折现率,选取国内几家上市公司作为可比案例,通过分析计算其商标的贡献率和折现率作为待估资产的参数。

(2)在本次评估中对比公司的选择标准:一是对比公司近年为盈利公司;二是对比公司至少有两年的上市历史;三是对比公司所从事的行业或其主营业务为家电业。

(3)根据上述原则,选取了格力电器股份有限公司、青岛海尔股份有限公司、浙江三花股份有限公司作为对比公司。上述三家对比公司的情况简介如下：

①格力电器股份有限公司。珠海格力电器股份有限公司股票简称格力电器，股票代码为000651。

经营范围：货物、技术的进出口（法律、行政法规禁止的项目除外，法律、行政法规限制的项目须取得许可后方可经营）；制造、销售：泵、阀门、压缩机及类似机械，风机、包装设备等通用设备，电机、输配电及控制设备，电线、电缆、光缆及电工器材，家用电力器具；批发：机械设备、五金交电及电子产品；零售：家用电器及电子产品。主要经营：生产和销售空调器，自营空调器出口业务及其相关零配件的进出口业务。

公司背景：公司是当时中国乃至全球最大的集研发、生产、销售、服务于一体的专业化空调企业。从1995年起，格力空调连续11年产销量、市场占有率均居行业第一。公司经过技术创新已开发出包括家用空调、商用空调在内的20大类400个系列7000多个品种规格的产品，申请注册国家专利700多项，成功研发出GMV数码多联一拖多、离心式中央空调等高端技术，并全球首创国际领先的超低温热泵中央空调，填补了国内空白，打破了美国、日本等制冷巨头的技术垄断，在国际制冷界赢得了广泛的知名度和影响力。公司多次荣获"中国驰名商标""中国名牌产品"等荣誉。在海外市场方面，据海关统计，格力空调出口量、出口增幅连续多年均位居全国同行前列。

②青岛海尔股份有限公司。青岛海尔股份有限公司股票简称青岛海尔，股票代码为600690。

经营范围：电器、电子产品、机械产品、通信设备及相关配件制造；家用电器及电子产品技术咨询服务；房地产开发；进出口业务（按原外经贸部核准范围经营）；批发零售；国内商业（国家禁止商品除外）；矿泉水制造、饮食、旅游服务（限分支机构经营）。主要经营：空调器、电冰箱、电冰柜、洗碗机、燃气灶等家电产品的生产与销售。

公司背景：公司主要从事电冰箱、空调器等家电产品的生产与经营。公司空调业务当时的产能为600万~700万台，是仅次于格力和美的的全国第三大空调生产企业。公司是冰箱行业的第一大龙头企业,现有冰箱和冰柜产能超过600万台,市场占有率稳居第一。公司全球化品牌战略成效显著,产品出口欧美及东南亚等地区,其冰箱、冷柜一直处于行业出口龙头地位。公司大股东海尔集团是世界第四大白色家电制造商,也是中国电子信息百强企业之首,2010年1月海尔集团发布了世界上首台"物联网冰箱"。

③浙江三花股份有限公司。浙江三花股份有限公司股票简称三花股份,股票代码为002050。

经营范围:截止阀、电子膨胀阀、排水泵、电磁阀、单向阀、压缩机、压力管道元件、机电液压控制泵及其他机电液压控制元器件的生产销售。主要产品:制冷控制元器件。主营业务:生产和销售空调配件、冰箱配件及其他。

公司背景:浙江三花股份有限公司是三花枝股集团有限公司与日本株式会社不二工机等共同创立的中外合资企业,是一家以生产经营家用和商用空调自动控制件为主的专业公司,已形成截止阀、电子膨胀阀、电磁阀、单向阀、球阀、方体阀等家用和商用空调系列配套产品,是世界产量最大、品种最齐全的截止阀生产基地之一。"三花"牌产品远销欧洲、美洲、韩国、日本、东南亚及中国香港、中国台湾等几十个国家和地区。

④对比公司的t检验。以上三家公司均通过了股票波动与沪深300指数波动相关性的t检验测试,结果如表2-15所示。

表2-15 三家对比公司的t检验

对比公司名称	股票代码	t分布临界值	t检验统计量	t检验结论
格力电器	000651	2.35	5.70	通过
青岛海尔	600690	2.35	3.74	通过
三花股份	002050	2.35	3.55	通过

从表2-15中可以发现,三个可比案例均通过了t检验,这说明所选案例与沪深300指数的相关性较强,可以认为它们可以较好地反映家电行业的股票市场。因此,我们可以采用这三个可比案例的分成率和折现率作为参考。

表 2-16　三家对比公司的商标对现金流的分成率测算

证券代码	000651.SZ	600690.SH	002050.SZ
证券简称	格力电器	青岛海尔	三花股份
报告时间	2007-12-31	2007-12-31	2007-12-31
报表类型	母公司报表	母公司报表	母公司报表
营业收入/万元	3,665,494.86	221,673.05	81,354.28
营业成本/万元	3,557,087.18	207,644.67	73,957.60
营业利润/万元	109,281.27	110,541.61	7535.41
利润总额/万元	111,738.88	111,157.29	7327.40
净利润/万元	101,930.32	108,744.50	4601.27
流动资产合计/万元	1,740,046.10	237,686.11	58,377.76
非流动资产合计/万元	430,728.07	329,035.85	25,283.43
资产总计/万元	2170,774.17	566,721.95	83,661.18
流动负债合计/万元	1,687,339.96	19,336.24	39,974.54
非流动资产合计/万元	0.00	238.46	0.00
负债合计/万元	1,687,339.96	19,574.71	39,974.54
所有者权益合计/万元	483,434.22	547,147.24	43,686.64
无形资产合计/万元	28,049.44	6388.76	382.41
营运资金/万元	75,115.37	218,970.43	22,927.24
整体资产	505,843.44	548,006.28	48,210.67
无形资产在资本结构中所占比例/%	5.55	1.17	0.79
无形资产——商标在无形资产中的比例/%	10.00	10.00	10.00
无形资产——商标在资本结构中所占比例/%	0.56	0.12	0.08
息税折旧摊销前利润/万元	15,747,332.47	901,078.78	1,057,540.56
息税折旧摊销前利润/营业收入/%	4.30	4.06	13.0
无形资产——商标对主营业务现金流的贡献/万元	88,185.06	1081.29	846.03
主营业务收入/万元	3,665,494.86	221,673.05	81,354.28
无形资产分成率/%	2.41	0.49	1.04

续表

证券代码	000651.SZ	600690.SH	002050.SZ
证券简称	格力电器	青岛海尔	三花股份
报告时间	2008-12-31	2008-12-31	2008-12-31
报表类型	母公司报表	母公司报表	母公司报表
营业收入/万元	4,088,581.44	242,100.28	75,836.01
营业成本/万元	3,921,092.12	219,112.18	68,748.79
营业利润/万元	168,431.06	30,792.58	9243.10
利润总额/万元	170,210.56	30,916.95	9116.34
净利润/万元	141,442.89	27,477.63	8035.61
流动资产合计/万元	2,049,374.25	175,125.38	63,879.91
非流动资产合计/万元	682,146.01	391,375.68	87,664.85
资产总计/万元	2,731,520.27	566,501.06	151,544.76
流动负债合计/万元	2,132,992.95	19,457.83	33,769.06
非流动资产合计/万元	0.00	41.26	97.87
负债合计/万元	2,132,992.95	19,499.09	33,866.93
所有者权益合计/万元	598,527.31	547,001.98	117,677.83
无形资产合计/万元	24,764.12	5809.71	374.10
营运资金/万元	-60,735.24	157,863.96	44,577.99
整体资产/万元	621,410.77	549,239.64	132,242.84
无形资产在资本结构中所占比例/%	3.99	1.06	0.28
无形资产——商标在无形资产中的比例/%	10.00	10.00	10.00
无形资产——商标在资本结构中所占比例/%	0.40	0.11	0.03
息税折旧摊销前利润/万元	26,067,568.69	1,166,729.67	1,375,513.55
息税折旧摊销前利润/营业收入/%	6.38	4.82	18.14
无形资产——商标对主营业务现金流的贡献/万元	104,270.27	1283.40	412.65
主营业务收入/万元	4,088,581.44	242,100.28	75,836.01
无形资产分成率/%	2.55	0.53	0.54

续表

证券代码	000651.SZ	600690.SH	002050.SZ
证券简称	格力电器	青岛海尔	三花股份
报告时间	2009-12-31	2009-12-31	2009-12-31
报表类型	母公司报表	母公司报表	
营业收入/万元	4,162,558.81	300,984.73	63,251.27
营业成本/万元	3,969,621.02	275,689.98	56,240.79
营业利润/万元	253,435.95	74,730.35	7292.38
利润总额/万元	285,052.60	74,880.63	7305.39
净利润/万元	252,598.55	70,988.89	6186.73
流动资产合计/万元	3,435,071.76	252,675.83	64,470.28
非流动资产合计/万元	757,190.54	390,578.67	86,517.04
资产总计/万元	4,192,262.30	643,254.50	150,987.32
流动负债合计/万元	3,374,232.45	43,151.75	30,574.32
非流动资产合计/万元	1960.75	94.34	12,009.41
负债合计/万元	3,376,193.20	43,246.10	42,583.73
所有者权益合计/万元	816,069.10	600,008.40	108,403.59
无形资产合计/万元	23,195.29	5230.66	365.78
营运资金/万元	188,990.46	218,720.48	41,080.32
整体资产/万元	946,181.00	609,299.15	127,597.36
无形资产在资本结构中所占比例/%	2.45	0.86	0.29
无形资产——商标在无形资产中的比例/%	10.00	10.00	10.00
无形资产——商标在资本结构中所占比例/%	0.25	0.09	0.03
息税折旧摊销前利润/万元	36,257,552.26	1,872,486.20	1,280,180.40
息税折旧摊销前利润/营业收入/%	8.71	6.22	20.24
无形资产——商标对主营业务现金流的贡献/万元	90,643.88	1685.24	384.05
主营业务收入/万元	4,162,558.81	300,984.73	63,251.27
无形资产分成率/%	2.18	0.56	0.61

续表

证券代码	000651.SZ	600690.SH	002050.SZ
证券简称	格力电器	青岛海尔	三花股份
报告时间	2010-12-31	2010-12-31	2010-12-31
报表类型	母公司报表	母公司报表	母公司报表
营业收入/万元	5,915,790.86	353,017.80	100,866.84
营业成本/万元	5,830,066.49	320,726.81	89,939.09
营业利润/万元	97,429.35	99,758.97	21,812.48
利润总额/万元	313,615.23	100,179.48	22,474.10
净利润/万元	268,107.75	93,359.40	20,382.53
流动资产合计/万元	4,453,909.11	161,701.70	195,933.72
非流动资产合计/万元	813,324.47	615,216.87	107,256.16
资产总计/万元	5,267,233.58	776,918.58	303,189.88
流动负债合计/万元	4,203,497.55	117,102.33	75,232.52
非流动资产合计/万元	71,826.76	56.02	5061.63
负债合计/万元	4,275,324.31	117,158.35	80,294.15
所有者权益合计/万元	991,909.27	659,760.23	222,895.73
无形资产合计/万元	23,045.16	4712.81	7487.18
营运资金/万元	380,112.12	97,814.96	154,008.84
整体资产/万元	1,193,436.59	713,031.83	261,265.00
无形资产在资本结构中所占比例/%	1.93	0.66	2.87
无形资产——商标在无形资产中的比例/%	10.00	10.00	10.00
无形资产——商标在资本结构中所占比例/%	0.19	0.07	0.29
息税折旧摊销前利润/万元	50,314,392.84	2,374,468.33	1,774,792.40
息税折旧摊销前利润/营业收入/%	8.51	6.73	17.60
无形资产——商标对主营业务现金流的贡献/万元	95,597.35	1662.13	5146.90
主营业务收入/万元	5,915,790.86	353,017.80	100,866.84
无形资产分成率/%	1.62	0.47	5.10

续表

证券代码	000651.SZ	600690.SH	002050.SZ
证券简称	格力电器	青岛海尔	三花股份
报告时间	2011-09-30	2011-09-30	2011-09-30
报表类型	母公司报表	母公司报表	母公司报表
营业收入/万元	6,222,783.74	287,498.18	97,525.87
营业成本/万元	6,039,477.31	261,194.68	84,042.32
营业利润/万元	191,972.22	202,616.43	12,933.12
利润总额/万元	359,516.05	204,534.62	12,859.20
净利润/万元	303,526.60	199,717.36	10,565.48
流动资产合计/万元	6,404,543.08	163,628.18	163,522.84
非流动资产合计/万元	904,836.48	726,800.09	124,848.91
资产总计/万元	7,309,379.56	890,428.27	288,371.75
流动负债合计/万元	5,997,552.60	109,295.78	64,711.81
非流动资产合计/万元	112,077.24	42.00	5067.17
负债合计/万元	6,109,629.84	109,337.78	69,778.98
所有者权益合计/万元	1,199,749.73	781,090.49	218,592.77
无形资产合计/万元	22,708.25	4275.73	7366.65
营运资金/万元	585,040.55	105,607.98	124,270.58
整体资产/万元	1,489,877.03	832,408.07	249,119.49
无形资产在资本结构中所占比例/%	1.52	0.51	2.96
无形资产——商标在无形资产中的比例/%	10.00	10.00	10.00
无形资产——商标在资本结构中所占比例/%	0.15	0.05	0.30
息税折旧摊销前利润/万元	42,886,180.98	1,870,175.66	1,366,678.78
息税折旧摊销前利润/营业收入/%	6.89	6.51	14.01
无形资产——商标对主营业务现金流的贡献/万元	64,329.27	935.09	4100.04
主营业务收入/万元	6,222,783.74	287,498.18	97,525.87
无形资产分成率/%	1.03	0.33	4.20
无形资产平均分成率/%		1.58	

上述三家对比公司在2007—2010年度及2011年9月30日的财务报告主要数据如表2-16所示。这里的无形资产——商标对现金流的分成率的测算采用对比上市公司2007年12月31日至2011年9月30日的数据。具体测算过程首先为先测算无形资产在整体资产中的比重,以及商权占整体无形资产的比重,进而测算出商标占整体资产的比重;其次测算息税折旧摊销前利润,进而采用息税折旧摊销前利润除以营业收入测算出销售利润率;最后采用销售收入分成率=利润分成率×销售利润率的公式测算出销售收入分成率,这里的利润分成率用商标占全部资产的比重代替。

从表2-16中可以看出,商标对现金流的贡献占销售收入的比例平均值为1.58%。三家对比公司均为家电领域的代表性企业,由于其商标贡献率应当反映国内相同行业的无形资产贡献水平,我们取三家公司的商标贡献率的平均值1.58%作为对比无形资产贡献率。

待估无形资产为商标,根据《中华人民共和国商标法》第三十八条的规定:"注册商标有效期满,需要继续使用的,应当在期满前六个月内申请续展注册。"K公司是一家拥有多年历史的老企业,其生产经营从目前来看不存在终止经营的迹象。在假设企业持续经营的前提下,无须考虑无形资产贡献率衰减因素。

根据无形资产的贡献 = Σ(年营业收入×无形资产年贡献率),可以测算出无形资产的贡献值。

4. 折现率的估算

本案例中将K公司的整体资产分为无形资产、流动资产和固定资产三类,整体资产所要求的回报率分别是无形资产、流动资产和固定资产三类资产回报率(折现率)的加权平均数,这里的加权平均资本成本采用全投资、息税前现金流口径进行测算,则可以测算出无形资产的折现率。

(1)无形资产折现率的公式

根据上面的分析,无形资产的折现率计算公式可以表示如下:

$R_{无形}$(无形资产折现率) = (WACC - 流动资产/整体资产市值之和 × $R_{流动}$ - 固动资产/整体市值之和 × $R_{固资}$)/(无形资产/整体市值之和)

其中，WACC 为全投资、息税前现金流口径。

$$WACC = \frac{E}{E+D} \times R_e \times \frac{1}{1-T} + \frac{D}{E+D} \times R_d$$

R_e 为股权投资成本 CAPM；R_d 为债权投资成本；E 为权益价值；D 为债权价值；T 为所得税税率。

为了测算出 R_e，这里需要列示出 R_e 的测算公式：

$$R_e = R_f + (R_m - R_f) \times \beta + a = R_f + R_{pm} \times \beta + a$$

其中，R_f：无风险利率，R_m：市场预期收益率；R_{pm}：市场风险溢价；β：权益的系统风险系数；a：企业特定的风险调整系数。

（2）具体计算过程

①无风险报酬率 R_f。无风险报酬率通过查询 Wind 资讯网及中国债券网，取到期年限为 10 年的国债到期收益率平均值为 3.92%。

②风险系数队 β。通过查询 Wind 资讯网，根据与企业相类似的沪深 A 股股票近 60 个月上市公司 β 参数估计值计算确定，具体计算过程如下：

首先根据公布的类似上市公司 β 计算出各公司无财务杠杆的 β，与确定无形资产分成率选取的对比公司口径一致，此处也选取格力电器、青岛海尔、三花股份 3 家上市公司作为参照公司。

③超额风险收益率。市场预期收益率根据沪深综指 1996—2011 年年末指数，计算其几何平均收益率，经测算其数值为 11.27%。

超额风险收益率（ERP）= 市场预期收益率 - 无风险报酬率 = 11.27% - 3.92% = 7.35%

④公司特有风险超额收益率 R_s。与选取的样本公司相比，K 公司无论是在经营风险、财务风险还是在其他风险方面都较大，综合考虑 R_s 取 5%。

⑤R_d（债务成本）的确定。债务成本 K_d 根据中国人民银行最新公布的 5 年以上期限银行的贷款利率确定为 7.05%。

⑥税前加权资本成本 WACC 的确定。税前加权资本成本的测算采用上市公司的平均值，根据对 3 家上市公司的财务报表分析，其债权比例、股权价值比例、税前股权收益率、适用所得税税率分别如表 2 - 17 所示。测算得出其平均税前加权资本成本为 13.58%。具体计算过程如表 2 - 17 所示。

表2-17　三家对比公司税前加权资本成本的测算过程　　　　　　　（%）

序号	对比公司名称	股票代码	债权比例	股权比例	无风险收益率	超额风险收益率	公司特有风险超额收益率	税前股权收益率	债权收益率	适用所得税税率	税前加权资本成本
1	格力电器	000651	33.54	66.46	3.9160	7.35	5.00	16.17	7.05	15.00	13.11
2	青岛海尔	600690	32.20	67.80	3.9160	7.35	5.00	16.82	7.05	25.00	13.67
3	三花股份	002050	17.00	83.00	3.9160	7.35	5.00	15.37	7.05	15.00	13.95
算术平均值							13.58				

⑦求取无形资产折现率。将前述的各项测算参数代入公式：

$$R_{无形} = (WACC - 流动资产/整体资产市值之和 \times R_{流动} - 固动资产/整体市值之和 \times R_{固资})/(无形资产/整体市值之和)$$

$R_{流动}$取一年期贷款利率6.56%，$R_{固资}$取中长期贷款利率7.05%。

可分别测算出3家对比公司的折现率，再求取其平均值作为K公司无形资产的折现率，具体计算过程如表2-18所示。

表2-18　无形资产折现率的测算　　　　　　　　　　　　　（%）

序号	对比对象	股票代码	流动资产比重	流动资产回报率	固定资产比重	固定资产回报率	无形资产比重	无形资产回报率
1	格力电器	000651	28.25	6.56	16.67	7.05	55.08	18.3
2	青岛海尔	600690	41.97	6.56	22.24	7.05	35.79	26.1
3	三花股份	002050	38.83	6.56	13.12	7.05	48.05	21.8
算术平均值					22.08			

从表2-18得出无形资产折现率取22.08%。

经上述参数计算，得到无形资产——商标评估价值，详细计算过程如表2-18所示。

四、评估结果

通过上述评估,测算得出 K 公司的"M"牌系列商标在评估基准日下的公开市场价值为 652.04 万元,如表 2－19 所示。

表 2－19 K 公司"M"牌系列商标权的价值评估结果

项 目	2011 年 11—12 月	2013 年	2014 年	2015 年	2016 年	2017 年及以后
预测营业收入/万元	1834.34	11,006.02	11,006.02	11,006.02	11,006.02	11,006.02
无形资产——商标贡献率/%	1.58	1.58	1.58	1.58	1.58	1.58
无形资产贡献值/万元	28.98	173.90	173.90	173.90	173.90	173.90
年期	0.17	2.17	3.17	4.17	5.17	永续
折现率/%	22.08	22.08	22.08	22.08	22.08	22.08
折现系数	0.9673	0.6490	0.5316	0.4355	0.3567	1.6156
净现值/万元	28.03	112.86	92.44	75.73	62.03	280.94
商标权价值/万元	652.04					

五、案例点评

(一)对评估对象的认识

案例的评估对象为 K 公司拥有的"M"牌系列注册商标权,商标属于无形资产范畴,是商品生产者或经营者为了把自己的商品或服务区别于他人的同类商品或服务,在商品上或者服务中使用的一种特殊标记。这种标记一般是由文字、图形、字母、数字、三维标识和颜色以及由上述要素组合而成的一种标志。而商标权是商标所有人对其商标所享有的专有权,属于标识性权利。拥有商标权就可以将商标运用到产品或者服务上,以区别于同类产品,表明商品的质量、种类等具有特有的品质,可以供人识别,商标权的价值就体现在能够帮助他人识别产品、提高市场竞争力。

本案例除了"M"牌系列注册商标权,实质上还包括了能够为 K 公司带来超额收益的其他无形资产,如 K 公司的形象、市场准入资质、K 公司产品品质及在用户中的信誉等,实质上包含了该公司的商标和由此形成的商誉的价值。根据与公司管理层的沟通和交流,公司明确表示质押的商标权是除土地使用权之外的无形资产,这里采用商标权的形式表述这类无形资产。

(二)评估方法的运用

案例采用的是收益法评估商标权的价值,在收益法具体运用中,又可以采用商标许可使用费法、超额收益法、要素贡献法和割差法对商标权的价值进行评估,商标使用费法即《国际评估指南 No.4——无形资产评估》中的权利金节省法或许可费节省法。该评估指南指出,使用权利金节省法确定无形资产价值,是指与向第三方支付许可使用费相比,假设拥有该资产将不必支付使用费,相比于支付使用费所产生的资本价值。要素贡献法是对已成为生产经营活动必要条件的无形资产,从使用该无形资产取得的经营收益中估算出其带来的收益,评估无形资产价值的方法。无形资产超额收益是指使用无形资产后比未使用无形资产在产品生产经营中增加的收益,无形资产的超额收益现值可以用来测算无形资产价值。割差法最初是指用企业的总体价值扣除各项有形资产和可辨认的无形资产价值后的差额,以之来确定企业商誉价值的一种评估方法,后被用来评估组合无形资产等资产的评估。

案例的评估涉及商标价值的评估(实质上包含了除土地使用权外的其他无形资产),可以采用超额收益法进行评估,关键是能够测算出超额收益中的分成率以及无形资产的折现率。

本案例采用的评估方法是合理的。

案例六

W 水泥股份有限公司商誉减值测试评估

一、案例背景

(一)评估目的

本次评估目的是对 W 水泥股份有限公司溢价收购的 X 股份有限公司 65% 股权所形成的商誉进行减值测试,为 W 水泥股份有限公司判断该商誉是否在 2013 年度资产负债表日发生减值提供价值参考。

(二)评估基准日

2013 年 12 月 31 日。

(三)评估对象和范围

本次评估对象界定为 X 股份有限公司与商誉有关的资产组。根据相关规定,与商誉减值测试相关的资产组或资产组组合,应当是能够从企业合并的协同效应中受益的资产组或资产组组合。

本次评估范围为 X 股份有限公司的全部资产及负债。

(四)价值类型

《以财务报告为目的的评估指南》中第二十五条指出,注册资产评估师协助企业进行资产减值测试,应当关注评估对象在减值测试日的可回收金额、资产预计未来现金流量的现值以及被评估资产市场价值(公允价值)减去处置费用的净额之间的联系和区别。

本案例即对商誉的减值测试的评估,按照《以财务报告为目的的评估指南》的要求,认为价值类型为可回收价值。可回收价值等于资产预计未来现金流量的现值或被评估资产市场价值(公允价值)减去处置费用的净额孰高者。本案例评估的是 X 股份有限公司的企业价值,市场价值(公允价值)与预计未来现金流量的现值都可以采用收益法进行评估,由于处置费用所占企业价值的份额非常小,可以忽略不计,所以可以认为市场价值(公允价值)与预计未来现金流量的现值两者基本一致。

二、评估标的

本案例分析涉及的评估标的为 W 公司的全部资产及负债。

X 股份有限公司原为 X 水泥厂,始建于 1962 年,位于 S 省 X 市。20 世纪 90 年代末,该厂改制并作为独家发起人公开发行 A 股,成立 X 股份有限公司,并在深圳证券交易所挂牌上市,注册资本 1 亿元,企业晋升为省级大型企业,有职工 2000 余人。该公司生产各等级普通硅酸盐水泥,出厂安定性、强度及包装袋重合格率连年保持 100%;产品强度高、色泽青黑、终凝时间短、稠度适中、质量稳定;销售网点覆盖了 WH、JM、SZ、YC 等地区,远销 HN、AH、HU 等周边省份;产品广泛应用于水利、高层建筑、高等级公路等重点工程建设。

X 股份有限公司的生产线主要包括两条熟料新型干法回旋窑水泥生产线,一条日产水泥 2500 吨,另一条日产水泥 2750 吨。同时还利用余热进行发电,年发电量为 6000 万千瓦时。X 股份有限公司还拥有八个水泥原料矿区的采矿权,后备原料资源丰富。公司经营范围主要为水泥生产、销售;水泥制品加工、销售以及水泥灰岩开采等。

三、评估方法

(一)评估方法的选择

根据资产减值准则的规定,在本次评估中,依据评估目的和持续经营的基本假设,考虑所评估资产的特点,采用收益法对经营性资产和负债未来预计产生的现金流量现值进行估算,然后计算收益法评估结果与对应的可辨认净资产公允价值之间的差额,得出评估基准日企业的商誉价值。

本次采用收益法对 X 股份有限公司的主营业务相关的资产组进行评估,以基准日后若干年度内的企业经营现金流量作为依据,采用适当折现率折现后加总计算得出该资产组的未来现金流现值。具体步骤如下:

(1)确定与主营业务相关的资产组。在本项目中,与主营业务相关的资产包括企业的营运资金、固定资产、土地使用权、无形资产、商誉等,不包括企业的溢余资产、非经营性资产等与主营业务不相关的资产。

(2)建立评估模型。以评估基准日后若干年为预测期,对预测期内的企业净现金流进行逐年预测,假设预测期后企业净现金流除资本性支出外,其余项目与预测期末年保持一致,直至收益期末,并逐年折现得出资产的未来现金流现值。

(3)预测期和收益期。W水泥股份有限公司属于资源消耗性企业,公司生存和发展与其拥有的资源密切相关,根据公司现拥有的矿产资源(石灰矿石)储量和公司的实际生产能力,该资源可用83年,故本次评估确定的收益期限为83年。

本次评估的预测期为2014年1月1日至2018年12月31日,2019年及之后的77年为现金流稳定期。

(4)净现金流量的确定。本次评估采用的企业净现金流数据计算公式如下:

预测期内每年净现金流量 = 预测息税前利润 × (1 − 所得税税率) + 折旧与摊销 − 资本性支出 − 营运资金追加额

(5)与主营业务相关的资产组的未来现金流现值的确定。资产组的未来现金流现值计算公式:

$$P = \sum_{t=1}^{n} \frac{F_t}{(1+r)^t}$$

其中,P 为资产组的未来现金流现值;F_t 为未来第 t 个收益期的预期收益额;r 为折现率;t 为收益预测年期;n 为收益预测期。

(6)折现率的确定。按照收益额与折现率协调配比的原则,本次评估收益额口径为企业自由现金流量,则折现率应选取加权平均资本成本(WACC)。

WACC = 长期负债占投资资本的比重 × 长期负债成本 × (1 − 所得税税率) + 股东权益资本占投资资本的比重 × 股东权益资本

股东权益资本按国际通常使用的资本资产定价模型CAPM模型进行求取。计算公式:

$$K_e = R_f + [E(R_m) - R_f] \times \beta + \alpha = R_f + R_{pm} \times \beta + \alpha$$

其中，R_f 为目前的无风险利率；$E(R_m)$ 为市场预期收益率；R_{pm} 为市场风险溢价；β 为权益的系统风险系数；a 为企业特定的风险调整系数。

(7) 现金流折现时间的确定。考虑到企业经营产生的现金流一般不是在全年均匀发生，根据水泥企业的特点，相应折现时点按期末折现考虑。

(8) 现金流折现值的调整。对主营业务相关的现金流折现值计算后，再进行调整，包括加回企业的隘余资产、非经营性资产等和其他与主营业务不相关的资产，并扣除有息负债，可以测算出企业的价值。

(二) 可辨认净资产公允价值确定方法介绍

(1) 可辨认净资产范围。可辨认净资产范围包括评估基准日的有形资产、无形资产（不含商誉）和负债。具体为流动资产、固定资产、土地使用权采矿权和负债。

(2) 可辨认净资产公允价值的确定方法。评估人员着重分析企业一年以来的运营情况及资产的增减变化、钢材和水泥等大宗材料的价格指数变化，以及原有资产的正常贬值因素，借助并购时的评估方法和体系，经过调整得出评估基准日可辨认净资产公允价值，如果企业近期收购行为经过资产评估，则以其账面反映的净流产公允价值作为可辨认净资产的公允价值。

(三) 商誉减值的确定

经过确认计算折现现金流价值与对应的可辨认净资产公允价值之间的差额，得出评估基准日企业的商誉价值。然后将评估基准日企业的商誉与并购时确认的商誉进行比较，如果前者不低于后者，则可以认为企业不存在商誉减值，整个评估工作结束；若前者低于后者，则取两者的差额为商誉减值损失。

(四) 行业分析及企业所在的区域市场分析

1. 当时行业政策环境

国家发改委公布的数据显示，2013 年全国水泥产量达到 24.1 亿吨，同比增长 9.6%；实现利润 766 亿元，同比增长 16.4%。全国熟料产量 13.6 亿吨，同比增长 5.6%。根据全国在建项目分析，2013 年全国水泥行业完成固定资产投资为 1421 亿元。

2013年国务院出台的47号文件《政府核准的投资项目目录(2013年本)》,提出简政放权、下发水泥项目核准权、由国家转向地方监督执行行业规划。政策和标准促使水泥行业加快转型升级。预计2014年水泥需求的增速可能有所回落,回落幅度在3%~5%;但水泥供给端的收缩力度更大,预计水泥供给端供给量的减少幅度可能在10%以上,2014年水泥行业的供需格局有望好转。

2. 当时行业市场环境及未来展望

预测2014年行业新增需求约1.62亿吨(同比增长6.8%),根据全国水泥行业协会统计,由于新增产能较少,2014年预期新增熟料产能仅为0.73亿吨,合计水泥产能1.1亿吨,2014年行业整体边际供需格局将继续改善,产能利用率将回升至78%左右。2014年水泥行业盈利水平将稳步提升,主要是出于以下几点考虑:

(1)"十二五"是全面建设小康社会的关键时期,国民经济仍将保持平稳较快增长,预测未来五年全社会固定资产投资年均增速在20%左右。水泥工业面临发展机遇,工业化、城镇化和新农村建设的启动,会稳步拉动水泥市场需求,保障性安居工程以及高速铁路、轨道交通、水利、农业及农村等基础设施建设可带动水泥需求继续增长,尤其是国家对中西部地区项目建设的投资倾斜,导致2014年的水泥产量仍会保持7.5%左右的增长。由此可见,我国水泥市场未来发展前景较好。

(2)国务院下发《循环经济发展战略及近期行动计划》(国发〔2013〕5号)提出支持利用现有水泥窑无害化协同处置城市生活垃圾和产业废弃物,进一步完善费用结算机制。一些大型的水泥企业正加大对水泥炉窑处理固废能力的投入,预计随着相关结算补贴标准的落实,水泥行业的盈利能力可能会进一步提升。

(3)水泥生产成本基本稳定。水泥生产成本主要由煤炭、电力、原料、折旧等构成。其中,煤电成本约占水泥生产成本的60%以上,水泥窑低温余热发电项目用水泥窑熟料煅烧过程中产生的废气余热进行发电,无须额外增加一次能源消耗,机组随水泥窑启停。余热发电项目可显著降低企业用电成本,提高水泥企业的盈利能力。余热发电使每吨熟料可以为企业节约成本16元左右,余热发电还能促进水泥工业朝节能、环保和循环经济的方向发展。

(4)兼并重组推动行业重新洗牌,各区域龙头雏形初现。政策鼓励兼并重组,内资外资齐推动行业整合,提高行业集中度,区域龙头企业面临快速扩张的历史发展机遇。

3. 企业所在的区域市场分析

我国水泥市场具有明显的区域性特征,水泥产品由于具有单位重量价格低、利润薄的特点,生产和消费都具有较强的区域性。目前较为经济的水泥产地与市场的陆地距离,通常在300千米以内,这就决定了不同区域的需求和供给的平衡状态和竞争的态势都不尽相同。总体来看,目前基础设施发展空间大、行业集中度较高、地理位置相对封闭的地区,水泥行业的竞争较为缓和,盈利水平较高;经济发展较为成熟、水泥产能前期投放量较大的地区,水泥行业竞争激烈,许多企业处于微利甚至亏损的状态。

华东地区是我国经济发展速度最快的区域,也是我国水泥需求量最大的地区。2013年,华东、中南地区房地产需求同比增速在20%以上,水泥需求较为旺盛。华北、东北地区由于基建投资同比出现明显下滑,房地产投资增速疲软,导致水泥需求不振,明显低于全国平均水平。中南地区则受益于区域内需求的较快增长,2012年区域内房地产销量快速回升,对2013年及以后的房地产投资形成较强的支撑。

X股份有限公司位于华东地区某省。该省目前已经投产的新型干法熟料产能9620万吨,合计64条生产线,该省水泥产业的发展和建设极大地影响了X股份有限公司的经营状况。2013年华东地区水泥需求整体复苏,1—7月水泥累计产量同比增加9.6%,高于2012年同期4.3%。其中该省最为突出,1—7月水泥累计产量增长速度为21.2%,同比增长20%,高于全国平均值11.6%。

从边际供需来看,该地区2013年边际供需显著改善,有利于价格上涨。该省混凝土行业的盈利也一直比较稳定。这主要是由于该省混凝土搅拌站获得审批比较难,有的区域内只有两个搅拌站,竞争不太激烈,盈利能力要高于全国行业的平均水平。X股份有限公司所在地属于华东市场,本区域水泥行业竞争较为激烈,水泥价格总体水平较低。

(五)评估值测算过程

1. 收益法的评估说明

收益法主要适用于对经营性资产进行评估,下面的评估是在对X股份有限公司资产进行剥离的基础上进行的评估。

企业提供的自由现金流量预测。为了对商誉进行减值测试,企业在2014年财务预算的基础上,根据企业经营计划和资产特性,对与主营业务收入相关的资产组在剩余使用寿命内整个经营状况进行了预测,预测金额如表2-20所示。

表2-20 X股份有限公司2014—2018年经营预测情况　　单位:万元

项目	2014	2015	2016	2017	2018
主营业务收入	63,600.00	61,230.00	59,400.00	60,500.00	60,030.00
主营业务成本	45,060.00	45,730.00	46,424.00	47,300.00	48,230.00
销售税金及附加	300.00	270.00	250.00	250.00	240.00
主营业务利润	18,240.00	15,230.00	12,726.00	12,950.00	11,560.00
管理费用	2700.00	3090.00	3010.00	3060.00	3040.00
销售费用	4780.00	4870.00	4920.00	4970.00	5020.00
财务费用	2100.00	2090.00	2000.00	2050.00	2060.00
营业利润	8660.00	5180.00	2796.00	2870.00	1440.00
营业外收支净额	2400.00	2120.00	1890.00	1890.00	1760.00
利润总额	11,060.00	7300.00	4686.00	4760.00	3200.00
所得税	2765.00	1825.00	1171.50	1190.00	800.00
净利润	8295.00	5475.00	3514.50	3570.00	2400.00
折旧	4500.00	4680.00	4860.00	5030.00	5200.00
摊销	102.00	102.00	102.00	102.00	102.00
资本性支出	1390.00	1390.00	1390.00	1390.00	1390.00
营运资金追加额	636.00	612.00	594.00	605.00	600.00
自用现金流量	12,446.00	9822.50	7992.50	8244.50	7257.00

注:假设2018年后基本保持稳定

2. 主要测算数据的确定过程

(1)主营业务收入和主营业务成本的预测

①公司产能。水泥厂的产能一般是指熟料的产能,熟料加一定比例或

成分的粉磨料就成了各种标号的水泥,除生产线本身,其他粉磨站的设点及布局实际上是为消耗熟料、市场开拓及降低运输成本而准备的。X 股份有限公司综合水泥生产能力 300 万吨左右,其中原有的干法水泥年产 90 万吨,2005 年投产的 2500 吨/日新型干法水泥生产线,设计能力年产 77 万吨,实际年产达 98 万吨熟料。2006 年第四季度投产的 2750 吨/日新型干法水泥生产线,设计能力年产 84.70 万吨熟料,实际年产逾百万吨熟料。

②公司产品。32.5 级水泥,占公司销售收入的 47%左右;42.5 级水泥,占公司销售收入的 39%左右;52.5 级水泥,占公司销售收入的 1%左右;商品熟料,占公司销售收入的 13%左右。

③公司现有市场。按照水泥的销售半径距离长短及销售特性,公司现有市场划分为中心市场(ZX 市、JS 市、SY 市、DB 市、CD 市)、中间市场(XL 区、YL 区、WJG 区、DJ 区、WF 土家族自治县、CY 土家族自治县、ZG 县、XS 县、YA 县、DY 市、YD 市、ZJ 市、ZD 区、GS 市、S 县)、边端市场(DB 镇、HT 镇、NZ 县、BK 县、GC 县、ZY 市、YC 市、LHK 市以及 JZ 和 XG 地区)。区域网点及区域市场占有率如表 2-21 所示。

表 2-21 区域网点及区域市场占有率

序号	产品或服务类别	2012		2013	
		网点数量/个	地区市场占有率/%	网点数量/个	地区市场占有率/%
1	地区产品或服务网络	110	51	118	55
2	JM 地区产品或服务网络	62	65	70	70
3	YC 地区产品或服务网络	51	6	66	80
4	SZ 地区产品或服务网络	34	8	37	10
5	XY 地区产品或服务网络	21	7	34	9
6	QJ 地区产品或服务网络	28	30	30	32

续表

序号	产品或服务类别	2012		2013	
		网点数量/个	地区市场占有率/%	网点数量/个	地区市场占有率/%
7	WH地区产品或服务网络	53	17	67	20
8	JZ地区产品或服务网络	10	6	8	5
9	XG地区产品或服务网络	20	14	21	15

表2-21统计的数据表明该公司销售区域经过优化、细化,尤其是ZX、JS、SY、DB、CD等地,通过以乡镇为单位划分区域或经过人员优化,核心市场占有率2013年与2012年相比稳中有升。与此同时,商品熟料销量大增,对于有效消化二期投产所增加的产能有一定的作用。

④产品毛利率。X股份有限公司2011—2013年产品单位售价成本和毛利率如表2-22所示。

表2-22 X股份有限公司2011—2013年产品单位售价、成本及毛利率

	项 目	32.5水泥	42.5水泥	52.5水泥	商品熟料
2011	平均售价(元/吨)	318	325	380	319
	单位平均成本(元/吨)	171	223	235	205
	毛利率/%	46.23	31.38	38.16	35.74
2012	平均售价(元/吨)	243	290	327	211
	单位平均成本(元/吨)	161	210	233	187
	毛利率/%	33.74	27.59	28.75	11.37
2013	平均售价(元/吨)	236	267	314	210
	单位平均成本(元/吨)	143	182	212	167
	毛利率/%	39.41	31.84	32.48	20.48

从表2-22得知,2011年取得了较好的业绩,得益于周边地区限电限产及房地产的热度不减,2012年由于市场竞争加剧,产品售价、成本及毛利率有所下降,到2013年,这种下降的势头进一步加剧,销售价格进一步下跌,但企业在控制成本等方面采取了一定的措施,使单位成本有所下降,毛利率得

到一定程度的回升。

⑤未来预测。X股份有限公司所在省发挥政府投资的引导带动作用,加大对基础设施、重大产业、民生工程、生态环保等领域的投资,加快高速公路、铁路、机场、能源、水利等重大基础设施建设。

随着"尽快取消32.5级复合水泥产品标准,逐步降低32.5级复合水泥使用比重"的政策导向,公司在未来年度的产品结构上作了相应的调整,产品毛利润率作了微调后仍保持一定的水平,但由于总体市场容量的限制,本区域市场竞争的加剧,及公司完全消化其一期、二期产能还有个过程,预测期内不做满负荷生产和销售计划。结合X股份有限公司的生产经营环境,充分考虑产能、市场容量、国家政策、当地的重点项目以及价格联盟等因素,对未来的营业收入及营业成本预测如表2-23所示。

表2-23　X股份有限公司2014—2018年营业收入及成本预测　单位:万元

项目	年份				
	2014	2015	2016	2017	2018
营业收入	63,600.00	61,230.00	59,400.00	60,500.00	60,030.00
营业成本	45,060.00	45,730.00	46,424.00	47,300.00	48,230.00

(2)营业税金及附加预测

营业税金及附加包括城建税、营业税、消费税、资源税、教育费附加。公司在预测未来营业税金及附加时,主要考虑与营业收入的相关性,同时注意分清各项营业税金及附加的不同之处,根据不同类型产品的销售收入,确定企业的营业税金及附加,如表2-24所示。

表2-24　X股份有限公司2014—2018年营业税金及附加预测　单位:万元

项目	年份				
	2014	2015	2016	2017	2018
营业税金及附加	300	270	250	250	240

(3)期间费用的预测

根据本次评估假设,在未来经营期内,评估对象的销售费用保持在评估基准日与销售收入之间的比例关系,不发生变化,销售费用占营业收入平均比率在5.87%左右,2011年由于周边限电等因素,销售业绩比较好,营业费用占营业收入平均比率较低,但恢复到正常年份销售费用占营业收入的比例将趋于平稳,本次评估确定2014年及以后年份的销售费用占营业收入的8%。

根据本次评估假设,在未来经营期内,评估对象的管理费用保持在评估基准日与营业收入之间的比例关系,不发生变化,管理费用占营业收入平均比率在4.38%左右,收入增长与管理费用增长的属性不同,收入增长是争夺区域市场的结果,而管理费用增长具有一定的刚性约束,在现有的管理目标及框架下,管理费用增长一般是由管理人员薪酬调整导致的,本次评估确定2014年的管理费用占营业收入的4%,2015年及以后年份的管理费用占营业收入的5%。

根据公司历史的财务报表分析,公司的付息债务在2009—2013年存在一定的波动,这与公司的财务资金需要和安排有关,根据公司未来五年的资金需要计划和还款计划,可以测算出每年的借款金额,再乘以借款利率,可以计算出每年的财务费用,2018年以后的财务费用按照2018年的财务费用测算。

(4)营业外收入中补贴收入的预测

公司补贴收入分常态补贴收入和其他补贴收入。常态补贴是指32.5级型号水泥享受增值税即征即退的政策。公司暂无其他补贴收入。

公司在计算32.5级型号水泥退税时,一般是按照应交增值税额乘以32.5级型号水泥销售占总销售比例进行确定的。未来预测时,确定了32.5级型号水泥销售额和销售成本,通过历年数据分析,得出32.5级型号水泥进项税额部分比例(原材料、燃料和动力),然后推测出32.5级型号水泥应交增值税额。经上述分析和计算,未来五年补贴收入(常态部分)如表2-25所示。

表2-25 X股份有限公司未来五年补贴收入预测 单位:万元

项目	年份				
	2014	2015	2016	2017	2018
补贴收入	2400.00	2120.00	1890.00	1890.00	1760.00

(5)所得税的预测

本次评估所得税税率按25%计算,具体评估结果如表2-26所示。

表 2-26　X 股份有限公司未来五年应交所得税预测　　单位：万元

项目	年份				
	2014	2015	2016	2017	2018
所得税	2765.00	1825.00	1171.50	1190.00	800.00

（6）净营运资金的增加额预测

营运资金＝非现金流动资产－不含有息负债的流动负债

营运资金增加额＝非现金流动资产增加额－不含有息负债的流动负债增加额

营运资金一般和企业营业收入存在一定的比例关系，本次营运资金的预测根据企业具体情况、各项周转率指标，预测未来正常经营过程中的应收账款、存货及相关经营性负债，进而计算未来经营年度营运资金需求金额。经上述分析和计算，未来五年营业资金增加额如表 2-27 所示。

表 2-27　X 股份有限公司未来五年营运资金增加额预测　　单位：万元

项目	年份				
	2014	2015	2016	2017	2018
营运资金增加额	636	612	594	605	600

（7）折旧与摊销的预测

固定资产主要包括房屋及建筑物、机器设备、运输设备、办公设备及其他设备等。固定资产按取得时的实际成本计价，采用直线法计提折旧，并按固定资产估计使用年限和预计净残值率确定其分类折旧率。

本次评估折旧费由评估基准日存量资产的折旧费和评估基准日后增量资产的折旧费组成。其中存量资产的折旧水平根据现有折旧政策推导，2018 年以后的折旧按照 2018 年的折旧测算；增量资产折旧是考虑所有项目正常运转的固定资产改良支出；本次评估摊销费为生产自动控制系统即计算机软件系统，按照直线法摊销，每年的摊销金额一致，具体数据如表 2-28 所示。

表 2-28　X 股份有限公司未来五年折旧与摊销预测　　单位：万元

项目	年份				
	2014	2015	2016	2017	2018
折旧	4500.00	4680.00	4860.00	5030.00	5200.00
摊销	102.00	102.00	102.00	102.00	102.00

(8)资本性支出的预测

对于资本性支出,主要分为存量资产的资本性支出和增量资产的资本性支出。存量资产的资本性支出,主要是水泥生产线运行较长而维持其正常运转所需投入的更新支出,增量资产的资本性支出是维持简单再生产所需要的必要投入。为了测算方便,2018年以后的资本性支出按照2018年的资本性支出测算,具体金额如表2-29所示。

表2-29　X股份有限公司未来五年资本性支出预测　　　单位:万元

项目	年份				
	2014	2015	2016	2017	2018
资本性支出	1390.00	1390.00	1390.00	1390.00	1390.00

(9)自由现金流的预测

本次评估中对未来收益的预测,主要是在对X股份有限公司审计报表列示的收入、成本和财务数据的核实,以及对行业的市场调研、分析的基础上,根据其经营历史、市场需求与未来的发展等综合情况作出的一种专业判断。预测时不考虑其他非经常性收入等所产生的损益,本案例的自由现金流=净利润+利息费用(1-所得税税率)+折旧、摊销=资本性支出-运营资金的增加进行测算,具体金额如表2-30所示。

表2-30　X股份有限公司未来五年自由现金流预测情况　　　单位:万元

项目	年份				
	2014	2015	2016	2017	2018
自由现金流量	12446.00	9822.50	7992.50	8244.50	7257.00

(10)折现率的计算

按照收益与折现率协调配比的原则。本次评估收益口径为自由现金流量,则折现率应选取加权平均资本成本(WACC)。

WACC=长期负债占投资资本的比重×长期负债成本×

(1-所得税税率)+股东权益资本占投资资本的比重×股东权益资本

股东权益资本按国际通常采用的资本资产定价模型(CAPM)求取。计算公式为:

$$K_e = R_f + [E(R_m) - R_f] \times \beta + a = R_f + R_{pm} \times \beta + a$$

其中,R_f为无风险利率;$E(R_m)$为市场预期收益率;R_{pm}为市场风险隘价率;β为权益的系统风险系数;a为企业特定的风险调整系数。

①无风险报酬率R_f。无风险报酬率通过查询Wind资讯网及中国债券网,取剩余期限为10年的固定国债到期收益率,为4.0699%。

②风险系数β。通过查询Wind资讯网,根据与企业类似的沪深A股股票近100周上市公司β参数估计值计算确定,具体计算过程如下:

首先根据公布的类似上市公司β值计算出各公司无财务杠杆的β值,本次选取近似公司深天地A、江西水泥、海南瑞泽、宁夏建材等8家上市公司作为参照公司,具体公司如表2-32所示,由此计算出X股份有限公司的β值。计算公式如下:

$$\beta_L = [1 + (1-T) \times D/E] \times \beta_U$$

其中,β_L为有财务杠杆的β;D/E为可比上市公司有息负债与股权比率;β_U为无财务杠杆的β;T为所得税税率。

表2-31 类似上市公司无财务杠杆的β值计算

序号	证券名称	证券代码	β_U系数
1	深天地A	000023.SZ	0.6247
2	江西水泥	000789.SZ	0.7787
3	天山股份	000877.SZ	0.4823
4	塔牌集团	002233.SZ	1.0457
5	建研集团	002398.SZ	1.1602
6	海南瑞泽	002596.SZ	0.7394
7	宁夏建材	600449.SH	0.8967
8	祁连山	600720.SH	0.7429
	算数平均值		0.8088

如表2-31所示,经测算,X股份有限公司的有息负债与股权比例为0.6028,该公司执行的所得税税率为25%,代入$\beta_L = [1 + (1-T) \times D/E] \times \beta_U$可计算出带杠杆的$\beta_L$值,即:

$$\beta_L = [1 + (1-T) \times D/E] \times \beta_U = [1 + (1-25\%) \times 0.6028] \times 0.8088 \approx 1.1745$$

③市场预期收益率$E(R_m)$。市场预期收益率是根据沪深综指1996—2013年指数计算,采用几何平均收益率取平均值后的结果为10.47%,即市

场预测收益率为 10.47%。

④风险调整系数。根据行业及被评估单位所处风险的现实情况,由于公司系房地产相关行业、该区域市场存在产能过剩、过度依赖能源和矿石资源等,根据以往评估的经验,取企业特定风险调整系数 α 为 3%。

根据上述确定的参数,则权益资本成本计算如下:

$K_e = R_f + [E(R_m) - R_f] \times \beta + \alpha = 4.0699\% + (10.47\% - 4.0699\%) \times 1.1745 + 3\% \approx 14.59\%$

⑤K_d(债务成本)的确定。债务成本按公司目前执行的贷款条件,公司预测年度的有息债务主要来源于银行长短期贷款,根据企业提供的未来资金筹集和使用计划,通过财务杠杆来优化企业的资金结构,债务成本 K_d 根据一年期银行贷款利率确定为 6.00%。

⑥加权资本成本 WACC 的确定。

$\text{WACC} = K_e \times E/(D+E) + K_d \times D/(D+E) \times (1-T) = 14.59\% \times 62.39\% + 6.00\% \times 37.61\% \times (1-25\%) \approx 10.80\%$

(11) 评估值的计算过程及评估结论

①经营性资产价值的确定。预测期内各年自由现金流按年末流入考虑,然后将收益期内各年的自由现金流按加权资本成本折现至 2013 年 12 月 31 日,从而得出公司经营性资产的价值,计算公式如下:

$$P = \sum_{t=1}^{n} \frac{R_t}{(1+i)^t} + \frac{P_n}{(1+i)^n}$$

计算结果如表 2-32 所示。

表 2-32　X 股份有限公司未来五年经营性资产价值计算

项目/年份	2014	2015	2016	2017	2018	稳定期每年
自由现金流量/万元	12,446.00	9822.50	7992.50	8244.50	7257.00	7257.00
折现率 WACC/%	10.80	10.80	10.80	10.80	10.80	10.80
年期	1	2	3	4	5	n
折现系数	0.9025	0.8146	0.7352	0.6635	0.5988	5.5444
净现值/万元	11,232.52	8001.41	5876.09	5470.23	4345.49	40,235.71
营业性资产价值/万元	75,161.45					

根据表 2-32,企业经营性资产价值为 75,161.45 万元。

②非经营性及溢余资产价值的确定。经核实,在评估基准日 2013 年 12 月 31 日,经会计师审计的公司账面有如下一些资产的价值在本次估算的净现金流量中未予考虑,应属本次评估所估算现金流之外的其他非经营性资产和溢余资产,在估算企业价值时应予单独估算其价值。

评估基准日货币资金及交易性金融资产。经审计的资产负债表披露,在评估基准日账面货币资金余额 15,492.57 万元。经评估人员核实无误,确认该货币资金存在。该基准日存在的货币资金扣除正常 3 个月运营成本费用 4445.02 万元后,属于溢余资产的为 11,007.55 万元。

关联单位资金往来。与关联单位资金往来既有占有关联单位资金,又有关联单位占有公司的资金。其中,关联单位占有公司资金为 15,399.21 万元,占有关联单位资金 9188.71 万元,关联单位资金往来与公司经营无直接关系,需予以单列。

长期股权投资价值。公司长期股权投资账面价值为 15,350 万元,如表 2-33 所示。

表 2-33 公司长期股权投资账面价值

序号	被投资单位名称	投资日期	投资比例/%	投资成本/万元	账面价值/万元
1	A 咨询公司	2008.12	5.00	4900.00	4900.00
2	B 风险投资公司	2007.11	100.00	2600.00	2600.00
3	C 矿石加工厂	2010.07	100.00	1000.00	1000.00
4	D 石料采集场	2010.09	51.00	510.00	510.00
5	E 水电厂	2011.12	50.00	5000.00	5000.00
6	F 编织袋厂	2012.12	50.00	700.00	700.00
7	G 汽车修理厂	2013.12	50.00	540.00	540.00
8	H 发动机制造有限公司	2014.12	50.00	100.00	100.00
合 计				15,350.00	15,350.00

由于本次单独对母公司经营性资产进行了评估,公司长期股权投资应单独列示。

本次设定长期股权投资公允价值相比于其账面价值的增值额为 600 万元,则加回后的长期投资公允价值为 15,350 + 600 = 15,950 万元。

③付息债务价值。截至评估基准日,经会计师审计的资产负债表披露,公司账面付息债务余额为24,800.00万元,本次评估,在对该付息债务核实无误的基础上,其付息债务的价值为24,800.00万元。

④全部股东权益价值。

股东全部权益价值 = 企业价值 − 评估基准日有息债务 = 经营性资产价值 + 非经营性资产价值 + 溢余资产价值 − 评估基准日有息负债 = 75,161.45 + 11,047.55 + 15,950.00 + 15,399.21 − 9188.71 − 24,800.00 = 83,569.50(万元)

⑤商誉价值的确定。通过上述收益途径(预计未来现金流量的现值)得出评估基准日的X股份有限公司股东全部权益价值为83,569.50万元。该公司可辨认净资产在2011年3月已进行了评估,本次评估人员着重分析企业近两年以来的运营情况及资产的数量增减变化,原有资产的正常贬损因素,借助上一次评估方法和体系,经过一些调整得出评估基准日可辨认净资产公允价值为60,750.50万元,主要结果如下:

账面净资产为54,886.63万元;固定资产(主要房屋)公允价值相比于账面价值增值额为3880.94万元;土地和采矿权公允价值相比于账面价值增值额为1382.92万元;长期投资公允价值相比于账面价值增值额为600万元;则:54,886.63 + 3880.94 + 1382.92 + 600 = 60,750.50(万元)。

本次商誉价值的确定。计算收益法结果与对应的可辨认净资产公允价值之间的差额,得出评估基准日企业的商誉价值。则:

商誉价值 = 83,569.50 − 60,750.50 = 22,819.00(万元)

四、评估结果

根据上述评估工作,在满足评估假设的前提下,截至评估基准日2013年12月31日,对资产组主要通过未来预计产生的现金流量现值进行估算,经测试X股份有限公司商誉价值为22,819.00万元,W水泥公司持有X股份有限公司65%的股权,则其商誉价值为22,819.00 × 65% = 14,832.35万元。W水泥股份有限公司合并报表上该项商誉账面价值为6877.21万元,本次测试结果高于商誉账面价值,根据企业会计准则中的有关内容,认为W水泥股份有限公司该项商誉不存在减值。

五、案例点评

(一)对评估对象及范围的认识

本案例是对 X 股份有限公司商誉减值测试的评估,为 W 水泥股份有限公司编制 2013 年度财务报告提供商誉减值测试评估服务,本案例是以财务报告为目的的评估,对评估对象和范围的确定应该结合商誉所涉及的资产组或者资产次组组合来确定,根据会计准则及《以财务报告为目的的评估指南》的相关规定,与商誉减值测试相关的资产组或资产组组合,应当是能够从企业合并的协同效应中受益的资产组或资产组组合。

经过评估人员与企业及审计人员充分沟通,认为 X 股份有限公司的主营业务明确且单一,按业务的原材料供应直至产品销售具有独立性,与市场直接衔接,符合资产组的相关要件。故将 X 股份有限公司整体认定为一个资产组,在此基础上进行商誉的减值测试。评估范围界定为 X 股份有限公司的全部资产和负债,评估对象界定为 X 股份有限公司与商誉有关的资产。

(二)评估方法的选择

评估商誉价值的方法通常采用成本法(资产基础法)、市场法和收益法。

成本法(资产基础法)从资产重置的角度间接地评价被评估资产的价值。该方法通常适用于评估待评估的资产历史资料较易获得,且资产各构成部分能够从成本角度进行分解,该方法的主要缺点是容易受历史资料难以收集、资产价值与成本构成不对称的限制。市场法是按照市场替代的原则,根据市场上类似资产的价格评估资产的价值。该方法通常适用于待评估的资产存在充分活跃、有效的交易市场,市场上能够找到与待评估资产相同或相似的资产或交易事项,从而能够通过调整得到待评估资产的价值。该方法使用的前提是能找到参照的相似资产和存在活跃的交易市场。收益法认为一个企业的整体价值或资产组价值可以用企业未来现金流的现值来衡量,一般采用的模型是折现现金流模型。该模型将资产经营产生的现金流用一个适当的折现率折为现值,即所评估资产的价值。

成本法(资产基础法)、市场法、收益法有各自的适用范围和应用条件,在进行评估时要根据待估资产的特点来选择合适的评估方法。本案例是对商誉减值的测试,这类业务具有特殊性,并不存在活跃市场,也无法找到参照物,因此,市场法不适用。此外,商誉是指能在未来为企业经营带来超额利润且不可确指的资产,或一家企业预期的获利能力超过可辨认资产正常获利能力的价值,商誉是企业整体价值的组成部分,不能独立存在。因此,商誉不能够重置,也就不适用成本法(资产基础法)。对于本案例中评估基准日商誉的评估,可以采用折现现金流价值与对应的可辨认净资产公允价值之间的差额,得出评估基准日企业的商誉价值。因此,本案例采用收益法对商誉的减值进行评估。

本案例采用的评估方法是合理的。

第三章 房地产价值评估案例

案例七

BJ.W 投资性房地产价值评估

一、案例背景

(一)评估目的

BJ.W 实业股份有限公司基于账务报告目的需要,拟确定以公允价值后续计量的投资性房地产在评估基准日 2016 年 12 月 31 日的市场公允价值,本次资产评估是为该经济行为所涉及的位于某市某区 H 经济开发区雁栖东二路 9 号院 2 幢厂房(建筑面积为 19,777 平方米)投资性房地产在评估基准日时的市场公允价值提供参考依据。

(二)评估基准日

本项目资产评估基准日为 2016 年 12 月 31 日。

委托双方为此项目拟订了时间表,考虑到评估基准日尽可能与本次评估目的实现日接近的需要和完成评估工作的实际可能,经与各方协商,确定评估基准日为 2016 年 12 月 31 日。

(三)评估对象和范围

1. 评估对象

本次评估的对象为 BJ.W 实业股份有限公司以公允价值后续计量的投

资性房地产。

2. 评估范围

本次评估范围为 BJ.W 实业股份有限公司在评估基准日涉及的位于某市某区 H 经济开发区雁栖东二路 9 号院 2 幢厂房(建筑面积为 19,777 平方米)投资性房地产以及相对应的土地使用权。

评估基准日,委估投资性房地产具体情况如表 3-1 所示。

表 3-1 委估投资性房地产具体情况 单位:平方米

产权证号	建筑物名称	证载建筑面积	用途	评估建筑面积	共用土地使用权面积
XJ 房权证 H 字第 007751 号	某市某区 H 经济开发区雁栖东二路 9 号院 2 幢厂房	23,759.70	工业	19,777.00	130,156.23

3. 评估对象概况

(1)区位状况

评估对象为位于某市某区 H 经济开发区雁栖东二路 9 号院 2 幢工业厂房中用于出租的投资性房地产(建筑面积为 19,777 平方米),位于某区 H 经济开发区雁栖东二路西侧,其东面为 BJ 奥特美自控设备有限公司,南面为玛氏食品公司,西面为杨雁路。某区 H 经济开发区周边医疗资源充足,有 HR 医院、某区中医院、康益德中医院等多家医院。在开发区周边,有国际高尔夫球场、国际滑雪场等休闲娱乐场所和 BJ 日出东方凯宾斯基酒店、BJ 益田影人花园酒店等 30 多家宾馆、培训中心,商务会议日接待能力超过 3 万人。附近大型生活配套区有世嘉光织谷、顶秀美泉小镇、栖美园以及育龙经济适用房小区等。有 936 路、862 路、864 路、86 路等多路公共汽车线路经过,距地铁 SY 站约 30 千米,距 BJ 国际机场约 45 千米,交通尚便利,H 经济开发区根据产业规划,由科技服务产业园、纳米科技产业园、数字信息产业园和都市产业园构成,形成四大特色产业园区,工业氛围中等。

(2)权益状况

评估对象:位于某市某区 H 经济开发区雁栖东二路 9 号院 2 幢工业厂房,产权人为北京中富热灌装容器有限公司。权益情况如表 3-2 所示。

表3-2 权益情况　　　　　　　　　　　　　　　单位:平方米

序号	产权证号	地址	用途	建筑面积	性质	共用地面	他项权	备注
1	X京房权证怀字第007751号	北京市怀柔区雁栖经济开发区雁栖东二路9号院2幢	工业	23,759.70	国有出让	31,668.11	已设定他项权利	租赁面积19,777

补充说明:

BJ中富热灌装容器有限公司位于某市某区H经济开发区雁栖东二路9号院2幢工业厂房中用于出租的投资性房地产(建筑面积为19,777平方米);承租人为可口可乐装瓶商生产(东莞)有限公司,租赁期为从2014年3月1日起至2019年7月24日止。租金标准分为两个部分,厂房部分建筑面积19,437平方米,每月每平方米人民币10元,合同约定租赁期内的租金应固定不变;根据估价委托方提供《租赁合同》备忘录,承租方3楼办公室增加面积340平方米,租金8670元/月,经咨询北京中富热灌装容器有限公司相关负责人,租赁期和《租赁合同》中租赁期相同。土地使用权的使用用途为工业,使用权类型为出让,《国有土地使用证》编号为京怀国用〔2004出〕第0124号,终止日期为2054年9月7日;评估基准日时,土地开发程度为"五通一平",已开发利用,地上建成工业厂房2栋。

(3)实物状况

评估对象是整栋房地产(证载总建筑面积为23,759.70平方米)中的一部分,所在建筑物为钢筋混凝土结构3层,本次评估范围为1-2层厂房(19,437平方米)及第三层配套办公室(340平方米)。房屋建筑物建成于2008年12月,钢筋混凝土结构,共3层,估价对象位于第1层至第3层,1-2层层高约6米,顶层层高约3.5米,外墙贴保温铝塑板,内墙刷乳胶漆,楼地面为地砖和环氧树脂地漆,天花为金属扣板和白色乳胶漆等,钢框玻璃门与卷闸门,塑钢窗,内置5吨货梯一台,水电设施齐全。评估对象目前作为办公室、生产车间、配送中心、仓储等生产经营场所使用,维护使用状况正常。

以上评估范围和对象与委托评估的资产范围一致。

(四)价值类型

市场价值。市场价值系指自愿买方和自愿卖方在各自理性行事且未受任何强迫的情况下,评估对象在评估基准日进行正常公平交易的价值估计数额。

二、评估标的

本次评估目的是 BJ. W 实业股份有限公司基于账务报告目的的需要,拟确定以公允价值后续计量的投资性房地产在评估基准日 2016 年 12 月 31 日的市场公允价值,本次资产评估是为该经济行为所涉及的位于某市某区 H 经济开发区雁栖东二路 9 号院 2 幢厂房(建筑面积为 19,777 平方米)投资性房地产在评估基准日时的市场公允价值提供参考依据。

三、评估方法

(一)评估方法的选择

按照《投资性房地产评估指导意见(试行)》和《资产评估准则——不动产》,评估需根据评估目的、价值类型、资料收集情况等相关条件,恰当选择一种或多种资产评估方法。

投资性房地产的评估方法包括成本法、市场法和收益法。成本法是从再取得资产的角度反映资产价值,即通过资产的重置成本扣减各种贬值反映资产价值。

市场法是指将评估对象与在市场上已有交易案例的相同或类似资产进行比较以确定评估对象价值的评估思路;收益法也叫收益现值法,是通过将委估资产预期收益资本化或折现以确定评估对象价值的评估思路。

本次评估中,由于国内房地产市场的蓬勃发展,北京市房地产的价格近年增幅较大,对于出租经营的房产采用成本法已经不能真实反映资产的价值,因此不宜采用成本法。

委估资产附近有活跃的同类资产租赁市场,但同类资产的交易并不活跃。评估对象为整体工业房地产中的一部分,不能单独出售,附近园区出售的案例很少,可比性较差。目前很难获取到与委估投资性房地产类型、结构、功能相似的交易案例的完整信息,进而无法采用市场法进行评估。

考虑到本次评估对象的投资性房地产是以获取租金收益为目的而持有的,未来也无出售意图和计划。该投资性房地产处于对外租赁状态,有稳定的租金收入,可以收集到相关的出租数据,且其未来收益是可以预期的。故采用收益法的评估方法能够较好地体现资产的价值。

综合分析后,结合本次评估目的、资产现实状况、价值类型和评估师所收集的资料,本次主要采用收益法对投资性房地产进行评估。

(二)评估方法说明

收益法又称收益现值法,是通过合理预测评估对象的未来收益,然后利用报酬率或资本化率将未来收益合理折现来求取评估对象价值的评估方法。收益法的本质是以房地产的预期未来收益为导向求取评估对象的价值。收益法是基于预期原理,把未来若干年期内的纯收益按照一定的资本化率折(贴)现到估价时点,以此得出评估对象的市场价格。

此次评估模型如下:

$$P = \sum_{i=1}^{n} \frac{R_i}{(1+r)^i} + \frac{R}{r(1+r)^n}[1-(1+r)^{-(m-n)}]$$

其中:P 为评估值;R_i 为未来第 i 年净收益;R 为未来第 i 年以后每年等额净收益;r 为采用的折现率;$(1+r)^i$ 为第 i 年的折现系数为;m 为评估基准日后资产尚可使用年限;n 为净收益有变化的期限。

采用收益法得出的房地产评估价值包含了房产依托的土地使用权价值。

收益法的计算步骤如下:

(1)确定经济年限。根据被评估单位房产经济年限、土地到期日期核实相关房产、土地的尚可使用年限,根据资产最大效用原则,以委估房地产中土地的尚可使用年限为基础确定委估房地产的尚可使用经济年限。

(2)确定资产租赁期内租金收入和租赁期满后的租金收入。根据委估资产现实经营状况,收集、整理有效的对外租赁合同(或协议),与对应的房产、土地建立匹配关系,对委估资产在合法有效租期内的租金收益按照现行合同合理确定,对于租赁合同期满后的租金收益采用区域合理租金进行估测。

(3)估算投资性房地产年总运营成本。根据委估资产所处区域相关税费标准及资产经营情况,合理估算房地产经营发生的营业税金及附加、管理费、维修费、房产税、土地使用税、保险费和班车租赁费。

(4)根据房地产的收益经济年限、租金纯收益、折现率等参数合理确定房地产的估算价值。

(三)案例运用

1. 评估对象厂区租金水平的确定

根据评估对象现状用途工业配套的通用厂房,能收集到一定可比租赁案例,因此,适宜采用比较法求取评估对象客观租金水平。

估价人员通过市场调查,目前评估对象所在片区的类似物业平均租金水平为 15～20 元/平方米·月之间,因余地面积、道路通达度、设备设施、位置、面积、建筑结构、商业氛围及现状等因素造成该区域租金水平有一定差异。根据比较法,评估对象 2 幢厂房整体平均租金水平为每月 17 元/平方米,详细资料如表 3-3 所示。

表 3-3 比较案例基本情况

项目名称	比较案例 1	比较案例 2	比较案例 3
所在位置	雁栖南一街	怀柔区怀耿路段	杨雁路中影基地段
用途	工业	工业	工业
面积规模	2000	6000	10000
租金(元/平方米·月)	15	20	15
是否含税	是	是	是
照片			

2. 建立比较因素条件说明表

参与比较的因素条件应是对评估对象与比较案例之间的价格差异产生作用的因素;通过对评估对象与三个比较案例各自特点的分析,本次估价选择了交易情况、交易期日、区位、权益、实物状况等因素进行比较,具体如

表3-4所示。

表3-4 比较因素条件说明

估价	比较因素			
	估价对象	雁西南一街	怀柔区怀耿路段	杨雁路中影基地段
租金（元/平方米·月）	—	15	20	15
物业位置	怀柔区	怀柔区	怀柔区	怀柔区
物业用途	—	工业厂区	工业厂区	工业厂区
交易情况	正常	正常	正常	正常
交易时间	—	2016年11月	2016年12月	2016年12月
区位状况 区域功能定位	工业成熟区	工业成熟区	工业成熟区	工业成熟区
区位状况 产业聚集度	高	较高	高	较高
区位状况 工业区规模	区级	区级	区级	区级
区位状况 对外交通通达度	较高	较高	高	较高
区位状况 公共设施完善度	一般	一般	较完善	一般
区位状况 基础设施完善度	较完善	较完善	较完善	较完善
权益状况 租约限制	无租的限制	无租的限制	无租的限制	无租的限制
权益状况 他项权利限制	无特殊限制	无特殊限制	无特殊限制	无特殊限制
权益状况 城市规划限制	无特殊限制	无特殊限制	无特殊限制	无特殊限制
实物状况 建筑结构	钢混	钢混	钢混	钢混
实物状况 设备设施	较完善	较完善	较完善	较完善
实物状况 装修	管理装修	简单装修	简单装修	简单装修
实物状况 成交规模	大	小	偏小	适中
实物状况 余地面积	适中	适中	大	较大
实物状况 通用性	较好	较好	较好	较好
实物状况 综合成新率	八成	七成五	七成五	七成五

3. 建立比较因素条件指数和因素比较修正系数表

表3-5 比较因素条件指数

估价	比较因素			
	估价对象	比较案例一	比较案例二	比较案例三
租金（元/平方米·月）	—	15	20	15

续表

估价		比较因素			
		估价对象	比较案例一	比较案例二	比较案例三
	物业位置	100	100	100	100
	物业用途	100	100	100	100
	交易情况	100	100	100	100
	交易时间	100	100	100	100
区位状况	区域功能定位	100	100	100	100
	产业聚集度	100	98	100	98
	工业区规模	100	100	100	100
	对外交通通达度	100	100	102	100
	公共设施完善度	100	100	103	100
	基础设施完善度	100	100	100	100
权益状况	租约限制	100	100	100	100
	他项权利限制	100	100	100	100
	城市规划限制	100	100	100	100
实物状况	建筑结构	100	100	100	100
	设备设施	100	98	98	98
	装修	100	98	98	98
	成交规模	100	100	102	104
	余地面积	100	100	108	104
	通用性	100	100	100	100
	综合成新率	100	98	98	98

表3-6 比较因素修正系数

估价	比较因素		
	比较案例一	比较案例二	比较案例三
租金(元/平方米·月)	15	20	15
物业位置	100/100	100/100	100/100
物业用途	100/100	100/100	100/100
交易情况	100/100	100/100	100/100
交易时间	100/100	100/100	100/100

续表

估价		比较因素		
		比较案例一	比较案例二	比较案例三
区位状况	区域功能定位	100/100	100/100	100/100
	产业聚集度	100/98	100/100	100/98
	工业区规模	100/100	100/100	100/100
	对外交通通达度	100/100	100/102	100/100
	公共设施完善度	100/100	100/103	100/100
	基础设施完善度	100/100	100/100	100/100
权益状况	租约限制	100/100	100/100	100/100
	他项权利限制	100/100	100/100	100/100
	城市规划限制	100/100	100/100	100/100
实物状况	建筑结构	100/100	100/100	100/100
	设备设施	100/98	100/98	100/98
	装修	100/98	100/98	100/98
	成交规模	100/100	100/102	100/104
	余地面积	100/100	100/108	100/104
	通用性	100/100	100/100	100/100
	综合成新率	100/98	100/98	100/98
综合修正系数		1.08	0.92	1.00
比准租金(元/平方米)		16.3	18.4	15.0

4. 评估对象租赁价格水平确定

表3-7 评估对象租赁价格水平

比较案例	案例一	案例二	案例三
比准租金	16.3	18.4	15.0
权重	1/3	1/3	1/3
估价对象租金单价	17		元/平方米·月

5. 评估对象空置率确定

根据估价人员对评估对象周边类似房地产市场目前出租率情况的调查，目前周边类似的物业出租率一般。估价人员根据评估对象周边房地产市场的特点、发展规划及对未来房地产市场的预测，参考周边类似物业的空置情况，估价人员认为评估对象空置率出租前15年稳定在8%，稳定期空置率为7%。

6. 评估对象递增比率的确定

根据估价人员对评估对象周边类似房地产市场目前出租率情况的调查,评估对象所处的区域发展前景较好,因此,确定递增方案为在价值时点开始租金按照第 1 年不递增,第 2 到第 15 年每年递增 3%,第 16 年及以后保持平稳不增。

7. 报酬率的确定

采用安全利率加风险调整值法求取报酬率。

$$报酬率 = 无风险报酬率 + 投资风险报酬率$$

其中,无风险报酬率是指不承担投资风险的回报率,是几乎所有的投资都应该得到的投资回报率,无风险报酬率一般指国债利率或银行存款利率,本次取价值时点人民银行公布的一年期银行存款利率为 1.5%。

风险报酬率是指承担额外风险所要求的补偿,即超过无风险报酬率以上部分的报酬。投资风险与风险报酬率存在一定的对应关系。一般而言,投资风险越高,投资者要求的投资风险报酬率就越高。进而投资风险与投资报酬率存在内在关系,在无风险投资报酬率一定的条件下,投资风险越高,投资者要求的投资风险报酬率就越高,从而投资报酬率也就越高。

考虑到管理的难易程度、投资的流动性以及作为资产的安全性等因素,将风险分为低、中、高三等,经我司估价人员按照根据德尔菲法对各等级风险的风险报酬率取值如表 3-8 所示。

表 3-8 投资风险报酬率分档

物业类型	低	中	高	备注
办公物业	2.5%~3.0%	3.0%~3.5%	3.5%~5.0%	
商业物业	2.0%~3.5%	3.5%~4.5%	4.5%~6%	
工业物业	2.0%~2.5%	2.5%~3.0%	3.0%~5%	一般工业物业
综合物业	采用内插法确定			

评估对象所在区域同类厂房较多、工业聚集度高,工业区处于高速发展时期,基础设施不断完善,环境逐步优化。

综合上述因素考虑,认为评估对象投资风险程度处于中档水平,投资风险报酬率取值 3.0%,则评估对象的报酬率为 1.5% + 3.0% = 4.5%。

8. 房地产出租的相关费用与税费取值的确定

(1) 房地产出租时的费用

主要有租赁管理费、维修费、保险费、租赁管理费、维修费、保险费等根据珠海市房地产出租的相关规定及市场的一般情况取值。

租赁管理费：目前北京市类似物业的管理费用包括合同登记费及合同备费，一般取值为有效毛租金的2%。

参考北京市建筑工程造价有关数据，确定评估对象建筑物重置成本为1800元/平方米。

维修管理费：包括日常性维修和大维修费用，一般取值为平均每月建筑物重置成本的2%。

保险费：目前珠海类似物业的保险费一般取值为租金的0.5%。

(2) 出租人为企业单位

房产税率为11.43%[12%÷(1+5%)]，计税基数为毛租金收入。增值税为4.76%，计税基数为毛租金收入。[含税租赁收入÷(1+5%)×5%]城建维护税为7%，计税基数为增值税。教育附加费为3%，计税基数为增值税。地方教育附加费为2%，计税基数为增值税。印花税：税率为0.1%，计税依据为出租房地产的有效毛租金收入。

(3) 土地使用税

根据《关于调整北京市城镇土地纳税等级分级范围的公告》(北京市地方税务局2015年第10号)，评估对象所在区域工业用地城镇土地使用税为每平方米年税额1.5元。计税基数为2幢分摊的土地使用权面积。

(4) 租赁保证金的确定

《租赁管理条例》规定租赁保证金不得超过3个月租金；对评估对象进行类似物业调查，结合前面的需求分析，确定评估对象的租赁保证金按2个月计算。租赁保证金利率按中国人民银行公布的价值时点一年期定期存款利率1.5%计算。

(5) 收益年期确定

根据《房地产权证》显示土地使用权年限终止日期至2054年9月7日，至价值时点，剩余土地使用年限为37.70年。

9. 收益价值测算

表3-9 房地产收益价值测算

怀柔区雁栖工业开发区雁栖东二路9号

估价对象名称	分类项目	基本情况															
基本情况	建筑面积	23,759.70平方米	实际占用土地面积	21,151.8平方米						建筑物重置价	1800元/平方米						
	登记价	8%		8%	8%	8%	8%	8%	8%	8%	8%	8%	8%	8%	8%	8%	7%
	空置率	8%	押金	2月													
	年递增系数	1.50%	3.0	3.0	3.0	3.0	3.0	3.0	3.0	3.0	3.0	3.0	3.0	3.0	3.0	3.0	
	收益年限	37.70															

项目	分类项目		递增期														稳定期
	计算比率	1	2	3	4	5	6	7	8	9	10	11	12	13	14	15	
	收益年期	1	2	3	4	5	6	7	8	9	10	11	12	13	14	15	16~37.7
收入	租金	17.00	17.51	18.04	18.58	19.14	19.71	20.30	20.91	21.54	22.19	22.86	23.55	24.26	24.99	25.74	25.74
	有效租金	15.64	16.11	16.60	17.09	17.61	18.13	18.68	19.24	19.82	20.41	21.03	21.67	22.32	22.99	23.68	23.94
	押金利息	0.04	0.04	0.04	0.04	0.04	0.05	0.05	0.05	0.05	0.05	0.05	0.05	0.06	0.06	0.06	0.06
	小计	15.68	16.15	16.64	17.13	17.65	18.18	18.73	19.29	19.87	20.46	21.08	21.72	22.38	23.05	23.74	24.00
支出	房产税	11.43%	1.79	1.84	1.9	1.95	2.01	2.07	2.13	2.2	2.27	2.33	2.4	2.48	2.55	2.63	2.71	2.74
	增值税	4.76%	0.74	0.77	0.79	0.81	0.84	0.86	0.89	0.92	0.94	0.97	1	1.03	1.06	1.09	1.13	1.14
	城建费附加	3%	0.02	0.05	0.06	0.06	0.06	0.06	0.06	0.06	0.07	0.07	0.07	0.07	0.07	0.08	0.08	0.08

续表

估价对象名称		怀柔区雁栖工业开发区雁栖东二路9号															
地方教育费附加	2%	0.01	0.01	0.01	0.01	0.01	0.01	0.01	0.01	0.01	0.01	0.01	0.01	0.01	0.01	0.01	0.01
印花税	0.10%	0.02	0.02	0.02	0.02	0.02	0.02	0.02	0.02	0.02	0.02	0.02	0.02	0.02	0.02	0.02	0.02
土地使用税	2	0.11	0.11	0.11	0.11	0.11	0.11	0.11	0.11	0.11	0.11	0.11	0.11	0.11	0.11	0.11	0.11
租赁管理费	2%	0.31	0.32	0.33	0.34	0.35	0.36	0.37	0.38	0.40	0.41	0.42	0.43	0.44	0.45	0.46	0.47
维修管理费	2%	3	3	3	3	3	3	3	3	3	3	3	3	3	3	3	3
保险费	0.50%	0.8	0.8	0.8	0.8	0.8	0.8	0.8	0.8	0.8	0.8	0.8	0.8	0.8	0.8	0.8	0.8
小计		6.8	6.93	7.04	7.12	7.22	7.31	7.41	7.52	7.65	7.75	7.86	7.98	8.1	8.24	8.37	8.42
月纯收益		8.88	9.22	9.60	10.01	10.43	10.87	11.32	11.77	12.22	12.71	13.22	13.74	14.28	14.81	15.37	15.58
年纯收益		106.56	110.64	115.20	120.12	125.16	130.44	135.84	141.24	146.64	152.52	158.64	164.88	171.36	177.72	184.44	2,625.00
报酬率		4.50%	4.50%	4.50%	4.50%	4.50%	4.50%	4.50%	4.50%	4.50%	4.50%	4.50%	4.50%	4.50%	4.50%	4.50%	4.50%
折现值		101.32	100.95	100.43	100.16	99.82	99.32	98.67	98.21	97.75	97.22	96.69	95.30	1356.39			
评估单价	101.97	2840	元/平方米														

10. 确定评估对象市场价值

估价人员本着公平、公正、客观的原则,在对现场进行实地查勘、广泛收集有关市场信息和评估对象信息的基础上,全面分析了影响评估对象价格的因素,并运用上述方法对评估对象进行估价。最终确定本次评估评估对象的评估单价为2840元/平方米,评估总值为56,166,700元(取整至百位)。

四、评估结果

本次评估遵照国家有关资产评估的法律、法规和评估准则,遵循独立、公正、客观和科学工作原则,依据委估资产的实际状况、有关市场交易资料和现行市场价格标准,以资产的持续使用和公开市场为前提,采用收益法计算确定评估值。

截至评估基准日2016年12月31日,珠海中富实业股份有限公司纳入评估范围的投资性房地产评估值为56,166,700元(大写人民币伍仟陆佰壹拾陆万陆仟柒佰元整)。

五、案例点评

本评估案例的分析、判断和结论受评估报告中假设和限定条件的限制,在本评估案例分析过程中,首先,评估物业通过已取得《房地产权证》,其权属依据、建筑面积、用途等均以委托方提供的《房地产权证》为依据;其次,评估机构接受委托后,根据委托人提供的资产评估申报表,成立了以现场项目负责人为主的清查小组,制订了详细的现场清查实施计划,并根据企业资产分布特点进行现场的核查工作,提交了清查核实及现场勘察作业工作成果;最后,进行个别因素分析、区域因素分析、市场背景分析、最高最佳利用分析,选用了评估方法,得出评估结论。

案例八

GZ市FY房地产发展有限公司拟进行公司发债就其涉及商铺等153项房地产专项资产市场价值进行评估

一、案例背景

(一) 评估目的

GZ市FY房地产发展有限公司拟进行公司发债,需确定涉及的投资性房地产市场公允价值,本次资产评估是为该经济行为所涉及的位于县级市HS市十里方圆二期87套商铺和GZ市BY区翰云路287号之一201、202铺2套商铺等153项房地产在评估基准日时的市场公允价值提供参考依据。

(二) 评估基准日

评估基准日为2016年12月31日。

委托双方为此项目拟订了时间表,考虑到评估基准日尽可能与本次评估目的实现日接近的需要和完成评估工作的实际可能,经与各方协商,确定评估基准日为2016年12月31日。

(三) 评估对象与范围

1. 评估对象、范围

本次评估的对象为GZ市FY房地产发展有限公司进行公司发债涉及的房地产,具体评估范围为县级市HS市"十里方圆"易达商业街二期共87套商铺,GZ市BY区翰云路287号之一201、202铺2套商铺,GZ市YX区寺右新马路168号第六层商铺,GZ市TH区TH北路合晖街196、198号共9套住宅,GZ市TH区科韵路12号之一整栋高科技厂房,GZ市BY区黄石东路120号地下负一层、首层共2套商铺,GZ市TH区体育东路28号首层至39层商业、办公物业以及71个地下自然车位、21个地下机械车位,GZ市PY区小谷围街立德街66号一栋商业酒店合计153项房地产。

2. 实物资产分布情况及特点

(1)区位因素

表3-10 评估对象区位情况

序号	评估对象	坐落	方位	交通情况	与重要场所(设施)的距离
1	HS市"十里方圆"易达商业街二期共87套商铺	HS市"十里方圆"易达商业街二期易达街	东临江门大道,南临江门大道鹤山连接线,西临佛开高速,北临大雁山	临近佛开高速,交通较便利,停车较方便	位于佛开高速旁,居于十里方圆风情商业街内,周边有木偶酒吧、木偶葡园餐厅、方圆美食、易达超市、佳汇百货、咏春馆、工商银行自助机等生活配套设施,基础设施较为完善,人流度一般,商业繁华程度一般
2	GZ市BY区翰云路287号之一201、202铺2套商铺	GZ市BY区翰云路287号之一201、202铺2套商铺	东临云城西路,南临齐富路,西临机场路,北临黄石东路	附近有白云高尔夫花园公交车站、祥景花园公交车站、黄石路南总站等站口,有420路、810路、36路等多条路线经过交通较便利,停车较方便。	位于翰云路旁,周边有如家快捷酒店、好主题连锁酒店、凡客酒店等商业服务设施;有沃尔玛超市、7-11便利店、美宜佳、交通银行、中国银行(高尔夫花园支行)、白云区黄石医院、广州市技师学院、信孚学校黄石小学等生活配套设施;基础设施完善,人流度较大,商业繁华程度较好
3	GZ市YX区寺右新马路168号)第六层商铺	五羊新城	东临寺右南二街,南临寺右新马路南二街,西临寺右新马路南一街,北临寺右新马路。	距离地铁5号线五羊邨B出口站约2分钟步程,附近有五羊新村站、南方报社站、五羊新城等站口,有37路、51a路、51路等多条路线经过交通便利,停车方便	位于寺右新马路旁,周边有信龙大厦、广日大厦、丰伟大厦等商业写字楼;有华润万家超市、7-11便利店、广力便利店、邮政储蓄银行、华夏银行、中国银行、广州市妇女儿童医疗中心、广州市中医医院、广州市五羊中学、东山实验小学等生活配套设施;基础设施完善,人流度大,商业繁华程度好

续表

序号	评估对象	坐落	方位	交通情况	与重要场所(设施)的距离
4	GZ市TH区天河北路合晖街196、198号共9套住宅	TH区"祥兴大厦"商住楼	东临龙口西路,南临天润路,西临住宅小区,北临广园快速路	周边有天寿路站、龙口西站、天河北路站等站口,有广283路、20路、14路等多条公交路线,有祥兴大厦停车场、御晖苑停车场等,交通便利	位于天润路,周边有都市华庭、帝景苑、天寿大厦等住宅小区;有华润万家、全家便利店、喜士多便利店、中国建设银行、农业银行、中山大学第三附属医院、第六附属医院、广州市天河区天阳小学、第十七中学龙口小区等生活配套设施;该地段商业集聚程度较好,人流量较多,基础设施配套强
5	GZ市TH区科韵路12号之一整栋高科技厂房	TH区"方圆E时光"	东临科韵路,南临黄埔大道,西靠天河公园,北临中山大道	距离地铁5号线科韵路站约5分钟步程,附近有员村东公车站、科新路口公交站、车陂南公交站等站口,有40路、764路、408a路、763路等多条路线经过,交通较便利,停车较方便。	位于科韵路旁,周边有华丽酒店、文星连锁酒店、广州雅轩大酒店等商业服务设施;有百佳超市、喜士多便利店、7-11便利店、中国建设银行ATM、中国民生银行、南方医科大学第三附属医院、天河区中医院等生活配套设施;基础设施完善,人流度较大,商业繁华程度较好
6	GZ市BY区黄石东路120号地下负一层和首层共2套商铺	BY区"盈月居"小区	东临云城西路,南临齐富路,西临机场路,北临黄石东路	附近有白云高尔夫花园公交车站、祥景花园公交车站、黄石路南总站等站口,有420路、810路、36路等多条路线经过交通较便利,停车较方便	位于黄石东路旁,周边有如家快捷酒店、好主题连锁酒店、凡客酒店等商业服务设施;有沃尔玛超市、7-11便利店、美宜佳、交通银行、中国银行(高尔夫花园支行)、白云区黄石医院、广州市技师学院、信孚学校黄石小学等生活配套设施;基础设施完善,人流度较大,商业繁华程度较好

续表

序号	评估对象	坐落	方位	交通情况	与重要场所(设施)的距离
7	GZ市TH区体育东路28号首层至39层商业、办公物业以及71个地下自然车位和21个地下机械车位	TH区"方圆大厦"	东临设计大厦,南临体育东横街,西临体育东路,北临六运五街	距离地铁3号线石牌桥约10分钟步程,附近有天河邮局公交车站、天河东路公交车站等站口,有11路、18路、45路等多条路线经过交通便利,停车方便	位于体育东路旁,周边有正佳广场、海涛酒店、华侨友谊商店、方圆澳客伍德国际酒店等商业服务设施;有华润万家便利超市、喜士多便利店、中国建设银行、中国银行(方圆支行)、广州市妇女儿童医疗中心、体育西路小学等生活配套设施;基础设施完善,人流度大,商业繁华程度好
8	GZ市PY区小谷围街立德街66号一栋商业酒店	PY区"雅乐轩酒店"	东临大学城外环东路,南临住宅小区,西临大学学院,北临立德街	距离地铁4号线大学城南约10分钟步程,附近有立德街站、岭南印象园公交车站、华工正门等站口,有380a路、384路、380b路等多条路线经过交通便利,停车方便	位于立德街旁,周边有方圆大学时光、大学城、越秀三四里江、大学城星汇文化、岭南印象园等;酒店配套有餐厅、游泳池、健身房幼儿辅导中心等,基础设施较为完善

(2)权益因素

表3-11 权益情况

序号	产权证编号	权属人	建筑物名称	规划用途	使用年限	结构楼层	建成年月	建筑面积/平方米
1	1.《房地产不动产权证》[Y(2016)HS市不动产权第0012576号];2.《建筑工程施工许可证》[编号44078420130410034]	鹤山市方圆房地产发展有限公司	1栋、3栋、5栋:十里方圆易达商业街二期易达街35号、5-13号、15-23号、25-33号	商业	40年,至2047年6月20日止	钢混结构1层	2007	1299.92
2			2栋、4栋、6栋、7栋:十里方圆易达商业街二期易达街1-3号、36-53号、55-63号、65-73号、75-83号、85-93号、95-99号	商业		钢混结构2层		4999.97
3	Y房地权证S字第01200-33824号	G市FY房地产发展有限公司	BY区翰云路287号之一201铺	商业	40年,自2004年9月29日起	钢混结构2/25层	2009	1880.98
4	Y房地权证S字第0120033828号	G市FY房地产发展有限公司	BY区翰云路287号之一202铺	商业	40年,自2004年9月29日起	钢混结构2/25层		1368.55
5	Y(2016)GZ市不动产权第00253698号	G合HT资有限公司	YX区寺右新马路168号第6层	商业	40年,自2001年11月21日起	钢混结构6/6层	2001	2391.91
6	Y(2016)GZ市不动产权第00201851号	G合禾投资有限公司	TH区天河北路合晖街196号903房	住宅	70年,自1997年1月28日起	钢混结构9/23层	1999	76.5

续表

序号	产权证编号	权属人	建筑物名称	规划用途	使用年限	结构楼层	建成年月	建筑面积/平方米
7	Y（2016）GZ市不动产权第00202191号	GZ合禾投资有限公司	TH区天河北路合晖街198号903房	住宅	70年，自1997年1月28日起	钢混结构9/23层	1999	78.87
8	Y（2016）GZ市不动产权第00202190号	GZ合禾投资有限公司	TH区天河北路合晖街198号802房	住宅	70年，自1997年1月28日起	钢混结构8/23层	1999	70.37
9	Y（2016）GZ市不动产权第00202194号	GZ合禾投资有限公司	TH区天河北路合晖街198号1003房	住宅	70年，自1997年1月28日起	钢混结构10/23层	1999	78.87
10	Y（2016）GZ市不动产权第00202196号	GZ合禾投资有限公司	TH区天河北路合晖街198号1203房	住宅	70年，自1997年1月28日起	钢混结构12/23层	1999	77.13
11	Y（2016）GZ市不动产权第00202188号	GZ合禾投资有限公司	TH区天河北路合晖街198号1603房	住宅	70年，自1997年1月28日起	钢混结构16/23层	1999	77.07
12	Y（2016）GZ市不动产权第00201855号	GZ合禾投资有限公司	TH区天河北路合晖街198号1803房	住宅	70年，自1997年1月28日起	钢混结构18/23层	1999	78.44
13	Y（2016）GZ市不动产权第00201858号	GZ合禾投资有限公司	TH区天河北路合晖街198号2003房	住宅	70年，自1997年1月28日起	钢混结构20/23层	1999	78.44
14	Y（2016）GZ市不动产权第02001860号	GZ合禾投资有限公司	TH区天河北路合晖街198号2103房	住宅	70年，自1997年1月28日起	钢混结构21/23层	1999	78.44

续表

序号	产权证编号	权属人	建筑物名称	规划用途	使用年限	结构楼层	建成年月	建筑面积/平方米
15	Y房地权证S字第0120670284号	GZ万鹏置业发展有限公司	TH区科韵路12号之一	高新科技厂房	50年,至2061年9月6日止	钢混结构29层,整栋	2014	58,433.46
16	Y房地权证S字第0140061929号	GZ市凌辉房地产开发有限公司	BY区黄石东路120号地下负一层	商业	40年,自1999年11月15日起	钢混结构-1/13层	2009	7684.21
17	Y房地权证S字第0140061928号	GZ市凌辉房地产开发有限公司	BY区黄石东路120号首层	商业	40年,自1999年11月15日起	钢混结构1/13层	2009	5486.33
18	Y(2016)GZ市不动产权第00062249号	GZ市凌辉房地产开发有限公司	TH区体育东路28号101房	商业	40年,自1996年7月8日起	钢混结构39层,位于首层	2012	851.15
19	Y(2016)GZ市不动产权第00062250号	GZ市凌辉房地产开发有限公司	TH区体育东路28号102房	商业	40年,自1996年7月8日起	钢混结构40层,位于首层	2012	18.84
20	Y(2016)GZ市不动产权第00062251号	GZ市凌辉房地产开发有限公司	TH区体育东路28号201房	商业	40年,自1996年7月8日起	钢混结构39层,位于2层	2012	1554.58
21	Y(2016)GZ市不动产权第00062256号	GZ市凌辉房地产开发有限公司	TH区体育东路28号301房	商业	40年,自1996年7月8日起	钢混结构39层,位于首层	2012	1851.51

续表

序号	产权证编号	权属人	建筑物名称	规划用途	使用年限	结构楼层	建成年月	建筑面积/平方米
22	Y(2016)GZ市不动产权第00062255号	GZ市凌辉房地产开发有限公司	TH区体育东路28号401房	商业	40年,自1996年7月8日起	钢混结构39层,位于4层	2012	2090.51
23	Y(2016)GZ市不动产权第00062252号	G市凌辉房地产开发有限公司	TH区体育东路28号501房	商业	40年,自1996年7月8日起	钢混结构40层,位于5层	2012	1541.40
24	Y(2016)GZ市不动产权第00074384号	GZ市凌辉房地产开发有限公司	TH区体育东路28号601房	办公	50年,自1996年7月8日起	钢混结构39层,位于6层	2012	1484.95
25	Y(2016)GZ市不动产权第00074386号	GZ市凌辉房地产开发有限公司	TH区体育东路28号701房	办公	50年,自1996年7月8日起	钢混结构39层,位于7层	2012	1484.95
26	Y(2016)GZ市不动产权第00074385号	GZ市凌辉房地产开发有限公司	TH区体育东路28号801房	办公	50年,自1996年7月8日起	钢混结构39层,位于8层	2012	1484.95
27	Y(2016)GZ市不动产权第00074387号	GZ市凌辉房地产开发有限公司	TH区体育东路28号901房	办公	50年,自1996年7月8日起	钢混结构39层,位于9层	2012	1484.95

续表

序号	产权证编号	权属人	建筑物名称	规划用途	使用年限	结构楼层	建成年月	建筑面积/平方米
28	Y(2016)GZ市不动产权第00074358号	GZ市凌辉房地产开发有限公司	TH区体育东路28号1001房	商业	40年,自1996年7月8日起	钢混结构39层,位于10层	2012	1484.95
29	Y(2016)GZ市不动产权第00074359号	GZ市凌辉房地产开发有限公司	TH区体育东路28号1101房	商业	40年,自1996年7月8日起	钢混结构39层,位于11层	2012	1484.95
30	Y(2016)GZ市不动产权第00074360号	GZ市凌辉房地产开发有限公司	TH区体育东路28号1301房	商业	40年,自1996年7月8日起	钢混结构39层,位于13层	2012	856.14
31	Y(2016)GZ市不动产权第00074361号	GZ市凌辉房地产开发有限公司	TH区体育东路28号1401房	商业	40年,自1996年7月8日起	钢混结构39层,位于14层	2012	848.6
32	Y(2016)GZ市不动产权第00074362号	GZ市凌辉房地产开发有限公司	TH区体育东路28号1501房	商业	40年,自1996年7月8日起	钢混结构39层,位于15层	2012	1216.58
33	Y(2016)G市不动产权第00074355号	GZ市凌辉房地产开发有限公司	TH区体育东路28号1601房	商业	40年,自1996年7月8日起	钢混结构39层,位于16层	2012	1216.58

续表

序号	产权证编号	权属人	建筑物名称	规划用途	使用年限	结构楼层	建成年月	建筑面积/平方米
34	Y(2016)GZ市不动产权第00074356号	GZ市凌辉房地产开发有限公司	TH区体育东路28号1701房	商业	40年,自1996年7月8日起	钢混结构39层,位于17层	2012	1216.58
35	Y(2016)GZ市不动产权第00074357号	GZ市凌辉房地产开发有限公司	TH区体育东路28号1801房	商业	40年,自1996年7月8日起	钢混结构39层,位于18层	2012	1216.58
36	Y(2016)GZ市不动产权第00074425号	GZ市凌辉房地产开发有限公司	TH区体育东路28号1901房	商业	40年,自1996年7月8日起	钢混结构39层,位于19层	2012	1216.58
37	Y(2016)GZ市不动产权第00074383号	GZ市凌辉房地产开发有限公司	TH区体育东路28号2001房	商业	40年,自1996年7月8日起	钢混结构39层,位于20层	2012	1216.58
38	Y(2016)GZ市不动产权第00074382号	GZ市凌辉房地产开发有限公司	TH区体育东路28号2101房	商业	40年,自1996年7月8日起	钢混结构39层,位于21层	2012	1216.58
39	Y(2016)GZ市不动产权第00080646号	GZ市凌辉房地产开发有限公司	TH区体育东路28号2201房	商业	40年,自1996年7月8日起	钢混结构39层,位于22层	2012	1216.58

续表

序号	产权证编号	权属人	建筑物名称	规划用途	使用年限	结构楼层	建成年月	建筑面积/平方米
40	Y(2016)GZ市不动产权第00080642号	GZ市凌辉房地产开发有限公司	TH区体育东路28号2301房	商业	40年,自1996年7月8日起	钢混结构39层,位于23层	2012	1216.58
41	Y(2016)GZ市不动产权第00080643号	GZ市凌辉房地产开发有限公司	TH区体育东路28号2401房	商业	40年,自1996年7月8日起	钢混结构39层,位于24层	2012	1216.58
42	Y(2016)GZ市不动产权第00080644号	GZ市凌辉房地产开发有限公司	TH区体育东路28号2501房	商业	40年,自1996年7月8日起	钢混结构39层,位于25层	2012	1216.58
43	Y(2016)GZ市不动产权第00080645号	GZ市凌辉房地产开发有限公司	TH区体育东路28号2701房	商业	40年,自1996年7月8日起	钢混结构39层,位于27层	2012	1216.58
44	Y(2016)GZ市不动产权第00080634号	GZ市凌辉房地产开发有限公司	TH区体育东路28号2801房	商业	40年,自1996年7月8日起	钢混结构39层,位于28层	2012	1216.58
45	Y(2016)GZ市不动产权第00080635号	GZ市凌辉房地产开发有限公司	TH区体育东路28号2901房	商业	40年,自1996年7月8日起	钢混结构39层,位于29层	2012	1216.58

续表

序号	产权证编号	权属人	建筑物名称	规划用途	使用年限	结构楼层	建成年月	建筑面积/平方米
46	Y(2016)GZ市不动产权第00080636号	GZ市凌辉房地产开发有限公司	TH区体育东路28号3001房	商业	40年,自1996年7月8日起	钢混结构39层,位于30层	2012	1216.58
47	Y(2016)GZ市不动产权第00080637号	GZ市凌辉房地产开发有限公司	TH区体育东路28号3101房	商业	40年,自1996年7月8日起	钢混结构39层,位于31层	2012	1216.58
48	Y(2016)GZ市不动产权第00080641号	GZ市凌辉房地产开发有限公司	TH区体育东路28号3201房	商业	40年,自1996年7月8日起	钢混结构39层,位于32层	2012	1216.58
49	Y(2016)GZ市不动产权第00080640号	GZ市凌辉房地产开发有限公司	TH区体育东路28号3301房	商业	40年,自1996年7月8日起	钢混结构39层,位于33层	2012	1010.08
50	Y(2016)GZ市不动产权第00080639号	GZ市凌辉房地产开发有限公司	TH区体育东路28号3401房	商业	40年,自1996年7月8日起	钢混结构39层,位于34层	2012	919.93
51	Y(2016)GZ市不动产权第00080638号	GZ市凌辉房地产开发有限公司	TH区体育东路28号3501房	商业	40年,自1996年7月8日起	钢混结构39层,位于35层	2012	919.93

续表

序号	产权证编号	权属人	建筑物名称	规划用途	使用年限	结构楼层	建成年月	建筑面积/平方米
52	Y(2016)GZ市不动产权第00080633号	GZ市凌辉房地产开发有限公司	TH区体育东路28号3601房	商业	40年,自1996年7月8日起	钢混结构39层,位于36层	2012	919.93
53	Y(2016)GZ市不动产权第00080632号	GZ市凌辉房地产开发有限公司	TH区体育东路28号3701房	商业	40年,自1996年7月8日起	钢混结构39层,位于37层	2012	816.04
54	Y(2016)GZ市不动产权第00062253号	GZ市凌辉房地产开发有限公司	TH区体育东路28号3801房	商业	40年,自1996年7月8日起	钢混结构39层,位于38层	2012	760
55	Y(2016)GZ市不动产权第00062254号	GZ市凌辉房地产开发有限公司	TH区体育东路28号3901房	商业	40年,自1996年7月8日起	钢混结构39层,位于39层	2012	667.74
56	详见明细表	GZ市凌辉房地产开发有限公司	TH区体育东路28号26个负一层车位、41个负二层车位、77个负三层车位、54个负四层车位	车位	40年,自1996年7月8日起	钢混结构39层,位于负一层至负四层	2012	1914.41
57	Y(2016)GZ市不动产权第07237448号	GZ市凌辉房地产开发有限公司	GZ市PY区小谷围街立德街66号	商业楼、旅业、地下汽车库、地下设备用房、首层架空,其他层架空	40年,自2008年1月14日起	钢混结构9层,整栋	2007	25,901.16
合计								157,272.99

土地性质为国有,除上述第57项方圆大厦地下车位暂缓征收国有土地出让金,其余评估对象均已办理有偿使用手续。

至评估基准日,被评估房地产YX区寺右新马路168号第六层商铺,GZ市TH区天河北路合晖街196、198号共9套住宅,TH区科韵路12号之一"E时光"办公厂房,BY区黄石东路120号地下负一层和首层商铺,TH区体育东路28号首层至39层商业、办公物业以及71个地下自然车位、21个地下机械车位均已办理抵押登记,其余评估对象未设有抵押、担保等他项权利。

(3)实物因素

①HS市易达商业街二期1至7栋共87套商铺,位于HS市"十里方圆"小区内,均建成于2014年,其中1栋、3栋、5栋为单层钢混结构建筑物,2栋、4栋、6栋、7栋为2层钢混结构建筑物。评估对象装修情况基本一致:外墙贴条形瓷砖,铝合金窗,推拉式玻璃大门;出租时室内状态为毛坯,于现场勘察日部分租户已装修:室内铺设地砖或涂彩漆,内墙及天花均刷白,商铺目前大部分已出租。所在楼宇已安装水电、通信、消防系统等配套设施,整体维护保养状况良好。

②BY区翰云路287号之一星瑞居201、202铺位于一栋钢混结构25层建筑中,评估对象位于第2层。该建筑物约建成于2009年,外墙贴条形青色瓷砖,铝合金窗;室内为毛坯。现场勘查时,两个商铺已打通,均空置。

③YX区寺右新马路168号第5层、第6层均位于一栋钢混结构6层的建筑中,该建筑物约建成于2001年。评估对象外墙涂料,铝合金窗;公共梯间、走廊部分地面铺地砖,墙面刷白,铝扣板天花;室内办公区域地面或铺地毯或铺设方形瓷砖,内墙刷乳胶漆,铝扣板天花。现场勘查时,评估对象均作为写字楼使用。所在楼宇已安装水电、通信、消防系统等配套设施,属于正常维护保养。

④GZ市TH区天河北路合晖街196、198号共9套住宅均位于一栋钢混结构23层"祥兴大厦"商住楼中,该建筑物约建成于1999年,估价对象分别位于8-10层、12层、16层、18层、20-21层。该建筑物外墙贴彩色条形小瓷砖,铝合金窗。由于客观情况限制,评估人员未能对全部物业内部进行勘

察,据委托方介绍,装修情况大致相同,故本次评估设定装修情况均为普通装修:地面铺设方形地砖,内墙和天花板均刷白。现场勘查时,9套住宅均已出租,所在楼宇已安装水电、通信、消防系统等配套设施,属于正常维护保养。

⑤GZ市TH区科韵路12号之一"方圆e时光"为一栋钢混结构29层建筑物,约建成于2014年,估价对象为整栋。现状用途为:首层为配套商业用房,2-29层为办公用房,负一层为地下停车场。外墙贴深色小条形砖,铝合金窗,推拉式玻璃大门;首层大堂室内地面铺大理石砖,内墙刷乳胶漆,天花吊顶,首层商铺毛坯出租,目前租户基本已进行装修,装修情况类似:地面铺地砖,内墙刷乳胶漆,天花吊顶;2-29层办公用房装修风格相似:公共梯间、走廊地面贴抛光砖,铝扣板天花,室内地面部分地毯部分地砖,内墙和天花均刷乳胶漆;地下车库为普通车场装修:水泥地面找平涂彩漆,内墙刷白及彩漆,天花涂灰漆。现场勘查时,首层商铺大部分已出租,办公用房现为公司内部使用或出租。所在楼宇已安装水电、通信、消防系统等配套设施。维护保养较好。

⑥GZ市BY区黄石东路120号地下负一层和首层共2套商铺所在的"盈月居"为一栋钢混结构13层的商住楼,约建成于2009年,估价对象分别位于首层和负一层。外墙部分贴方砖,部分玻璃幕墙,入户不锈钢玻璃门;室内地面铺抛光砖,内墙刷乳胶漆,天花吊顶。现场勘查时,均已出租,其中负一层和部分首层整体出租作沃乐玛超市。所在楼宇已安装水电、通信、消防系统等配套设施,属于正常维护保养。

⑦TH区体育东路28号方圆大厦为一栋钢混结构39层建筑物,约建成于2012年,评估对象为首层至39层商业、办公物业以及71个地下自然车位和21个地下机械车位。其中,首层至第5层为配套商业用房,第6至11层为方圆集团关联企业办公使用,除第12层、26层为避难层,第13至39层为奥克伍德豪景品牌超五星级酒店式服务公寓,负1层至负4层为地下停车场。所在楼宇设有10台电梯,已安装水电、通信、消防系统等配套设施。建筑物外墙部分玻璃幕墙,部分贴大理石瓷砖,公共梯间地面、墙面均贴大理石瓷砖,推拉式玻璃大门;地下车库为普通车场装修:水泥地面找平涂彩漆,

内墙及天花刷白及彩漆,内有平面车位和机械车位两种停车位。首层至5层商业装修相似:室内地面铺抛光砖,内墙刷乳胶漆,天花吊顶;6至11层为办公区域,装修风格相似:室内地面铺设地毯或抛光砖,内墙刷乳胶漆,天花吊顶,办公区域部分玻璃隔断;除第12层、26层为避难层,第13至39层为酒店公寓,有一室一厅、二室一厅、三室一厅等不同户型,其装修风格相似:木质客房门,室内地面均铺抛光砖,房间地面并铺有地毯,内墙刷乳胶漆,天花吊顶。酒店式公寓配套24小时健身房、半室内恒温游泳池、商务中心、会议室及视频会议设备。现场勘查时,整体维护保养状况良好。

⑧GZ市PY区小谷围街立德街66号雅乐轩酒店为一栋钢混结构9层建筑物,约建于2007年,评估对象为整栋。现状用途为:首层主要为大堂、餐厅、会议室三部分,二层主要为餐饮、游泳池、健身房,三层以上为酒店客房,负一层为地下停车场。酒店外墙部分为玻璃幕墙,部分贴乳白色条形砖,铝合金玻璃窗,入户门为旋转式玻璃门;首层大堂地面铺黑色大理石砖,内墙刷乳胶漆或铺瓷砖,艺术天花吊顶;餐厅内地面铺设米黄色长行地砖,内墙刷乳胶漆,艺术天花吊顶;会议室内地面铺彩色地毯,内墙木板隔断,铝扣板天花;二楼餐厅可分为小包间、大包间等不同房型,包间内带有独立厨卫,室内地面均铺彩色地毯,内墙刷乳胶漆,天花吊顶;二楼并配套24小时健身房、半室内恒温游泳池等设施;3楼以上为酒店客房,有标准双床房、大床房和套间等不同户型,其装修风格相似:木质客房门,室内地面均铺抛光砖,房间地面并铺有地毯,内墙和天花均刷乳胶漆现场勘查时,整体维护保养状况良好。

(四)价值类型

本次评估的价值类型为市场价值。市场价值系指自愿买方和自愿卖方在各自理性行事且未受任何强迫的情况下,评估对象在评估基准日进行正常公平交易的价值估计数额。

1. 价值类型的定义

价值类型是指资产评估结果的价值属性及表现形式,即价值内涵。价值类型需要与资产行为的发生相匹配。

2. 本次评估的价值类型

根据本项目的评估目的和评估对象的具体情况，本次评估结果的价值类型为市场价值。

市场价值是指有自愿交易意向的买卖双方，在各自理性行事且不受任何外在压力、胁迫的情况下，评估对象在评估基准日进行正常公平交易的价值估计数额。

（1）自愿买方，是指具有购买动机，但并没有被强迫进行购买的一方当事人。该购买者会根据现行市场的真实状况和现行市场的期望值进行购买，不会特别急于购买。又不会在任何价格条件下都决定购买，即不会付出比市场价格更高的价格。

（2）自愿卖方，是指既不准备以任何价格急于出售或被强迫出售，也不会因期望获得被现行市场视为不合理的价格而继续持有资产的一方当事人。自愿卖方期望在进行必要的市场营销后，根据市场条件以公开市场所能达到的最高价格出售资产。

（3）评估基准日，是指市场价值是某一特定日期的时点价值，仅反映了评估基准日的真实市场情况和条件，而不是评估基准日以前或以后的市场情况和条件。

（4）以货币单位表示，市场价值是在公平的市场交易中，以货币形式表示的为资产所支付的价格，通常表示为当地货币。

（5）公平交易，是指在没有特定或特殊关系的当事人之间的交易，即假设在互无关系且独立行事的当事人之间的交易。

（6）资产在市场上有足够的展示时间。资产应当以最恰当的方式在市场上予以展示，不同资产的具体展示时间应根据资产特点和市场条件而有所不同，但该展示时间应当使该资产能够引起足够数量的潜在购买者的注意。

（7）当事人双方各自精明，谨慎行事。自愿买方和自愿卖方都合理地知道资产的性质和特点、实际用途、潜在用途以及评估基准日的市场情况，并假定当事人都根据上述知识为自身利益而决策，谨慎行事以争取在交易中为自己取得最好的价格。

二、评估标的

GZ市FY房地产发展有限公司拟进行公司发债,需确定涉及的投资性房地产市场公允价值,本次资产评估是为该经济行为所涉及的位于鹤山市十里方圆二期87套商铺和GZ市BY区翰云路287号之一201、202铺2套商铺等153项房地产在评估基准日时的市场公允价值提供参考依据。

三、评估方法

1. 评估方法

房地产评估应在遵循评估原则的前提下,采用科学、合理的方法进行评估,主要方法有市场比较法、收益法、成本法、假设开发法等,上述方法的适用范围如下:

市场比较法适用的评估对象是同种类数量较多且经常发生交易的房地产,不适用于数量较少、很少发生交易或可比性很差的房地产。

收益法适用的评估对象是有经济收益或有潜在经济收益的房地产,不适用于公用、公益性的房地产及收益较难确定的房地产。

成本法适用的评估对象包括:新开发的房地产、在建工程或可以重新开发建设的房地产、独立开发建设的整栋房地产,对交易很少不适用于市场比较法、没有收益或收益不明确的房地产,也可采用成本法评估。

假设开发法适用的评估对象为具有开发或再开发潜力且房地产开发价值可以采用市场比较法、收益法等方法求取的房地产,包括可开发建设的土地、在建工程、可重新改造的房地产等。

2. 评估方法的选取

评估对象用途分别为商业、办公、住宅、车位。

评估对象为商业、办公部分,类似物业市场有成交,故适宜采用市场比较法进行评估;且近几年来GZ、HS商业和办公有租赁收入,故采用收益法进行评估。该类物业使用成本法评估精度较低,故未采用成本法进行评估;评估对象为已竣工物业,故不适宜采用假设开发法进行评估;住宅与车位同理采用市场法进行评估。

市场法的基本计算公式为：
$$P = P' \times A \times B \times C \times D$$
其中，P 为待估房地产评估价格；P' 为可比交易实例价格；A 为交易情况修正系数；B 为交易日期修正系数；C 为区域因素修正系数；D 为个别因素修正系数。

收益法的基本计算公式为：
$$P = \frac{A}{r-g} \times \left[1 - \left(\frac{1-g}{1+r}\right)^n\right]$$
其中，P 为未来净收益现值；r 为报酬率；g 为预计增长率；A 为无变化年纯收益；n 为有限收益年期。

3. 评估技术路线

（1）市场背景分析

①城市基本概况

GZ，简称 S，别称羊城、花城，古称任嚣城、楚庭、番禺，广东省省会，位于广东省中南部，东江、西江、北江交汇处，珠江三角洲北缘，邻中国南海。从秦朝开始，GZ 一直是郡治、州治、府治的行政中心。两千多年来一直都是华南地区的政治、军事、经济、文化和科教中心。GZ 是国家历史文化名城，是岭南文化分支广府文化的发源地和兴盛地之一。GZ 是国务院定位的国际大都市，国家三大综合性门户城市之一、五大国家中心城市之一，与北京、上海并称"北上广"。GZ 从 3 世纪 30 年代起成为海上丝绸之路的主港，唐宋时期成为中国第一大港。明清两代，GZ 成为中国唯一的对外贸易大港，是中国海上丝绸之路历史上最重要的港口，有"千年商都"之称。加上外国人士众多，也被称为"第三世界首都"。

GZ 管辖的城市总面积 7434.4 平方千米，市本级统筹区即 YX、HZ、LW、TH、BY、HP、NS，简称"老七区"。东山、芳村、萝岗原为老七区之一，后因合并而撤销，NS 为新的老七区组成部分。老四区原指 YX、DS、HZ、LW，但是区域调整之后，就采用老三区（老城区），指 YX、LW、HZ；新四区为 PY、HD、CH、ZC。

HS，广东省某市市代管县级市，中国著名的侨乡之一。位于广东省南部珠江三角洲腹地，东与佛山市南海区、顺德区隔江相望，北与佛山市高明区相邻；南与江门市蓬江区、新会区相近；西与开平市、新兴县接壤，325国道、江鹤、佛开高速公路与江肇公路纵横贯穿全市。HS于清雍正十年（1732）建县，因市内有山形似仙鹤而得名。新中国成立后曾与高明县合称高鹤县，1982年恢复HS县建制。1993年11月撤县设市，下辖10个镇，22个社区委员会，137个村民委员会，10个三峡库区移民村。市人民政府驻沙坪镇前进路，规划控制面积81.4平方千米，现建成面积19.3平方千米。先后跨入"全国80个小康县（市）""全国综合实力百强县（市）"；荣获"全国绿化百佳县（市）""省卫生城市"等称号。

②近年GZ市、HS市经济

纵观2016年，GZ甲级办公楼市场新增供应为历年新高，其中超过70%集中于珠江新城。周大福金融中心等优质新供应进入市场，带动了企业升级办公楼搬迁，IT类企业成为优质办公楼需求的新增长点。但预计2017年新增供应仅为2016年的一半，整体供求关系趋于平衡，珠江新城租金复苏势头显现。对于优质零售物业市场，2016年整体租赁需求依旧疲软，零售商扩张意愿渐趋保守。购物中心的业态调整在持续进行，需要提供优质体验类元素以吸引消费者；整体租金与上年度基本持平，但资本值上扬。工业物业方面，在第三方物流、电商以及零售强劲需求推动下，2016年华南一线城市仓储需求保持活跃，而相对较高的租金也诱使一线城市仓储需求外溢至二线城市市场。住宅方面，广州市场得益于年初政策利好而销量骤升，2016年全市新建商品住宅签约12.77万套，相比2015年全年上涨37%。高端住宅方面，2016年新推盘的套数仅为2015年的一半左右，但全年销售却达到2686套，仅同比下降17%。但过热的市场引来了政府调控，第四季度高端住宅销量迅速回落至531套，但高端住宅一手资本值全年同比仍上涨至15%。

2016年HS市实现地区生产总值（GDP）230.76亿元，增长6.9%，增速在江门地区排名第4；三次产业比例为7.3∶55∶37.7。分行业看，第一产业增长3.9%，第二产业增长9.6%，第三产业增长3.2%，其中工业对GDP增长的贡献率达77.2%，是拉动GDP增长的主要动力。

③2016年GZ市、HS市房地产市场成交信息

A. JM市房地产市场

根据JM住建局公布的2016年1月数据,鹤山市的具体情况为:批注预售总面积9.26万平方米,住宅845套,环比分别下降37.6%、3.4%,同比则上升84.5%和79%;商品房成交面积8.6万平方米,住宅成交面积6.85万平方米,成交695套,均价每平方米4568元;商品住宅待售6940套;存量房成交面积1.23万平方米,住宅成交面积1.11万平方米,成交74套。而整个JM市1月待售商品住宅49,341套,其中,蓬江、江海13,800套,新会7174套,鹤山6940套,台山5777套,开平10,079套,恩平5571套。不难发现,鹤山的库存量在江门地区属于中等水平。2015年鹤山市商业房地产表现平稳,成交均价波动不大。

B. 2016年GZ市房地产市场情况

GZ住宅市场得益于年初政策利好而销量骤升,但过热的市场引来政府调控。2016年年初,央行再次下调存款准备金率并维持4.35%的贷款基准利率不变,同时,相关部委还出台了契税减免政策。这些政策极大地刺激了GZ本地的购房需求并推升市场情绪,因此住宅市场在春节之后便进入了"量价齐升"的"快车道"。2016年,全市新建商品住宅签约12.77万套,相比2015年全年上涨37%。高端住宅方面,2016年新推盘套数仅为2015年的一半左右,但全年销售却达到2686套,仅同比下降17%。但是,这2600多套高端住宅中,有七成左右是在二、三季度中售出的。至第四季度,政府为了防止市场过热及维持房价稳定而加大了对高端住宅的调控力度,网签和新推盘量受到影响。鉴于此,第四季度高端住宅销量迅速回落至约530套。

前三季度高端住宅市场资本值涨幅明显,但第四季度涨幅开始收窄。仲量联行华南区研究部总监曾丽指出,强劲的升级需求与活跃的市场氛围是高端住宅价格上涨的最大推手。一手市场方面,由于全年新推数量较少,供不应求的局面更为突出,因此高端住宅一手资本值全年同比上涨15%,其中前三季度平均涨幅更是达4%。二手市场方面,一手市场的供应不足,令不少潜在买家转而考虑二手高端住宅,推动二手高端市场的资本值全年涨

幅高达近20%，其中前三季度平均涨幅达5%。但是随着第四季度政府调控力度的加大，即使改善型需求未受太大影响，市场活跃度的下降依然令市场氛围开始降温，结果是第四季度高端住宅一、二手资本值涨幅均收窄至3%左右。

租金上涨主要由珠江新城的供需关系推动。珠江新城作为广州的核心中央商务区，每年都吸引着大量公司进驻，因此该区域高端住宅的租赁需求也逐年稳定增长。而2016年二、三季度活跃的二手房交易市场却使区域内的可租单元相应减少，供需的不平衡，令珠江新城区域内高端住宅的平均租金在这一年内快速上涨，并带动全市高端住宅租金同比增长9%。

优质甲级办公楼落成，集中释放升级需求。本年以广州周大福金融中心、侨鑫国际金融中心和凯华国际中心为代表的优质甲级办公楼供应相继落成，不仅代表珠江新城最后一批供应高峰竣工，也带动了企业升级办公楼搬迁。除了一向以金融服务和专业服务业为主导的行业带动全年净吸纳量超过55万平方米，该数字是继2011年后的新纪录。另外，值得留意的是，部分盈利增长高于预期的电脑、IT和通信类企业新出现，成为优质办公楼需求的新增长点，反映出商务环境日趋成熟带来市场升级机会，令优质服务行业聚集度更加明显。

全年新增供应创下历史，空置率有所上升。2016年甲级办公楼新增供应超过75万平方米，为历年新高，其中超过70%集中于珠江新城。年内核心区域新竣工项目预租率大多超过五成，位于新兴区域的项目由于仍处于市场培育期，进驻率低于预期。虽然大量新竣工项目的涌入抬高了整体空置率，但随着优质项目提前预租率及其办公需求不断上升，全市整体空置率在经历连续三个季度的上涨后，于年末回落至11.9%。

甲级办公楼租金表现持续放缓，投资市场年末行情升温。仲量联行华南区商业地产部总监马炜图指出，虽然全年净吸纳量增长迅速，但新增供应一下进入市场，使供求关系有所变化，导致新旧项目竞争变得激烈，业主方积累的租赁压力，在下半年逐步表现在更灵活的租金策略上。其中，珠江新城受影响较为明显。受此影响，全年整体租金持续放缓，经历连续三个季度表现平稳，第四季度出现环比微降，全年轻微环比上升0.6%。

投资市场年末迎来多宗整售和大宗自用型为主的成交。其中,保险资金抢占市场的势头明显。由于可售的成熟项目稀缺,地段优越的在建项目受到市场追捧。2016年整体资本值同比上升4.6%,比2015年增速明显加快。

展望2017年,曾丽指出,政府开始正视房地产市场存在的风险,维持房地产市场稳健自然成为政府在下一年希望实现的目标,因此,中国人民银行将对货币供应进行控制,避免过多货币进入房地产市场。与此同时,在人民币汇率承压的背景下,利率也难有下调空间,甚至有一定概率上浮。所以,曾丽认为开发商借贷成本和购房借贷成本皆会上涨。

地方政府仍将是房地产市场调控的主体。预计广州市政府将加大调控力度,但调控将主要以行政手段实现,而政府出台更严厉的限购政策的可能性则较低。曾丽认为,这主要是由于房地产及其相关行业在经济发展中的地位举足轻重,因此,预计广州政府仍然需要一个稳定发展的房地产市场来实现2017年经济增长8%的目标。

曾丽表示,"受政策层面的影响,预计2017年一手高端住宅的销量将较2016年出现一定程度的下滑,市场情绪也将继续回落。但如果我们对政府调控方式及意图的判断准确,改善需求在政策面将不受打压,高端住宅市场的资本值上涨仍将得到支撑,因此预计一手市场在2017年全年仍能保持6%~9%的价格增长。而二手市场方面,由于2016年二、三季度二手房交易活跃,核心地段的优质单元最先出清,目前市面上已难觅维护优良且地处核心的二手房源,再加上在一手市场价格涨幅趋稳的预期下,我们认为二手成交将弱于一手市场。预计2017年,资本值增长率比一手市场低"。

租赁市场方面,曾丽预计核心区域受限于可租单元稀少而活跃程度有限,更多成交将来自滨江东等核心区域边缘位置。但非核心区域的高端住宅周边配置并非十分理想,限制了业主对租金的议价能力。预计全年租金同比增幅在5%~7%。

(2)最高最佳使用分析

①合法性分析

本次评估按实际用途进行评估。

表 3-12 合法性分析

序号	建筑物名称	规划用途	实际使用用途	合法性分析
1	HS市"十里方圆"易达商业街二期易达街1-7栋	商业	商业	规划用途为商业,实际用途为商业,符合合法使用原则
2	BY区翰云路287号之一201-202铺	商业	商业	规划用途为商业,实际用途为商业,符合合法使用原则
3	YX区寺右新马路168号第六层	商业	办公	规划用途为商业,实际用途为办公,本次评估按办公用途进行评估
4	TH区天河北路合晖街196号、198号共9套住宅	住宅	住宅	规划用途为住宅,实际用途为住宅,符合合法使用原则
5	TH区科韵路12号之一	高新科技厂房	商业、办公和车库	规划用途为高新科技厂房,实际用途为商业、办公和车库,本次评估按商业、办公和车库分别进行评估
6	BY区黄石东路120号首层和地下负一层	肉菜市场、百货商场	商场超市	规划用途为商业,实际用途为商场超市,符合合法使用原则
7	TH区体育东路28号1-5层、11-39层商业用房	商业	商业	规划用途为商业,实际用途为商业,符合合法使用原则
8	TH区体育东路28号6-9层办公用房	办公	办公	规划用途为办公,实际用途为办公,符合合法使用原则
9	TH区体育东路28号10-11层商业	商业	办公	规划用途为商业,实际用途为办公,本次评估按办公用途进行评估
10	TH区体育东路28号-1至14层地下车库	车位	车位	规划用途为车位,实际用途为车位,符合合法使用原则
11	GZ市PY区小谷围街立德街66号	商业楼、旅业、地下汽车库、地下设备用房、首层架空、其他层架空	商业楼、旅业、地下汽车库、地下设备用房、首层架空、其他层架空	规划用途为商业楼、旅业、地下汽车库、地下设备用房、首层架空、其他层架空,实际用途为商业楼、旅业、地下汽车库、地下设备用房、首层架空、其他层架空,符合合法使用原则

②最高最佳使用分析

根据法律上许可、技术上可能、经济上可行、价值最大化的原则。其中:

一是评估对象越秀区寺右新马路168号第六层商铺所在位置商业氛围虽然较优,但由于该楼宇建造时间久远,建筑物的布局及构造目前不适宜作为商业使用,近期也无整体改造的计划,根据现状用途适宜作为办公使用。

二是评估对象 TH 区科韵路 12 号之一"E 时光",证载用途为高科技厂房,实际用途为商业、办公和车库。因该建筑物位于信息港产业区,该物业及周边多为 IT 企业办公场所,办公氛围浓郁,适宜作为办公使用,首层已部分出租作餐饮、咖啡店等商业用途,具有商业经济收益或潜在经济收益,适宜作为商业使用。地下层现作为配套车库,适宜作为停车位使用。

三是评估对象 TH 区体育东路 28 号 10 至 11 层,证载用途为商业,实际用途为办公。因目前第 10 至 11 层为委托方或关联企业自用办公场所,其平面布局及装修情况均适宜办公使用。

表 3-13 最高最佳使用分析

序号	建筑物名称	规划用途	实际使用用途	最高最佳使用分析
1	HS 市"十里方圆"易达商业街二期易达街 1-7 栋	商业	商业	规划用途为商业,实际用途为商业,符合最高最佳使用
2	BY 区翰云路 287 号之一 201-202 铺	商业	商业	规划用途为商业,实际用途为商业,符合最高最佳使用
3	YX 区寺右新马路 168 号第 5 层(东北面)、第六层	商业	办公	规划用途为商业,实际用途为办公,适宜作为办公使用
4	TH 区天河北路合晖街 196 号、198 号共 9 套住宅	住宅	住宅	规划用途为住宅,实际用途为住宅,符合最高最佳使用
5	TH 区科韵路 12 号之一	高新科技厂房	商业、办公和车库	适宜作为商业、办公和车库使用
6	BY 区黄石东路 120 号首层和地下负一层	肉菜市场、百货商场	商场超市	规划用途为商业,实际用途为商场超市,符合最高最佳使用
7	TH 区体育东路 28 号 1 至 39 层	商业、办公、车位	商业、办公、车位	其中 10-11 层规划用途为商业,实际用途为办公,适宜作为办公用途使用

续表

序号	建筑物名称	规划用途	实际使用用途	最高最佳使用分析
8	GZ 市 PY 区小谷围街立德街 66 号	商业楼、旅业、地下汽车库、地下设备用房、首层架空、其他层架空	商业楼、旅业、地下汽车库、地下设备用房、首层架空、其他层架空	规划用途为商业楼、旅业、地下汽车库、地下设备用房、首层架空、其他层架空,实际用途为商业楼、旅业、地下汽车库、地下设备用房、首层架空、其他层架空,符合合法使用原则

③评估利用前提

本次评估利用前提为评估对象按现状用途持续使用。

(3)评估测算分析

市场法是将评估对象房地产与在近期已经发生交易的类似房地产加以比较对照,从已经发生了交易的类似房地产的已知价格,修正得出评估对象房地产价格的一种评估方法。

$$比准价格 = 可比实例成交价格 \times 交易情况修正系数 \times 市场状况调整系数 \times 房地产状况调整系数$$

其中,房地产状况调整系数包括区位状况调整系数、实物状况调整系数、权益状况调整系数等三项系数,该三项系数均以可比实例成交价格为基数测算,房地产状况调整系数由三项系数连乘得出。

评估举例:评估明细表第 22 项,白云区黄石东路 120 号首层 5486.33 平方米商铺

①运用市场法评估按下列步骤进行

A. 选取可比实例,对可比实例进行情况说明。

本次评估选择三个近期周边同类型的单位委托放盘案例,以它们的价格作比较,结合影响房地产价格的因素,进行因素修正,求取评估对象房地产的市场价值。三宗放盘案例具体状况如表 3-14 所示。

表 3-14　三宗放盘案例具体状况

	估价对象	可比实例1	可比实例2	可比实例3
实例来源	—	房产中介	房产中介	房产中介
地址	BY区黄石东路120号首层	BY区广园中路景泰直街	BY区夏茅向西工业大道	BY区大金钟路
坐落	盈月居	景泰直街商铺	夏茅向西工业大道	盈翠华庭商铺
建筑面积/平方米	5486.33	810	3200	250
用途	商铺	商铺	商铺	商铺
成交/放盘时间	—	2016-12-16	2016-12-17	2016-12-7
交易总价(¥:万元)	—	3726	15000	1125
交易单价(元/平方米)	—	46,000.00	46,900.00	45,000.00
价格内涵	商品房市场价格（不含交易税费）	商品房市场价格（不含交易税费）	商品房市场价格（不含交易税费）	商品房市场价格（不含交易税费）

B. 比较因素选择

影响评估对象价格的主要因素有：

交易情况：是否为正常、公开的交易。

市场状况：确定市场状况修正系数。

区域状况：主要有商业繁华程度、公交、停车便捷程度、基础设施及公共配套设施、环境状况、城市规划限制、其他特殊因素等。

实物状况：主要指临街道路状况，朝向、采光和通风，建筑面积规模，建筑结构、所在楼层，内外部装修装饰，所在楼宇设备设施，设计布局，层高(有否夹层)，楼龄、成新、保养程度，物业管理服务，个别心理因素，其他特殊因素等。

权益状况：主要指土地使用年限调整系数，租赁、占用情况，他项权，地役权，在建工程因素，其他特殊因素等。

表 3-15　修正幅度

序号	评价标准	调整数值	序号	评价标准	调整数值
1	优	>10.0%~15.0%	6	相近	-1.0%~0
2	较优	>5.0%~10.0%	7	稍差	>-5.0%~-1.0%
3	稍优	>1.0%~5.0%	8	较差	>-10.0%~-5.0%
4	相近	0~1.0%	9	差	>-15.0~-10.0%
5	相同	0	10	特殊情况	但不超过±20%

其中,权益状况中土地使用年期修正指数公式:

$$K = \frac{1 - 1/(1+r)^m}{1 - 1/(1+r)^n} \times 100\%$$

其中:K 为土地使用年期修正系数;r 为土地还原率[采用安全利率加风险调整值的方法确定,一般土地还原率按评估基准日时中国人民银行公布的一年期(含一年)存款利率,加上一定的风险因素调整值,经测算确定为6%计];m 为估价对象土地使用年期;n 为比较案例宗地土地使用年期。

C. 编制比较因素条件描述表

根据评估对象与比较实例的比较因素,分别编制比较因素条件描述表和比较因素修正系数表。

表 3-16 比较因素条件描述

房地产位置		待估	可比实例1	可比实例2	可比实例3
		盈月居	BY区广园中路景泰直街	BY区夏茅向西工业大道	BY区大金钟路
实例价格	交易总价/万元	(待估)	3726.00	15,000.00	1125.00
	建筑面积/平方米	5486.33	810.00	3200.00	250.00
	交易单价(元/平方米)	(待估)	46,000	46,900	45,000
比准价格调整	统一付款方式	设定为可以一次性或按揭贷款	可以一次性或按揭贷款	可以一次性或按揭贷款	可以一次性或按揭贷款
	统一交易币种	设定为人民币交易	人民币交易	人民币交易	人民币交易
	统一面积内涵	设定为建筑面积单价	建筑面积单价	建筑面积单价	建筑面积单价
	统一交易单价		46,000	46,900	45,000
	调整后交易单价		46,000	46,900	45,000
交易情况	成交/放盘	设定为正常交易	近期放盘,议价空间有限	近期放盘,议价空间有限	近期放盘,议价空间有限
	税费承担	设定为各自支付	各自支付	各自支付	各自支付
	交易情况修正	—	—	—	—
市场状况	各期价格指数				
	市场状况调整		0.00%	0.00%	0.00%

续表

房地产位置		待估	可比实例1	可比实例2	可比实例3
		盈月居	BY区广园中路景泰直街	BY区夏茅向西工业大道	BY区大金钟路
区位状况	商业繁华程度	位于黄石东路旁,周边有如家快捷酒店、好主题连锁酒店、凡客酒店等商业服务设施;有沃尔玛超市、7-11便利店、美宜佳、交通银行、中国银行(高尔夫花园支行)、白云区黄石医院、广州市技师学院、信孚学校黄石小学等生活配套设施;基础设施完善,人流度较大,商业繁华程度较好	位于广园中路旁,周边有春源酒店、汉庭酒店、7天连锁酒店等商业服务设施;有好又多超市、沃尔玛超市、中国建设银行、中国邮政储蓄银行、广州中医药大学、景泰中学等生活配套设施;基础设施完善,人流度较大,商业繁华程较好	位于夏茅向西工业大道,周边有威玛商务宾馆、白云区辉煌假日酒店、世盛宾馆等商业服务设施;有大朗五金城、文英购物商场、连锁超市、农村商业银行、农业银行、中信银行、夏茅小学、广东外语外贸大学公开学院等生活配套设施;基础设施完善,人流度稍大,商业繁华程度稍好	位于白云大道南旁,周边有依云酒店、广州万达希尔顿酒店、富成商务酒店等商业服务设施;有7-11便利店、全佳超市、中国民生银行24小时自助银行、交通银行ATM、景泰小学、广州市白云区景泰医院等生活配套设施;基础设施完善,人流度一般,商业繁华程度一般
	公交、停车便捷程度	附近有白云高尔夫花园公交车站、祥景花园公交车站、黄石路南总站等站口,有420路、810路、36路等多条路线经过交通较便利,停车较方便	附近有广园新村站、景泰直街站、童心北站等站口,有24路、32路、186路等多条路线经过,交通较便利,停车较方便	附近有向西大道口公交车站、向西大道中公交车站、大朗路等站口,有983路、984路、970路等多条路线经过交通较便利,停车较方便	附近有白云大道南公交车站、金信路口公交车站、金信路公交车站等站口,有38路、223路、245路等多条路线经过交通较便利,停车较方便
	基础设施	达到"五通一平",满足使用上需求,保障能力强	达到"五通一平",满足使用上需求,保障能力强	达到"五通一平",满足使用上需求,保障能力强	达到"五通一平",满足使用上需求,保障能力强

续表

房地产位置		待估	可比实例1	可比实例2	可比实例3
		盈月居	BY区广园中路景泰直街	BY区夏茅向西工业大道	BY区大金钟路
	公共配套设施	学校、医院、超市、银行等公共配套设施在5分钟或1000米范围内	学校、医院、超市、银行等公共配套设施在5分钟或1000米范围内	学校、医院、超市、银行等公共配套设施在10分钟或1500米范围内	学校、医院、超市、银行等公共配套设施在5分钟或1000米范围内
	环境状况	周边多为商场以及住宅小区,人文环境较好	周边多为商场以及住宅小区,人文环境较好	周边多为商场以及工业区,人文环境一般	周边多为商场以及住宅小区,人文环境较好
	城市规划限制	没有大型新修建的规划限制	没有大型新修建的规划限制	没有大型新修建的规划限制	没有大型新修建的规划限制
	其他特殊因素	没有	没有	没有	没有
	区位状况调整				
实物状况	临街道路状况	临近黄石东路,道路设施正常	临近广园中路,道路设施正常	临近向西大道,道路设施正常	临近白云大道南,道路设施正常
	门面、进深	门面约70米,进深约77米	门面约40米,进深约20米	位于二层,不予考虑	门面约18米,进深约13米
	建筑面积规模/平方米	5486.33	810	3200	250
	建筑结构、所在楼层	钢混结构,位于首层	钢混结构,位于首层	钢混结构,位于首层	钢混结构,位于首层
	内、外部装修装饰	普通装修	精装修	普通装修	普通装修
	所在楼宇设备设施	所在楼宇水电、通信、消防系统等配套设施齐全	所在楼宇水电、通信、消防系统等配套设施齐全	所在楼宇水电、通信、消防系统等配套设施齐全	所在楼宇水电、通信、消防系统等配套设施齐全

续表

房地产位置	待估 盈月居	可比实例1 BY区广园中路景泰直街	可比实例2 BY区夏茅向西工业大道	可比实例3 BY区大金钟路
设计布局	形状规则,适合使用	形状规则,适合使用	形状规则,适合使用	形状规则,适合使用
层高(有否夹层)/米	3.5	3.5	3.5	8
楼龄、成新、保养程度	约建于2009年,属于完好房,正常维护保养	约建于2008年,属于完好房,正常维护保养	约建于2009年,属于完好房,正常维护保养	约建于2001年,属于完好房,正常维护保养
物业管理服务	所在楼盘有物业管理	所在楼盘有物业管理	所在楼盘有物业管理	所在楼盘有物业管理
个别心理因素	无个别心理因素影响	无个别心理因素影响	无个别心理因素影响	无个别心理因素影响
其他特殊因素	没有	没有	没有	没有特殊因素
实物状况调整土地使用年限	到2039年11月14日止,剩余23年	到2047年止,剩余31年	到2048年止,剩余32年	到2040年止,剩余24年
土地还原利率/%	6.00	6.00	6.00	6.00
剩余使用年限/年	22.87	31.00	32.00	24.00
调整系数/%	0.0	13.5	14.8	2.3
租赁、占用情况	待出售	待出售	待出售	待出售
他项权	设定无抵押,没有限制性因素	设定无抵押,没有限制性因素	设定无抵押,没有限制性因素	设定无抵押,没有限制性因素
地役权	没有地役权	没有地役权	没有地役权	没有地役权
在建工程因素	不是在建工程	不是在建工程	不是在建工程	不是在建工程
其他特殊因素	没有特殊因素	没有特殊因素	没有特殊因素	没有特殊因素
权益状况修正				

注:权益状况栏对应"实物状况调整土地使用年限"至"权益状况修正"各行。

将评估对象与上述各实例进行比较,并对比较实例的交易情况、交易期日、区域因素和个别因素等方面进行修正,由此确定各实例的修正后单价,具体比较和测算过程详见表3-17。

表3-17 比较因素修正系数

比较项目		因子权重	可比实例1			可比实例2			可比实例3		
			评价	评分	调整	评价	评分	调整	评价	评分	调整
实例价格	交易总价/万元										
	建筑面积/平方米										
	交易单价(元/平方米)										
交易情况	成交/放盘	50.00%	稍差	5.0%	47.62%	稍差	5.0%	47.62%	稍差	5.0%	47.62%
	税费承担	50.00%	相近	0.0%	50.00%	相近	0.0%	50.00%	相近	0.0%	50.00%
	交易情况修正	100.00%			97.62%			97.62%			97.62%
市场状况	各期价格指数										
	市场状况调整	100.00%	相近	0.0%	100.00%	相近	0.0%	100.00%	相近	0.0%	100.00%
区位状况	商业繁华程度	40.00%	相近	0.0%	40.00%	稍差	-2.0%	40.82%	稍差	-3.0%	41.24%
	公交、停车便捷程度	20.00%	相近	0.0%	20.00%	稍差	-2.0%	20.41%	稍差	-3.0%	20.62%
	基础设施	15.00%	相近	0.0%	15.00%	相近	0.0%	15.00%	相近	0.0%	15.00%
	公共配套设施	10.00%	相近	0.0%	10.00%	稍差	-2.0%	10.20%	相近	0.0%	10.00%
	环境状况	5.00%	相近	0.0%	5.00%	稍差	-2.0%	5.10%	相近	0.0%	5.00%
	城市规划限制	5.00%	相同	0.0%	5.00%	相同	0.0%	5.00%	相同	0.0%	5.00%
	其他特殊因素	5.00%	相同	0.0%	5.00%	相同	0.0%	5.00%	相同	0.0%	5.00%
	区位状况调整	100.00%			100.00%			101.53%			101.86%

续表

比较项目		因子权重	可比实例1			可比实例2			可比实例3		
			评价	评分	调整	评价	评分	调整	评价	评分	调整
实物状况	临街道路状况	15.00%	相近	0.0%	15.00%	相近	0.0%	15.00%	相近	0.0%	15.00%
	门面、进深	25.00%	较差	−8.0%	27.17%	较差	−6.0%	26.60%	差	−10.0%	27.78%
	建筑面积规模	20.00%	优	10.0%	18.18%	较优	10.0%	18.18%	优	10.0%	18.18%
	建筑结构、所在楼层	5.00%	相近	0.0%	5.00%	相近	0.0%	5.00%	相近	0.0%	5.00%
	内、外部装修装饰	5.00%	稍优	5.0%	4.76%	相近	0.0%	5.00%	相近	0.0%	5.00%
	所在楼宇设备设施	5.00%	相近	0.0%	5.00%	相近	0.0%	5.00%	相近	0.0%	5.00%
	设计布局	5.00%	相近	0.0%	5.00%	相近	0.0%	5.00%	相近	0.0%	5.00%
	层高(有否夹层)	5.00%	相近	0.0%	5.00%	相近	0.0%	5.00%	较优	0.0%	5.00%
	楼龄、成新、保养程度	5.00%	稍差	−2.0%	5.10%	相近	6.0%	4.72%	较差	−6.0%	5.32%
	物业管理服务	5.00%	相同	0.0%	5.00%	相同	0.0%	5.00%	相同	0.0%	5.00%
	个别心理因素	3.00%	相同	0.0%	3.00%	相同	0.0%	3.00%	相同	0.0%	3.00%
	其他特殊因素	2.00%	相同	0.0%	2.00%	相同	0.0%	2.00%	相同	0.0%	2.00%
	实物状况调整	100.00%			100.22%			99.49%			101.28%
权益状况	土地使用年限	40.00%	优	13.5%	35.24%	优	14.8%	34.84%	稍优	2.3%	39.10%
	租赁、占用情况	35.00%	相同	0.0%	35.00%	相同	0.0%	35.00%	相同	0.0%	35.00%
	他项权	10.00%	相同	0.0%	10.00%	相同	0.0%	10.00%	相同	0.0%	10.00%
	地役权	5.00%	相同	0.0%	5.00%	相同	0.0%	5.00%	相同	0.0%	5.00%

续表

比较项目	因子权重	可比实例1			可比实例2			可比实例3		
		评价	评分	调整	评价	评分	调整	评价	评分	调整
在建工程因素	5.00%	相同	0.0%	5.00%	相同	0.0%	5.00%	相同	0.0%	5.00%
其他特殊因素	5.00%	相同	0.0%	5.00%	相同	0.0%	5.00%	相同	0.0%	5.00%
权益状况修正	100.00%			95.24%			94.84%			99.10%

将评估对象与上述各实例进行比较，并对比较实例的交易情况、交易期日、区域因素和个别因素等方面进行修正，由此确定各实例的修正后单价，具体比较和测算过程详见表3-18。

表3-18 比较修正过程

调整项目		待估	可比实例1	可比实例2	可比实例3
坐落		盈月居	BY区广园中路景泰直街	BY区夏茅向西工业大道	BY区大金钟路
建筑面积/平方米		5486.33	810.00	3200.00	250.00
成交总价/万元			3726.00	15000.00	1125.00
统一价格内涵	统一付款方式		0.00	0.00	0.00
	统一交易币种		0.00	0.00	0.00
	统一面积内涵		0.00	0.00	0.00
	统一交易单价		0.00	0.00	0.00
统一价格内涵后单价			46000	46900	45000
交易情况			97.62%	97.62%	97.62%
市场状况			100.00%	100.00%	100.00%
区位状况			100.00%	101.53%	101.86%
实物状况			100.22%	99.49%	101.28%
权益状况			95.24%	94.84%	99.10%
修正结果			42860	43860	44910

根据上述计算的结果,以三者的算术平均数确定最终比准价格,则:

评估对象单价 = (42860 + 43860 + 44910) ÷ 3 = 43900(元/平方米)(取整至佰位)

运用收益法进行测算的基本公式为:

收益法计算公式:

$$V = a/(r-g) \times \{1 - [(1+g)/(1+r)]^n\}$$

其中,V 为市场价值;a 为年纯收益;r 为资本化率;g 为纯收益每年递增比率;n 为获取纯收益的持续年限。

根据估价人员的市场调查,目前估价对象周边同类型商业物业每月建筑面积租金约为 220~250 元/平方米,以下是估价人员调查得到的其中三个租赁实例(见表 3-19)。

表 3-19　3 个租赁实例

现场状况	地址	建筑面积/平方米	租金单价(元/平方米)
1	BY 三元里 860 号商铺	450	250
2	黄石西路商铺	570	220
3	BY 区广园西路商铺	1000	240

注:三个实例均为待出租。

经过综合分析,按上述三个租赁实例比较分析估价对象的客观租金水平。由于三个实例均位于相邻街道,所处的区位状况相同(相近),主要差异为租金单价和场地的实物状况差异,故以简单的比较过程分析确定估价对象的客观租金,具体详见表 3-20。

表 3-20　比较分析确定估价对象的客观租金

名称	估价对象	租赁实例 1	租赁实例 2	租赁实例 3
租金单价	—	250	220	240

续表

名称		估价对象	租赁实例1	租赁实例2	租赁实例3
区位状况	位置	BY区黄石东路120号首层	BY三元里860号商铺	黄石西路商铺	BY区广园西路商铺
	繁华程度	位于黄石东路旁,周边有如家快捷酒店、好主题连锁酒店、凡客酒店等商业服务设施;有沃尔玛超市、7-11便利店、美宜佳、交通银行、中国银行(高尔夫花园支行)、白云区黄石医院、广州市技师学院、信孚学校黄石小学等生活配套设施;基础设施完善,人流度较大,商业繁华程度较好	位于棠景路旁,周边有棠景商业步行街、远景综合市场等商业服务设施;有美宜佳、新客家、中国民生银行24小时自助银行、交通银行ATM、景泰小学、广州市白云区景泰医院等生活配套设施;基础设施完善,人流度稍大,商业繁华程度稍优	位于黄石西路旁,周边有如家快捷酒店、好主题连锁酒店、凡客酒店等商业服务设施;有沃尔玛超市、7-11便利店、美宜佳、交通银行、中国银行(高尔夫花园支行)、白云区黄石医院、广州市技师学院、信孚学校黄石小学等生活配套设施;基础设施完善,人流度较大,商业繁华程度较好	位于广园西路旁,周边有春源酒店、汉庭酒店、7天连锁酒店等商业服务设施;有好又多超市、沃尔玛超市、中国建设银行、中国邮政储蓄银行、广州中医药大学、景泰中学等生活配套设施;基础设施完善,人流度较大,商业繁华程度较好
	交通状况	附近有白云高尔夫花园公交车站、祥景花园公交车站、黄石路南总站等站口,有420路、810路、36路等多条路线经过交通较便利,停车较方便	附近有棠下公交车站、水边街公交车站、三元里大道中公交站等站口,有662路、7路、21路等多条路线经过交通较便利,停车较方便	附近有白云高尔夫花园公交车站、祥景花园公交车站、黄石路南总站等站口,有420路、810路、36路等多条路线经过交通较便利,停车较方便	附近有广园新村站、景泰直街站、童心北站等站口,有24路、32路、186路等多条路线经过,交通较便利,停车较方便
实物状况	便捷程度	位于首层,出入方便	位于首层,出入方便	位于首层,出入方便	位于首层,出入较方便
	建筑面积/平方米	5486.33	450	570	1000
	规模(供求)	需求量较好,供应充足	需求量较好,供应充足	需求量较好,供应充足	需求量较好,供应充足
	建筑结构	钢筋混凝土	钢筋混凝土	钢筋混凝土	钢筋混凝土
	装修情况	普通装修	普通装修	普通装修	精装修
	现状	待出租	待出租	待出租	待出租
	物业管理	有物业管理	有物业管理	有物业管理	有物业管理

按照表 3-20 的情况,比较各实例与估价对象的差异后确定修正系数,又根据各实例与估价对象的相似程度,取其算术平均数为客观租金,从而得出估价对象在不考虑租约限制情况下的客观租金水平,详见表 3-21。

表 3-21　不考虑租约限制情况下的客观租金水平

名称		因子权重	租赁实例1	租赁实例2	租赁实例3
原租金单价		—	250	220	240
区位状况	位置	40%	-5%	0%	0%
	繁华程度	30%	-5%	0%	0%
	交通状况	30%	0%	0%	0%
	区位状况修正	100%	103.68%	100.00%	100.00%
实物状况	便捷程度	25%	0%	0%	0%
	建筑面积	20%	10%	10%	5%
	规模(供求)	20%	0%	0%	0%
	建筑结构	10%	0%	0%	0%
	装修情况	10%	0%	0%	8%
	现状	10%	0%	0%	0%
	物业管理	5%	0%	0%	0%
	实物状况修正	100%	98.18%	98.18%	98.31%
实例修正后租金单价			254.5	216	235.9
权重			1/3	1/3	1/3
估价对象客观租金		—		235	

备注:实例修正后租金单价 = 原租金单价 × 区位状况修正 × 实物状况修正
估价对象客观租金 = 租赁实例1 × 权重1 + 租赁实例2 × 权重2 + 租赁实例3 × 权重3

D. 评估对象市场价值确定

表 3-22　评估单价

内容	单位	说明	指标	首层
房地产年有效毛收入	元	E = E1 + E2		2633
年租金收入	元	E1 = E11 * E12 * 12 * (1 - E13) * (1 - E14)		2626
有效可出租面积	平方米	按建筑面积计(根据租金水平对应确定)		5486.33
单位面积月租金	元/平方米	由于委托方未能提供有效租约,本次评估按当前市场客观租金推定租金水平		235.0
空置率/%		根据市场现状分析确定(2.5% - 10.0%)	0.0%	4.0%

续表

内容	单位	说明	指标	首层
租金损失率/%		如免租期等损失(2.0%–5.0%)	0.0%	3.0%
押金利息收入	元	按2个月租金,一年定期利率计算(2015年10月24日中国人民银行公布最新存款利率)	1.50%	7
年运营费用	元	$C = C1 + C2 + C3 + C4 + C5$		623
估价对象造价(结构和设备)	元	参考《广州市房屋建筑工程2016年参考造价》商场楼类型造价指标		3560
增值税及附加	元	增值税按年租金收入的5%计,教育附加费按增值税的3%计,城建税按增值税7%计,地方教育附加按增值税2%,总计年房地产总收益计。	5.6%	147
房产税	元	按年租金收入计(12.0%)	12.0%	315
经营管理费	元	按年租金收入计(1.5%~3.0%)	2.0%	53
经营维修费	元	按造价计(2.0%~5.0%)	2.0%	71
房屋保险费	元	按造价计实际为现值(0.15%~0.3%)如果房屋很旧要考虑成新率	0.3%	11
其他相关费用	元	包括中介费等其他相关费用按年租金收入计(0.5%~1.0%)	1.0%	26
年净收益	元	$ER = E - C$		2010
综合还原率		央行公布一年定期整存整取存款利率为安全利率	1.50%	1.50%
综合还原率		同时考虑周围物业的租售比、同期债券利率及估价对象所处社会经济环境及其投资其他经济行为的风险,确定风险率调整值	4.50%	4.50%
综合还原率		综合还原率=安全利率+风险调整值		6.00%
年租金递增率		市场发展和影响逐步加大,综合分析该区域房地产现状并结合区域城市规划估算,年租金递增率。	0.0%	4.00%
收益年期(全部)		建筑物剩余使用年限。根据规范,钢混结构经济耐用年限为60年,该建筑物建成于2008年,房屋剩余经济年限为		52
		商业用地使用年限40年,则可收益年限为		22.87
		评估使用的收益年期		22.87
评估单价	元/平方米	公式:$V = ER/(R-S) * \{1 - [(1+S)/(1+R)]^N\}$ (已取整到十位)		35500

注:收益法评估单价=35,500(元/平方米)(取整到佰位)

由上述比较法及收益法的测算结果可知,估价对象比较法及收益法评估的单价分别为43,900元/平方米、35,500元/平方米;比较法的可比实例均为当地近期出让案例,其比准价格较能客观地体现估价对象的市场价值,而收益法由于受土地使用年限等各项因素影响较大、测算精度相对较低,其评估结果不能真正反映估价对象的真实市场价值,通过对当地房地产市场的了解和估价对象所在区域环境的进一步分析,并结合估价人员的经验,取该两种评估方法的权重值分别为0.7、0.3,则于2016年12月31日:

评估对象评估单价 = $43,900 \times 0.7 + 35,500 \times 0.3 =$
$41,400$(元/平方米)(取整至佰元位)

评估对象市场价值 = $41,400 \times 5486.33 = 227,134,100$(元)(取整至佰元位)

按同样的评估方法和评估思路,测算出其他评估对象的市场价值,具体详见表3-23。

表3-23 评估明细

序号	序号	地址	结构楼层	共用面积/平方米	建筑面积/平方米	评估单价	评估总值	备注
HS商业								
1	1	1栋:十里方圆易达商业街二期易达街35号	钢混结构1层	177.14	174.87	6600	1,154,100	取整至佰元位
2	2	2栋:十里方圆易达商业街二期易达街1号、2号、3号	钢混结构2层	145.96	290.66	4800	1,395,200	取整至佰元位
3	3	3栋:十里方圆易达商业街二期易达街5号、6号、7号、8号、9号、10号、11号、12号、19号、20号、21号、22号、23号、25号、26号、27号、28号	钢混结构1层	638.42	628.55	6600	4,148,400	取整至佰元位

续表

序号		地址	结构楼层	共用面积/平方米	建筑面积/平方米	评估单价	评估总值	备注
4	4	4栋：十里方圆易达商业街二期易达街36号、37号、38号、39号、40号、41号、42号、43号、45号、46号、47号、48号、49号、50号、51号、52号、53号、55号、56号	钢混结构2层	934.09	1875.98	4800	9,004,700	取整至佰元位
5	5	5栋：十里方圆易达商业街二期易达街13号、15号、16号、17号、18号、29号、30号、31号、32号、33号	钢混结构1层	503.42	496.50	6600	3,276,900	取整至佰元位
6	6	6栋：十里方圆易达商业街二期易达街57号、58号、59号、60号、61号、62号、63号、65号、66号、67号、68号、69号、70号	钢混结构2层	842.32	1591.02	4800	7,636,900	取整至佰元位
7	7	7栋：十里方圆易达商业街二期易达街71号、72号、73号、75号、76号、77号、78号、79号、80号、81号、82号、83号、85号、86号、87号、88号、91号、92号、93号、95号、96号、97号、98号、99号	钢混结构2层	964.41	1242.31	4800	5,963,100	取整至佰元位
荷塘月色商铺								
8	1	白云区翰云路287号之一201铺	钢混结构2/25层	3523.53	1880.98	21,050	39,594,600	取整至佰元位
9	2	白云区翰云路287号之一202铺	钢混结构2/25层	3523.53	1368.55	21,050	28,808,000	取整至佰元位

续表

序号		地址	结构楼层	共用面积/平方米	建筑面积/平方米	评估单价	评估总值	备注
寺右新马路								
10	1	越秀区寺右新马路168号第6层	钢混结构6/6层	3583.45	2391.91	15,800	37,792,200	取整至佰元位
祥兴大厦								
11	1	TH区天河北路合晖街196号903房	钢混结构9/23层	1099.30	76.50	34,300	2,624,000	取整至佰元位
12	2	TH区天河北路合晖街198号903房	钢混结构9/23层	1099.30	78.87	34,300	2,705,200	取整至佰元位
13	3	TH区天河北路合晖街198号802房	钢混结构8/23层	1099.30	70.37	34,400	2,420,700	取整至佰元位
14	4	TH区天河北路合晖街198号1003房	钢混结构10/23层	1099.30	78.87	34,500	2,721,000	取整至佰元位
15	5	TH区天河北路合晖街198号1203房	钢混结构12/23层	1099.30	77.13	34,800	2,684,100	取整至佰元位
16	6	TH区天河北路合晖街198号1603房	钢混结构16/23层	1099.30	77.07	35,500	2,736,000	取整至佰元位
17	7	TH区天河北路合晖街198号1803房	钢混结构18/23层	1099.30	78.44	35,800	2,808,200	取整至佰元位
18	8	TH区天河北路合晖街198号2003房	钢混结构20/23层	1099.30	78.44	36,200	2,839,500	取整至佰元位
19	9	TH区天河北路合晖街198号2103房	钢混结构21/23层	1099.30	78.44	36,400	2,855,200	取整至佰元位
方圆E时光								
20	1	TH区科韵路12号之一	钢混结构29层,整栋	6494.50	58,433.46	25,100	1,466,679,800	取整至佰元位
盈月居								
21	1	BY区黄石东路120号地下负一层	钢混结构-1/13层	7655.38	7684.21	24,300	186,726,300	取整至佰元位

续表

序号		地址	结构楼层	共用面积/平方米	建筑面积/平方米	评估单价	评估总值	备注
22	2	BY区黄石东路120号首层	钢混结构1/13层	7655.38	5486.33	41,400	227,134,100	取整至佰元位
方圆大厦								
23	1	TH区体育东路28号101房	钢混结构39层,位于首层	1729.37	851.15	160,400	136,523,800	取整至佰元位
24	2	TH区体育东路28号102房	钢混结构40层,位于首层	1729.37	18.84	151,600	2,856,700	取整至佰元位
25	3	TH区体育东路28号201房	钢混结构39层,位于2层	1729.37	1554.58	70,700	109,908,500	取整至佰元位
26	4	TH区体育东路28号301房	钢混结构39层,位于首层	1729.37	1851.51	54,500	100,907,200	取整至佰元位
27	5	TH区体育东路28号401房	钢混结构39层,位于4层	1729.37	2090.51	49,800	104,107,500	取整至佰元位
28	6	TH区体育东路28号501房	钢混结构40层,位于5层	1729.37	1541.40	47,200	72,754,000	取整至佰元位
29	7	TH区体育东路28号601房	钢混结构39层,位于6层	1729.37	1484.95	38,700	57,467,400	取整至佰元位
30	8	TH区体育东路28号701房	钢混结构39层,位于7层	1729.37	1484.95	38,700	57,467,400	取整至佰元位
31	9	TH区体育东路28号801房	钢混结构39层,位于8层	1729.37	1484.95	38,700	57,467,400	取整至佰元位

续表

序号		地址	结构楼层	共用面积/平方米	建筑面积/平方米	评估单价	评估总值	备注
32	10	TH区体育东路28号901房	钢混结构39层,位于9层	1729.37	1484.95	38,700	57,467,400	取整至佰元位
33	11	TH区体育东路28号1001房	钢混结构39层,位于10层	1729.37	1484.95	38,700	57,467,400	取整至佰元位
34	12	TH区体育东路28号1101房	钢混结构39层,位于11层	1729.37	1484.95	38,700	57,467,400	取整至佰元位
35	13	TH区体育东路28号1301房	钢混结构39层,位于13层	1729.37	856.14	53,800	46,060,300	取整至佰元位
36	14	TH区体育东路28号1401房	钢混结构39层,位于14层	1729.37	848.60	53,800	45,654,900	取整至佰元位
37	15	TH区体育东路28号1501房	钢混结构39层,位于15层	1729.37	1216.58	53,800	65,452,200	取整至佰元位
38	16	TH区体育东路28号1601房	钢混结构39层,位于16层	1729.37	1216.58	53,800	65,452,200	取整至佰元位
39	17	TH区体育东路28号1701房	钢混结构39层,位于17层	1729.37	1216.58	53,800	65,452,200	取整至佰元位
40	18	TH区体育东路28号1801房	钢混结构39层,位于18层	1729.37	1216.58	53,800	65,452,200	取整至佰元位
41	19	TH区体育东路28号1901房	钢混结构39层,位于19层	1729.37	1216.58	53,800	65,452,200	取整至佰元位

续表

序号		地址	结构楼层	共用面积/平方米	建筑面积/平方米	评估单价	评估总值	备注
42	20	TH区体育东路28号2001房	钢混结构39层,位于20层	1729.37	1216.58	53,800	65,452,200	取整至佰元位
43	21	TH区体育东路28号2101房	钢混结构39层,位于21层	1729.37	1216.58	53,800	65,452,200	取整至佰元位
44	22	TH区体育东路28号2201房	钢混结构39层,位于22层	1729.37	1216.58	53,800	65,452,200	取整至佰元位
45	23	TH区体育东路28号2301房	钢混结构39层,位于23层	1729.37	1216.58	53,800	65,452,200	取整至佰元位
46	24	TH区体育东路28号2401房	钢混结构39层,位于24层	1729.37	1216.58	53,800	65,452,200	取整至佰元位
47	25	TH区体育东路28号2501房	钢混结构39层,位于25层	1729.37	1216.58	53,800	65,452,200	取整至佰元位
48	26	TH区体育东路28号2701房	钢混结构39层,位于27层	1729.37	1216.58	53,800	65,452,200	取整至佰元位
49	27	TH区体育东路28号2801房	钢混结构39层,位于28层	1729.37	1216.58	53,800	65,452,200	取整至佰元位
50	28	TH区体育东路28号2901房	钢混结构39层,位于29层	1729.37	1216.58	53,800	65,452,200	取整至佰元位
51	29	TH区体育东路28号3001房	钢混结构39层,位于30层	1729.37	1216.58	53,800	65,452,200	取整至佰元位

续表

序号		地址	结构楼层	共用面积/平方米	建筑面积/平方米	评估单价	评估总值	备注
52	30	TH区体育东路28号3101房	钢混结构39层,位于31层	1729.37	1216.58	53,800	65,452,200	取整至佰元位
53	31	TH区体育东路28号3201房	钢混结构39层,位于32层	1729.37	1216.58	53,800	65,452,200	取整至佰元位
54	32	TH区体育东路28号3301房	钢混结构39层,位于33层	1729.37	1010.08	53,800	54,342,300	取整至佰元位
55	33	TH区体育东路28号3401房	钢混结构39层,位于34层	1729.37	919.93	53,800	49,492,200	取整至佰元位
56	34	TH区体育东路28号3501房	钢混结构39层,位于35层	1729.37	919.93	53,800	49,492,200	取整至佰元位
57	35	TH区体育东路28号3601房	钢混结构39层,位于36层	1729.37	919.93	53,800	49,492,200	取整至佰元位
58	36	TH区体育东路28号3701房	钢混结构39层,位于37层	1729.37	816.04	53,800	43,903,000	取整至佰元位
59	37	TH区体育东路28号3801房	钢混结构39层,位于38层	1729.37	760.00	53,800	40,887,900	取整至佰元位
60	38	TH区体育东路28号3901房	钢混结构39层,位于39层	1729.37	667.74	53,800	35,924,700	取整至佰元位
61	39	TH区体育东路28号B101(车位)	钢混结构39层,位于负一层	1729.37	12.72	5,000,000元/个车位	500,000	取整至佰元位

续表

序号		地址	结构楼层	共用面积/平方米	建筑面积/平方米	评估单价	评估总值	备注
62	40	TH区体育东路28号B102(车位)	钢混结构39层,位于负一层	1729.37	12.72	500,000元/个车位	500,000	取整至佰元位
63	41	TH区体育东路28号B103(车位)	钢混结构39层,位于负一层	1729.37	12.72	500,000元/个车位	500,000	取整至佰元位
64	42	TH区体育东路28号B104(车位)	钢混结构39层,位于负一层	1729.37	12.72	500,000元/个车位	500,000	取整至佰元位
65	43	TH区体育东路28号B105(车位)	钢混结构39层,位于负一层	1729.37	12.792	500,000元/个车位	500,000	取整至佰元位
66	44	TH区体育东路28号B106(车位)	钢混结构39层,位于负一层	1729.37	12.72	500,000元/个车位	500,000	取整至佰元位
67	45	TH区体育东路28号B107(车位)	钢混结构39层,位于负一层	1729.37	12.72	500,000元/个车位	500,000	取整至佰元位
68	46	TH区体育东路28号B108(车位)	钢混结构39层,位于负一层	1729.37	12.72	500,000元/个车位	500,000	取整至佰元位
69	47	TH区体育东路28号B109(车位)	钢混结构39层,位于负一层	1729.37	12.72	500,000元/个车位	500,000	取整至佰元位
70	48	TH区体育东路28号B110(车位)	钢混结构39层,位于负一层	1729.37	12.72	500,000元/个车位	500,000	取整至佰元位
71	49	TH区体育东路28号B111(车位)	钢混结构39层,位于负一层	1729.37	12.72	500,000元/个车位	500,000	取整至佰元位

续表

序号		地址	结构楼层	共用面积/平方米	建筑面积/平方米	评估单价	评估总值	备注
72	50	TH区体育东路28号B112(车位)	钢混结构39层,位于负一层	1729.37	12.72	500,000元/个车位	500,000	取整至佰元位
73	51	TH区体育东路28号B113(车位)	钢混结构39层,位于负一层	1729.37	12.72	500,000元/个车位	500,000	取整至佰元位
74	52	TH区体育东路28号B114(车位)	钢混结构39层,位于负一层	1729.37	12.72	500,000元/个车位	500,000	取整至佰元位
75	53	TH区体育东路28号B115(车位)	钢混结构39层,位于负一层	1729.37	12.72	500,000元/个车位	500,000	取整至佰元位
76	54	TH区体育东路28号B116(车位)	钢混结构39层,位于负一层	1729.37	12.72	500,000元/个车位	500,000	取整至佰元位
77	55	TH区体育东路28号B117(车位)	钢混结构39层,位于负一层	1729.37	12.72	500,000元/个车位	500,000	取整至佰元位
78	56	TH区体育东路28号B118(车位)	钢混结构39层,位于负一层	1729.37	12.72	500,000元/个车位	500,000	取整至佰元位
79	57	TH区体育东路28号B119(车位)	钢混结构39层,位于负一层	1729.37	12.72	500,000元/个车位	500,000	取整至佰元位
80	58	TH区体育东路28号B120(车位)	钢混结构39层,位于负一层	1729.37	12.72	500,000元/个车位	500,000	取整至佰元位
81	59	TH区体育东路28号B121(车位)	钢混结构39层,位于负一层	1729.37	12.72	500,000元/个车位	500,000	取整至佰元位

续表

序号		地址	结构楼层	共用面积/平方米	建筑面积/平方米	评估单价	评估总值	备注
82	60	TH区体育东路28号B122（车位）	钢混结构39层,位于负一层	1729.37	12.72	500,000元/个车位	500,000	取整至佰元位
83	61	TH区体育东路28号B123（车位）	钢混结构39层,位于负一层	1729.37	12.72	500,000元/个车位	500,000	取整至佰元位
84	62	TH区体育东路28号B124（车位）	钢混结构39层,位于负一层	1729.37	12.72	500,000元/个车位	500,000	取整至佰元位
85	63	TH区体育东路28号B125（车位）	钢混结构39层,位于负一层	1729.37	12.72	500,000元/个车位	500,000	取整至佰元位
86	64	TH区体育东路28号B126（车位）	钢混结构39层,位于负一层	1729.37	12.72	500,000元/个车位	500,000	取整至佰元位
87	65	TH区体育东路28号B201（复式车位）	钢混结构39层,位于负二层	1729.37	40.88	490,000元/个车位	2,450,000	机械车库3个
88	66	TH区体育东路28号B202（复式车位）	钢混结构39层,位于负二层	1729.37	41.16	490,000元/个车位	2,450,000	机械车库3个
89	67	TH区体育东路28号B203（复式车位）	钢混结构39层,位于负二层	1729.37	40.88	490,000元/个车位	1,470,000	机械车库3个
90	68	TH区体育东路28号B204（复式车位）	钢混结构39层,位于负二层	1729.37	27.50	490,000元/个车位	1,470,000	机械车库2个
91	69	TH区体育东路28号B205（复式车位）	钢混结构39层,位于负二层	1729.37	40.20	490,000元/个车位	2,450,000	机械车库3个

续表

序号		地址	结构楼层	共用面积/平方米	建筑面积/平方米	评估单价	评估总值	备注
92	70	TH区体育东路28号B206(复式车位)	钢混结构39层,位于负二层	1729.37	27.76	490,000元/个车位	1,470,000	机械车库2个
93	71	TH区体育东路28号B207(车位)	钢混结构39层,位于负二层	1729.37	11.37	490,000元/个车位	490,000	取整至佰元位
94	72	TH区体育东路28号B208(车位)	钢混结构39层,位于负二层	1729.37	11.27	490,000元/个车位	490,000	取整至佰元位
95	73	TH区体育东路28号B209(复式车位)	钢混结构39层,位于负二层	1729.37	66.00	490,000元/个车位	6,370,000	机械车库5个
96	74	TH区体育东路28号B210(车位)	钢混结构39层,位于负二层	1729.37	12.35	490,000元/个车位	490,000	取整至佰元位
97	75	TH区体育东路28号B211(车位)	钢混结构39层,位于负二层	1729.37	12.72	490,000元/个车位	490,000	取整至佰元位
98	76	TH区体育东路28号B301(车位)	钢混结构39层,位于负三层	1729.37	12.48	480,000元/个车位	480,000	取整至佰元位
99	77	TH区体育东路28号B302(车位)	钢混结构39层,位于负三层	1729.37	11.44	480,000元/个车位	480,000	取整至佰元位
100	78	TH区体育东路28号B303(车位)	钢混结构39层,位于负三层	1729.37	12.48	480,000元/个车位	480,000	取整至佰元位
101	79	TH区体育东路28号B304(车位)	钢混结构39层,位于负三层	1729.37	12.22	480,000元/个车位	480,000	取整至佰元位

续表

序号		地址	结构楼层	共用面积/平方米	建筑面积/平方米	评估单价	评估总值	备注
102	80	TH区体育东路28号B305(车位)	钢混结构39层,位于负三层	1729.37	11.70	480,000元/个车位	480,000	取整至佰元位
103	81	TH区体育东路28号B306(车位)	钢混结构39层,位于负三层	1729.37	11.96	480,000元/个车位	480,000	取整至佰元位
104	82	TH区体育东路28号B307(车位)	钢混结构39层,位于负三层	1729.37	11.44	480,000元/个车位	480,000	取整至佰元位
105	83	TH区体育东路28号B308(复式车位)	钢混结构39层,位于负三层	1729.37	57.17	480,000元/个车位	3,840,000	机械车库5个
106	84	TH区体育东路28号B309(复式车位)	钢混结构39层,位于负三层	1729.37	85.06	480,000元/个车位	5,760,000	机械车库7个
107	85	TH区体育东路28号B310(复式车位)	钢混结构39层,位于负三层	1729.37	41.14	480,000元/个车位	2,880,000	机械车库3个
108	86	TH区体育东路28号B311(复式车位)	钢混结构39层,位于负三层	1729.37	41.14	480,000元/个车位	2,880,000	机械车库3个
109	87	TH区体育东路28号B312(车位)	钢混结构39层,位于负三层	1729.37	12.72	480,000元/个车位	480,000	取整至佰元位
110	88	TH区体育东路28号B313(车位)	钢混结构39层,位于负三层	1729.37	14.06	480,000元/个车位	480,000	取整至佰元位
111	89	TH区体育东路28号B314(复式车位)	钢混结构39层,位于负三层	1729.37	39.26	480,000元/个车位	2,880,000	机械车库3个

续表

序号		地址	结构楼层	共用面积/平方米	建筑面积/平方米	评估单价	评估总值	备注
112	90	TH区体育东路28号B315(复式车位)	钢混结构39层,位于负三层	1729.37	40.07	480,000元/个车位	2,400,000	机械车库3个
113	91	TH区体育东路28号B316(复式车位)	钢混结构39层,位于负三层	1729.37	41.14	480,000元/个车位	1,440,000	机械车库3个
114	92	TH区体育东路28号B317(复式车位)	钢混结构39层,位于负三层	1729.37	27.59	480,000元/个车位	1,440,000	机械车库2个
115	93	TH区体育东路28号B318(复式车位)	钢混结构39层,位于负三层	1729.37	42.71	480,000元/个车位	2,400,000	机械车库3个
116	94	TH区体育东路28号B319(复式车位)	钢混结构39层,位于负三层	1729.37	100.05	480,000元/个车位	5,280,000	机械车库8个
117	95	TH区体育东路28号B320(复式车位)	钢混结构39层,位于负三层	1729.37	41.98	480,000元/个车位	2,400,000	机械车库3个
118	96	TH区体育东路28号B321(车位)	钢混结构39层,位于负三层	1729.37	12.65	480,000元/个车位	480,000	取整至佰元位
119	97	TH区体育东路28号B322(车位)	钢混结构39层,位于负三层	1729.37	12.41	480,000元/个车位	480,000	取整至佰元位
120	98	TH区体育东路28号B401(复式车位)	钢混结构39层,位于负四层	1729.37	35.75	470,000元/个车位	2,350,000	机械车库3个
121	99	TH区体育东路28号B402(复式车位)	钢混结构39层,位于负四层	1729.37	36.00	470,000元/个车位	2,350,000	机械车库3个

续表

序号		地址	结构楼层	共用面积/平方米	建筑面积/平方米	评估单价	评估总值	备注
122	100	TH区体育东路28号B403(车位)	钢混结构39层,位于负四层	1729.37	11.50	470,000元/个车位	470,000	取整至佰元位
123	101	TH区体育东路28号B404(车位)	钢混结构39层,位于负四层	1729.37	11.50	470,000元/个车位	470,000	取整至佰元位
124	102	TH区体育东路28号B405(车位)	钢混结构39层,位于负四层	1729.37	12.00	470,000元/个车位	470,000	取整至佰元位
125	103	TH区体育东路28号B406(车位)	钢混结构39层,位于负四层	1729.37	12.00	470,000元/个车位	470,000	取整至佰元位
126	104	TH区体育东路28号B407(车位)	钢混结构39层,位于负四层	1729.37	11.50	470,000元/个车位	470,000	取整至佰元位
127	105	TH区体育东路28号B408(车位)	钢混结构39层,位于负四层	1729.37	11.50	470,000元/个车位	470,000	取整至佰元位
128	106	TH区体育东路28号B409(车位)	钢混结构39层,位于负四层	1729.37	13.50	470,000元/个车位	470,000	取整至佰元位
129	107	TH区体育东路28号B410(车位)	钢混结构39层,位于负四层	1729.37	11.75	470,000元/个车位	470,000	取整至佰元位
130	108	TH区体育东路28号B411(车位)	钢混结构39层,位于负四层	1729.37	11.00	470,000元/个车位	470,000	取整至佰元位
131	109	TH区体育东路28号B412(车位)	钢混结构39层,位于负四层	1729.37	12.00	470,000元/个车位	470,000	取整至佰元位

续表

序号		地址	结构楼层	共用面积/平方米	建筑面积/平方米	评估单价	评估总值	备注
132	110	TH区体育东路28号B413(车位)	钢混结构39层,位于负四层	1729.37	11.50	470,000元/个车位	470,000	取整至佰元位
133	111	TH区体育东路28号B414(车位)	钢混结构39层,位于负四层	1729.37	11.50	470,000元/个车位	470,000	取整至佰元位
134	112	TH区体育东路28号B415(车位)	钢混结构39层,位于负四层	1729.37	12.00	470,000元/个车位	470,000	取整至佰元位
135	113	TH区体育东路28号B416(车位)	钢混结构39层,位于负四层	1729.37	12.00	470,000元/个车位	470,000	取整至佰元位
136	114	TH区体育东路28号B417(车位)	钢混结构39层,位于负四层	1729.37	12.00	470,000元/个车位	470,000	取整至佰元位
137	115	TH区体育东路28号B418(车位)	钢混结构39层,位于负四层	1729.37	12.00	470,000元/个车位	470,000	取整至佰元位
138	116	TH区体育东路28号B419(车位)	钢混结构39层,位于负四层	1729.37	12.00	470,000元/个车位	470,000	取整至佰元位
139	117	TH区体育东路28号B420(车位)	钢混结构39层,位于负四层	1729.37	12.50	470,000元/个车位	470,000	取整至佰元位
140	118	TH区体育东路28号B421(车位)	钢混结构39层,位于负四层	1729.37	12.00	470,000元/个车位	470,000	取整至佰元位
141	119	TH区体育东路28号B422(车位)	钢混结构39层,位于负四层	1729.37	12.50	470,000元/个车位	470,000	取整至佰元位

续表

序号		地址	结构楼层	共用面积/平方米	建筑面积/平方米	评估单价	评估总值	备注
142	120	TH区体育东路28号B423（车位）	钢混结构39层,位于负四层	1729.37	12.00	470,000元/个车位	470,000	取整至佰元位
143	121	TH区体育东路28号B424（车位）	钢混结构39层,位于负四层	1729.37	11.50	470,000元/个车位	470,000	取整至佰元位
144	122	TH区体育东路28号B425（车位）	钢混结构39层,位于负四层	1729.37	12.15	470,000元/个车位	470,000	取整至佰元位
145	123	TH区体育东路28号B426（车位）	钢混结构39层,位于负四层	1729.37	11.50	470,000元/个车位	470,000	取整至佰元位
146	124	TH区体育东路28号B427（车位）	钢混结构39层,位于负四层	1729.37	12.50	470,000元/个车位	470,000	取整至佰元位
147	125	TH区体育东路28号B428（车位）	钢混结构39层,位于负四层	1729.37	12.50	470,000元/个车位	470,000	取整至佰元位
148	126	TH区体育东路28号B429（车位）	钢混结构39层,位于负四层	1729.37	12.05	470,000元/个车位	470,000	取整至佰元位
149	127	TH区体育东路28号B430（车位）	钢混结构39层,位于负四层	1729.37	11.30	470,000元/个车位	470,000	取整至佰元位
150	128	TH区体育东路28号B431（车位）	钢混结构39层,位于负四层	1729.37	11.91	470,000元/个车位	470,000	取整至佰元位
151	129	TH区体育东路28号B432（车位）	钢混结构39层,位于负四层	1729.37	11.12	470,000元/个车位	470,000	取整至佰元位

续表

序号		地址	结构楼层	共用面积/平方米	建筑面积/平方米	评估单价	评估总值	备注
152	130	TH区体育东路28号B433(车位)	钢混结构39层,位于负四层	1729.37	130.22	470,000元/个车位	6,580,000	机械车库10个
			雅乐轩酒店					
153	131	GZ市PY区小谷围街立德街66号	钢混结构9层,整栋	3215.17	25,901.16	18,100	468,811,000	取整至佰元位
		合 计			157,272.99		5,009,668,400	

四、评估结论

A评估有限公司根据国家有关资产评估的规定,本着独立、公正、客观的原则,按照必要的评估程序对委托方委托评估的资产在评估基准日2016年12月31日的市场价值作出了公允评估。根据以上评估工作,得出如下评估结论:

GZ市方圆房地产发展有限公司委托评估的位于HS市十里方圆二期87套商铺和GZ市BY区翰云路287号之一201、202铺2套商铺等153项房地产于2016年12月31日的评估价值为¥5,009,668,400元(大写人民币伍拾亿零玖佰陆拾陆万捌仟肆佰元整),评估结论详见评估明细表。

五、评估点评

本评估案例的分析、判断和结论受评估报告中假设和限定条件的限制,在本评估案例分析过程中,首先,以经济行为依据、法律法规依据、评估准则依据、权属依据、取价依据;其次,评估机构接受委托后,进行了清查核实及现场勘察作业,搜集了评估所需资料;最后,进行个别因素分析、区域因素分析、市场背景分析、最高最佳利用分析,选用了评估方法,得出评估结论。

案例九

F市S区L公司拟出资设立子公司事宜所涉及的土地使用权

一、案例背景

A评估有限公司接受佛山市顺德区莱尔电子材料有限公司的委托,根据国家有关法律、法规和资产评估准则、资产评估原则,采用成本法和市场法,按照必要的评估程序,对佛山市顺德区莱尔电子材料有限公司拟出资设立子公司所涉及的其持有的土地使用权于2017年7月31日的市场价值进行了评估。

(一)评估目的

本次评估目的是反映佛山市顺德区莱尔电子材料有限公司持有的土地使用权在评估基准日2017年7月31日的市场价值,为委托方拟出资设立子公司提供价值参考依据。

(二)评估基准日

本项目评估基准日是2017年7月31日。

资产评估是对某一时点的资产及负债状况提出价值结论,为使评估基准日与评估目的实现日尽量接近,委托方根据实际情况选择2017年7月31日作为评估基准日。

(三)评估对象和范围

1. 评估对象

本次评估对象为土地使用权价值。

2. 评估范围

本次纳入评估范围的是佛山市顺德区莱尔电子材料有限公司持有的土地使用权,原始入账价值22,295,000.00元,账面价值21,551,833.40元。

详细情况如表 3-24 所示。

表 3-24 评估范围

土地权证编号	土地位置	取得方式	土地用途	用地性质	土地使用权终止日期	开发程度	面积/平方米
顺府国用(2015)第 090000000005 号	均安镇智安北路 4 号	出让	工业	国有	2057 年 6 月 29 日	五通一平	26,666.41

(1) 评估对象区位状况

评估对象位于均安镇智安北路 4 号,委估宗地南面为智安北路,隔路为工业厂房,西面为空地,位于海洲水道北岸,东西走向的广中江高速路贯穿全镇。

(2) 评估对象权利状况

表 3-25 产权持有单位提供的《国有土地使用权证》记载

证号	顺府国用(2015)第 090000000005 号
土地使用权人	佛山市顺德区莱尔电子材料有限公司
坐落	均安镇智安北路 4 号
地号	440606106003GB00294
图号	058-046
地类(用途)	061 工业用地
使用权类型	出让
终止日期	2057-06-29
使用权面积	26,666.41 平方米

据产权持有单位提供的资料,委估宗地的土地使用权在评估基准日未设立抵押登记(见表 3-25)。

(3) 土地利用状况

在评估基准日,评估对象基础设施开发程度为宗地红线外"五通"(通路、供水、排水、通电、通信),宗地地势平整,宗地形状为基本上为正方形,规则,可利用率较好,界址清晰。到评估基准日,产权持有单位正在对委估宗地进行建设项目环境影响评价。

(四)价值类型

根据本项目的评估目的和评估对象的具体情况,本次评估结果的价值类型为市场价值。

市场价值是指自愿买方和自愿卖方在各自理性行事且未受任何强迫压制的情况下,对在评估基准日进行正常公平交易中,某项资产应当进行交易的价值估计数额。

本次评估所估地价是指在评估基准日2017年7月31日、土地开发程度达到宗地外五通(通路、供水、排水、通电、通信)、宗地内场地平整、在规划利用条件下,法定剩余使用年限的国有土地使用权价格。未考虑估价对象可能存在的抵押、担保等影响其价值的因素限制。

二、评估标的

本次评估资产,是佛山市顺德区莱尔电子材料有限公司持有的建设土地使用权[顺府国用(2015)第090000000005号]。

三、评估方法

(一)评估方法说明

资产评估基本方法包括市场法、收益法和成本法。进行资产价值评估,要根据评估对象、价值类型、资料收集情况等相关条件,分析三种资产评估基本方法的适用性,恰当选择一种或多种资产评估基本方法。

市场法:是指利用市场上同样或类似资产的近期交易价格,经过直接比较或类比分析以估测资产价值的评估方法。

收益法:是指通过测算被评估资产未来收益的现值,来计算资产的评估价值的各种评估方法的总称。

成本法:先估算被评估资产的重置成本,然后估算被评估资产已存在的各种贬值因素,并将其从重置成本中予以扣除而得到被评估资产价值的各种评估方法的总称。

本次评估对象是土地使用权,评估对象所在区域单纯土地出租极少,工业用房地产出租较少,且难以准确从房地产收益中分离出土地收益,故不宜选用收益还原法进行评估;而所在区域的土地取得费(含土地补偿费、安置补助费及青苗及地上附着物补偿费)、"五通一平"费用同样存在难以准确量化的情况,故不宜采用成本逼近法。委估宗地处于佛山市顺德区基准地价体系内,故可采用基准地价系数修正法。由于委估宗地所在地区的土地市场比较活跃,类似土地交易实例较多,存在客观的可比性,土地评估适宜采用市场法进行评估。因此,本次对土地使用权采用基准地价系数修正法、市场法进行评估。

(二)土地使用权评估因素分析

1. 个别因素分析

本次纳入评估范围的是佛山市顺德区莱尔电子材料有限公司持有的土地使用权,原始入账价值 22,295,000.00 元,账面价值 21,551,833.40 元。

表 3-26 详细情况

土地权证编号	土地位置	取得方式	土地用途	用地性质	土地使用权终止日期	开发程度	面积/平方米
顺府国用(2015)第090000000005号	均安镇智安北路4号	出让	工业	国有	2057年6月29日	五通一平	26,666.41

(1)评估对象区位状况

评估对象位于均安镇智安北路4号,委估宗地南面为智安北路,隔路为工业厂房,西面为空地,位于海洲水道北岸,东西走向的广中江高速路贯穿全镇(见表3-26)。

(2)评估对象权利状况

表 3-27 产权持有单位提供的《国有土地使用权证》记载

证号	顺府国用(2015)第090000000005号
土地使用权人	佛山市顺德区莱尔电子材料有限公司
坐落	均安镇智安北路4号
地号	440606106003GB00294
图号	058-046
地类(用途)	061工业用地
使用权类型	出让
终止日期	2057-06-29
使用权面积	26,666.41平方米

据产权持有单位提供的资料,委估宗地的土地使用权在评估基准日未

设立抵押登记(见表 3-27)。

(3)土地利用状况

在评估基准日,评估对象基础设施开发程度为宗地红线外"五通"(通路、供水、排水、通电、通信),宗地地势平整,宗地形状为基本上为正方形,规则,可利用率较好,界址清晰。到评估基准日,产权持有单位正在对委估宗地进行建设项目环境影响评价。

2. 区域因素分析

佛山位于中国最具经济实力和发展活力地区之一的珠江三角洲腹地,与广州共同构成"广佛都市圈",是"广佛肇经济圈""珠江—西江经济带"的重要组成部分,在广东省经济社会发展版图中处于领先地位。佛山毗邻港澳,与香港、澳门相距车程均在 2 小时左右,随着广深高铁、广珠城际轨道的开通,佛港澳形成了"1 小时交通圈"。

佛山现辖禅城区、南海区、顺德区、高明区和三水区,全市总面积3797.72平方千米,常住人口 735.06 万人,其中户籍人口 385.61 万人。

2015 年,佛山成为国家制造业转型升级综合改革试点。现已形成机械装备、家用电器、陶瓷建材、金属材料加工及制品、纺织服装、电子信息、食品饮料、精细化工及医药、家居用品制造等优势行业,光电、环保、新材料、新医药、新能源汽车等新兴产业发展迅速,配套能力日趋完善的现代工业体系初步建立。2015 年,全市实现地区生产总值 8003.92 亿元,增长 8.5%;实现规模以上工业总产值 19,774.93 亿元,增长 7.9%;三次产业比重为 1.7∶60.5∶37.8,工业主导地位明显。

近年来,佛山深入实施产业链招商行动计划,对新一代信息技术、新能源和生物医药等重点发展的战略性新兴产业进行"建链",对平板显示、汽车制造和半导体照明等现有产业链条缺失的高附加值环节进行"补链",对装备制造、家用电器等传统优势产业链的薄弱环节进行"强链"。先后引进了一汽大众、福田汽车、中国南车制造基地、国药集团中药产业基地等一批重大项目,着力打造汽车制造、装备制造、家用电器、家具制造等全产业链。

顺德区均安镇地处珠三角腹地,是顺德西南片区的开放门户,为佛山与中山、江门两市的黄金交汇点。镇域总面积 79.45 平方千米,下辖 8 个社区居委会和5个村委会,户籍人口9.05万,异地务工人员7.31万,旅居港澳台乡亲和海外华侨4万多。2016年,全镇实现工业产值347.46亿元,增长7.13%;农业产值7.48亿元,增长2.9%;限额以上批零住宿餐饮营业额11.33亿元,增长27.01%;工商税收入库8.48亿元,减少0.06%;城乡居民储蓄余额92.66亿元,增长7.2%。勇立"创新、协调、绿色、开放、共享"的发展潮头,独具生态潜力和人文禀赋的均安厚积薄发,以差异化之笔绘写着"山水均安·花园绿岛——珠三角慢生活小镇"的锦绣蓝图。

3. 市场背景描述与分析

(1)佛山市经济政策分析

2017年1—7月,全市经济平稳运行。工业生产、投资、金融存贷款、税收的增幅均有提高,消费、财政收入增长有所放缓。

工业。规模以上工业实现增加值2808.81亿元,增长8.4%,增速与1—6月持平。完成工业总产值12,679.87亿元,增长8.3%,其中,轻工业增长8.6%、重工业增长8.1%;优势传统工业增长8.9%,先进制造业增长13.1%,高技术制造业增长16.4%。规模以上民营工业增长9.6%,增幅高于全市工业1.3个百分点;国有及国有控股企业、股份制企业、外商及港澳台商投资企业分别增长2.9%、8.9%和7.8%。

投资。完成固定资产投资2141.33亿元,增长23.6%,增速高于1—6月3.5个百分点。分产业看,第二产业完成投资752.51亿元,增长17.7%,其中制造业投资721.96亿元,增长15.7%;工业技改投资362.68亿元,增长22.7%;第三产业完成投资1375.08亿元,增长26.8%,其中房地产投资768.95亿元,增长16.4%。

消费。实现社会消费品零售总额1927.21亿元,增长10.7%,比1—6月下滑0.4个百分点。其中,商品零售额1733.32亿元,增长11.4%;餐饮收入193.89亿元,增长4.8%。

外经。1—6月,完成进出口2212.2亿元,增长17.4%。其中,出口总额1633.5亿元,增长13.3%;进口578.8亿元,增长30.8%。实际使用外资11.92亿美元,增长11.5%。

财税。地方一般公共财政预算收入375.25亿元,增长16.15%,增速比

1—6月下降0.88个百分点。地方公共财政预算支出440.72亿元,增长27.78%,比1—6月回落0.12个百分点。税收总额937.87亿元,增长17.3%,其中,国税602.52亿元,增长34.0%,增速比1—6月下降4.2个百分点;地税335.35亿元,下降4.1%,降幅比1—6月收窄3.6个百分点。

存贷款。截至7月末,全市金融机构本外币存款余额13,535.53亿元,增长8.93%,增速比上月末提高2.44个百分点。其中,境内住户存款6920.02亿元,增长6.01%。金融机构本外币贷款余额9130.28亿元,增长8.96%,增速高于上月末0.46个百分点。

物价。居民消费价格指数累计增长1.9%,涨幅比上年同期下降0.4个百分点。工业生产者出厂价格指数累计上涨4.8%,涨幅较1—6月下降0.1个百分点。

(2)房地产市场形势

政策环境。中央着力长效机制建设,地方实施分类指导、因地制宜。①中央转变思路,地方因地制宜,双向调控、分类指导思想确立;②着力健全城镇住房制度,托底民生再成安居工程新重点;③支持自住性市场需求释放刚需,深化财政、金融市场改革;④房地产长效机制建设加快,推动新型城镇化进一步发展。

新房。受信贷收紧及市场预期影响,成交下降,市场供大于求,住宅价格由涨转跌。①需求:成交量明显回落,一线城市下降最为显著;②供应:住宅新增供应为近五年同期最高,各城市供应差异明显,北京增长尤为显著;③供求对比:需求量远低于供应量,市场库存创历史新高,库存去化周期快速延长;④价格:受需求不足、库存高企的影响,百城价格指数连续上涨23个月后连续2个月下跌。

二手房。成交量较上年同期大幅下降,二季度以来价格跌幅逐月扩大。①成交:同比大幅下降,二季度成交量持续下跌;②价格:上半年累计微幅上涨,但二季度逐月回落:二手房累计跌幅高于新房。

土地。存货与资金压力影响企业拿地的积极性,上半年推出、成交均不及上年同期。①供求:推出、成交规模均不及上年同期,房企拿地热情下降,市场趋冷;②价格:楼面均价较上年继续上涨,溢价率持续下行;③出让金:

上半年基本持平去年同期,二季度大幅回落,十大城市占比提高。

企业。业绩分化,龙头企业仍实现增长,中小企业业绩下降,融资成本差异显著。①销售业绩:品牌房企业绩分化,目标完成情况不及预期,市场份额大幅提升;②土地投资:拿地热情骤减,战略聚焦一、二线,市场观望情绪浓。

(三)土地使用权评估方法选取

根据《城镇土地估价规程》(以下简称《规程》),通行的估价方法有基准地价系数修正法、假设开发法、收益还原法、市场比较法、成本逼近法等,其中工业用地主要选用的方法有基准地价系数修正法、收益还原法、市场比较法、成本逼近法等。估价方法的选择应按照地价评估的技术规程,根据当地地产市场发育情况并结合估价对象的具体特点及估价目的等,选择适当的估价方法。

本次评估对象是土地使用权,评估对象所在区域单纯土地出租极少,工业用房地产出租较少,且难以准确从房地产收益中分离出土地收益,故不宜选用收益还原法进行评估;而所在区域的土地取得费(含土地补偿费、安置补助费及青苗及地上附着物补偿费)、"五通一平"费用同样存在难以准确量化的情况,故不宜采用成本逼近法。委估宗地处于佛山市顺德区基准地价体系内,故可采用基准地价系数修正法。由于委估宗地所在地区的土地市场比较活跃,类似土地交易实例较多,存在客观的可比性,土地评估适宜采用市场法进行评估。因此,本次对土地使用权采用基准地价系数修正法、市场法进行评估。

(四)基准地价系数修正法评估技术说明

1. 基准地价系数修正法

基准地价系数修正法是指利用基准地价和基准地价修正系数表等评估结果,按照替代原则,就待估宗地的区域条件和个别条件等与其他所处区域的平均条件相比较,并对照修正系数表选取相应的修正系数对基准地价进行修正,进而求取待估宗地在估价期日价格的方法。

本次评估所估地价是指在评估基准日 2017 年 7 月 31 日、土地开发程度达到宗地外五通(通路、供水、排水、通电、通信)、宗地内场地平整、在规划利用条件下,法定剩余使用年限的国有土地使用权价格。未考虑估价对象可能存在的抵押、担保等影响其价值的因素限制。

2.基准地价系数修正法测算过程

(1)基准地价成果介绍及内涵

根据《佛山市顺德区国土城建和水利局关于公布实施顺德区2014年国有建设用地使用权基准地价的通知》,基准地价用途分为商服、住宅、工业三类,土地使用年限商业用地为40年,住宅用地为70年,工业用地为50年。基准地价价格基准日为2014年7月1日。工业用地的土地开发程度为五通一平(宗地外通路、供水、排水、通电、通信和宗地内场地平整),设定基准容积率为1.5,价格类型为地面地价。

(2)基准地价测算过程

采用基准地价系数修正法评估宗地地价的计算公式为:

$$P = P' \times [(1+K1+K2) \times (1+K3) \times K4 \times K5 \times (1+K6) + K7]$$

P 为待估宗地价格;P' 为宗地所在区域的基准地价;$K1$ 为区域因素修正系数;$K2$ 为个别因素修正系数;$K3$ 为临江修正系数;$K4$ 为容积率修正系数;$K5$ 为年期修正系数;$K6$ 为期日修正系数;$K7$ 为与基准地价设定的土地开发程度相比委估宗地的实际开发程度修正。

①确定待估宗地的土地级别及基准地价(P')

评估宗地位于佛山市顺德区均安镇,土地用途为工业用地,该地区位于佛山市顺德区基准地价覆盖区,故可依据基准地价进行评估,根据《佛山市顺德区国土城建和水利局关于公布实施顺德区2014年国有建设用地使用权基准地价的通知》,评估宗地所在工业用地网格点基准地价为668元/平方米。

故 P' =668元/平方米

②确定影响地价区域因素($K1$)

该宗地的基准地价为网格地价,故本次评估不作区域因素修正。

③个别因素修正系数($K2$)

A.制定工业用地因素修正说明表

表 3-28　工业用地个别因素修正说明

影响程度	优劣程度				
	好	较好	一般	较劣	劣
宗地面积	面积小,市场接受能力强,变现能力强	面积较小,市场接受能力较强,变现能力较强	面积大小一般,市场接受能力一般,变现能力一般	面积较大,市场接受能力较差,变现能力较差	面积大,市场接受能力差,变现能力差
形状	规则成形、利于布局	较规则	—	形状较不规则,对布局影响不大	形状不规则,较难布局
临路状况	临国道、主干道,交通便利	临主干道、交通较便利	临混合干道,交通一般	临次干道,不太便利	未临主、次干道,不便利
地形、地质条件	地质条件好、地势平坦	地质条件较好,地势较平坦,坡度<2%,对建筑无影响	地质条件一般,地势平坦,坡度<5%,对建筑影响较小	地质条件较劣,地势不太平坦,需考虑坡度的影响	地质条件较劣,地势很不平坦,需经过平整才能使用
日照、采光	充足	比较充足	一般	不充足	缺乏

表 3-29　工业用地地价因素修正系数　　　　　　　　　　（%）

影响因素		优劣程度				
		优修正系数	较优修正系数	一般修正系数	较劣修正系数	劣修正系数
个别因素	宗地面积	10~5	5~0	0	0~-5	-5~-10
	宗地形状	10~5	5~0	0	0~-5	-5~-10
	临路状况	10~5	5~0	0	0~-5	-5~-10
	地形、地质条件	10~5	5~0	0	0~-5	-5~-10
	其他个别因素	10~5	5~0	0	0~-5	-5~-10

B.确定待估标准宗地地价影响因素说明、优劣程度及修正系数表

经现场查勘,个别因素对待估宗地的影响程度说明及修正系数如表3-30所示。

表 3-30 待估宗地地价影响因素说明表及修正系数

宗地因素类型		地价影响因素说明	修正系数(%)
个别因素	宗地面积大小	宗地证载土地使用权面积为 26,666.41 平方米,面积适合生产布局,市场比较容易能够接受	3
	宗地形状	形状接近正方形,规则	3
	临路状况	一面智安北路	0
	地形地质条件	地质条件一般,地势较平坦,对建筑影响较小	0
	其他个别因素		0
合 计			6

综上可知:个别因素总修正 $K2 = 6\%$。

④临江修正系数

待估宗地不临江,故不对此进行修正,$K3 = 0\%$。

⑤容积率修正系数的确定:

本次评估土地面积为 26,666.41 平方米,宗地设定容积率小于 2.5,基准地价的容积率为 1.5,本次评估不对容积率进行修正,取容积率修正系数 $K4 = 1.0$。

⑥土地使用权年期修正系数($K5$)

按规定工业用地最高使用年限为 50 年,根据被评估单位提供的《国有土地使用权证》,待估宗地所属土地为国有土地使用权,用途为工业,土地终止日期为 2057 年 6 月 29 日,本次评估基准日(2017 年 7 月 31 日)宗地剩余使用年限为 39.94 年,需进行年期修正。宗地土地使用年限修正系数公式:

$$K5 = [1 - 1/(1+r)^n]/[1 - 1/(1+r)^m]$$

其中:$K5$ 为使用年限修正系数;r 为土地还原率 5.5%[土地还原率按评估基准日时中国人民银行公布的一年期(含一年)存款利率,再加上一定的风险因素调整值,按 5.5% 计];m 为基准地价设定土地使用年限(50 年);n 为待估宗地剩余使用年限(39.94 年)。

据此公式计算出宗地的使用权年期修正系数为:$K5 = 0.9473$。

⑦期日修正系数($K6$)

本次评估采用的佛山市顺德区基准地价的基准日为 2017 年 7 月 1 日,

本次评估基准日为2017年7月31日。根据中国城市地价动态监测网佛山市工业用地信息,结合委估宗地所在区域及个别的具体影响因素,需进行期日修正,据此计算出宗地的期日修正系数:$K5=1.22$。

⑧实际开发程度修正($K7$)

按评估对象的具体情况以及所在区域的用地情况,工业用地的基准地价设定的土地开发程度为"五通一平",红线内场地平整条件下不同级别,不同用地类型法定最高使用年期的平均地价。

根据评估宗地所在区域的具体情况及宗地内与工业基准地价设定的土地开发程度一致,故对实际开发程度不进行修正,实际开发程度修正$K7=0$。

⑨委估宗地地价P

$P = P' \times [(1+K1+K2) \times (1+K3) \times K4 \times K5 \times K6 + K7] = 668 \times [(1+0\%+6\%) \times 1.0 \times 1.0 \times 0.9473 \times 1.22 + 0] \approx 818 (元/平方米)$

土地总价 $= 818 \times 26,666.41 = 21,813,123.00(元)$

(五)市场法评估技术说明

1. 市场法

市场法是将估价对象与估价时点近期发生过交易的类似土地进行比较,对这些类似土地的已知价格作适当的修正,以此估算估价对象的客观合理价格的方法。

本次评估所估地价是指在评估基准日2017年7月31日、土地开发程度达到宗地外"五通"(通路、供水、排水、通电、通信)、宗地内场地平整,在规划利用条件下、法定剩余使用年限的国有土地使用权价格。未考虑估价对象可能存在的抵押、担保等影响其价值的因素限制。

2. 市场法测算过程

市场法计算公式为:

待估宗地地价 = 比较案例价格 × 交易情况修正 × 交易类型修正 × 交易期日修正 × 土地使用年限修正 × 区域因素修正 × 个别因素修正

(1) 比较实例选择

根据替代原则,通过对佛山市顺德区工业用地市场交易的调查,我们选择近期发生交易的与待估宗地条件类似的下列四个案例。具体选择原则和实例条件描述如下:

选择实例原则如下:

◆与待估宗地属同一供需圈或类似区域。

◆与待估宗地用途应相同或相近。

◆与待估宗地的交易类型相同。

◆与待估宗地的估价期日应接近。

◆交易实例必须为正常交易,或可修正为正常交易。

可比实例1:佛山市顺德高新区西部启动区D-XB-10-04-B-19地块,地块编号为084076-005,用途为工业用地,面积为45,334.74平方米,交通便利,形状规则,地势平坦;宗地红线外"五通"(通路、通电、给水、排水、通信),宗地红线内场地平整,该宗土地于2017年4月成交,总价为4,439.00万元,折合地面单价为979.00元/平方米,于成交日土地剩余使用年限为50年,容积率为1.0~3.0。

可比实例2:佛山市顺德区顺德西部生态产业区启动区D-XB-10-04-B-07-1地块,地块编号为086075-002,其用途为工业用地,面积为21,838.53平方米,交通便利,形状规则,地势平坦;宗地红线外"五通"(通路、通电、给水、排水、通信),宗地红线内场地平整,该宗土地于2016年7月成交,总价为1,992.00万元,折合地面单价为912.00元/平方米,于成交日土地剩余使用年限为50年,容积率为2.45~2.5。

可比实例3:佛山市顺德区均安镇仓沙西路1号地块,地块编号为060044-001,用途为工业用地,面积为25,884.00平方米,交通便利,形状规则,地势平坦;宗地红线外"五通"(通路、通电、给水、排水、通信),宗地红线内场地平整,该宗土地于2016年12月成交,总价为1,968.00万元,折合地面单价为760.00元/平方米,于成交日土地剩余使用年限为50年,容积率为1~2.5。

可比实例4:佛山市顺德区顺德西部生态产业新区中小企业园D-01-

9,地块编号为098067-004,用途为工业用地,面积为26,203.76平方米,交通便利,形状规则,地势平坦;宗地红线外"五通"(通路、通电、给水、排水、通信),宗地红线内场地平整,土地于2015年9月成交,总价为2595.00万元,折合地面单价为990.00元/平方米,于成交日土地剩余使用年限为50年,容积率为1.5~2.5。

（2）比较因素选择

根据评估对象的宗地条件,影响评估对象价格的主要因素有:

交易时间:确定交易时间修正系数;

交易情况:是否为正常、公开的交易;

区域因素:基础设施状况、工业集聚度、交通便利度、公用设施完善度、环境质量优劣度、规划前景等;

个别因素:容积率、宗地面积、宗地形状、临路状况、宗地开发程度等。

（3）编制比较因素条件描述表

根据待估宗地与比较实例的比较因素,分别编制比较因素条件描述表,(见表3-31)。

表3-31 因素条件说明

比较因素	估价对象及可比实例				
	估价对象	案例A	案例B	案例C	案例D
土地位置	均安镇智安北路4号	佛山市顺德区高新区西部启动区D-XB-10-04-B-19地块	佛山市顺德区顺德西部生态产业区启动区D-XB-10-04-B-07-1地块	佛山市顺德区均安镇仓沙西路1号地块	佛山市顺德区顺德西部生态产业新区中小企业园D-01-9
交易时间	2017年7月	2017年4月	2016年7月	2016年12月	2015年9月
交易情况	正常	正常	正常	正常	正常
交易方式	转让	挂牌出让	挂牌出让	挂牌出让	出让
土地使用期限/年	39.94	50	50	50	50
土地用途	工业用地	工业用地	工业用地	工业用地	工业用地

续表

比较因素		估价对象及可比实例				
		估价对象	案例 A	案例 B	案例 C	案例 D
区域因素	基础设施情况	五通一平	五通一平	五通一平	五通一平	五通一平
	工业集聚度	一般	较集聚	较集聚	一般	较集聚
	交通便利度	一般	较便利	较便利	一般	较便利
	环境质量优劣度	一般	一般	一般	一般	一般
	公用设施完善度	一般	一般	一般	一般	一般
个别因素	容积率	2.5	≥1.0～≤3.0	≥2.45～≤2.5	≥1.0～≤2.5	≥1.5～≤2.5
	宗地面积/平方米	26,666.41	45,334.74	21,838.53	25,884.00	26,203.76
	宗地形状	规则	规则	规则	规则	规则
	规划限制	无限制	无限制	无限制	无限制	无限制
	临路状况	一面临路	一面临路	一面临路	一面临路	一面临路

(4) 比较因素条件指数说明

表 3-32 比较因素条件指数

比较因素		估价对象及可比实例				
		估价对象	案例 A	案例 B	案例 C	案例 D
	交易时间	100	100	92	96	89
	交易情况	100	100	100	100	100
	交易方式	100	100	100	100	100
	土地使用期限/年	100	94.73	94.73	94.73	94.73
	土地用途	100	100	100	100	100
区域因素	基础设施情况	100	100	100	100	100
	工业集聚度	100	103	103	100	103
	交通便利度	100	103	103	100	103
	环境质量优劣度	100	100	100	100	100
	公用设施完善度	100	100	100	100	100

续表

比较因素		估价对象及可比实例				
		估价对象	案例A	案例B	案例C	案例D
个别因素	容积率	100	100	100	100	100
	宗地面积/平方米	100	100	100	100	100
	宗地形状	100	100	100	100	100
	规划限制	100	100	100	100	100
	临路、临江状况	100	100	100	100	100

①交易日期修正

经评估人员调查,近年来,佛山市顺德区工业用地价格处于小幅上升状态。根据中国城市地价动态监测对三个案例和待估案例交易期日进行修正。

②交易情况修正

可比案例均为挂牌成交价,故不予修正。

③交易方式修正

可比案例均为挂牌出让,故不予修正。

④土地剩余使用年限修正

土地剩余使用年限修正系数公式为:

$$K = [1 - 1/(1+r)^n]/[1 - 1/(1+r)^m]$$

其中:K 为土地剩余使用年限修正系数;r 为土地还原利率,参考估价期日银行一年期贷款利率及考虑土地市场风险,确定为 5.5%;n 为待估宗地使用年限;m 为比较案例宗地使用年限。

待估宗地为国有土地,本次评估剩余土地使用年限为39.94年,而实例A、B、C、D交易时其剩余土地使用年限均为50年,故土地剩余使用年限系数修正实例如下:

$$K = [1 - 1/(1+5.5\%)^{39.94}]/[1 - 1/(1+5.5\%)^{50}] = 0.9473$$

⑤土地用途修正

可比案例均为工业用地,故不予修正。

⑥区域因素修正

A.基础设施状况:将基础设施状况分为六通、五通、四通、毛地四个等

级,以待估宗地为100,每增加或减少一个级别,指数增加或减少3;

B. 工业集聚度:将工业集聚度分为高、较高、一般、较差四个等级,以待估宗地为100,每增加或减少一个级别,指数增加或减少3;

C. 交通便利度:将交通便利度分为便利、较便利、一般、较差四个等级,以待估宗地为100,每增加或减少一个级别,指数增加或减少3;

D. 环境质量优劣度:将环境质量优劣度分为优、良、一般、较差四个等级,以待估宗地为100,每增加或减少一个级别,指数增加或减少3;

E. 公用设施完善度:将公用设施完善度分为完善、较完善、一般、不完善四个等级,以待估宗地为100,每增加或减少一个级别,指数增加或减少3。

⑦个别因素修正

A. 容积率:评估对象与比较案例容积率均相当,故无须进行修正;

B. 宗地面积:在保障基本使用的情况下,面积因素对工业用地影响极小,故无须进行修正;

C. 宗地形状:将宗地形状分为规则、较规则、不规则三个等级,以待估宗地为100,每增加或减少一个级别,指数增加或减少3;

D. 规划限制:将宗地分为无限制、有限制二个等级,以待估宗地为100,每增加或减少一个级别,指数增加或减少3;

E. 临路状况:将临路状况分为临主干道、临次干道、临支路三个等级,以待估宗地为100,每增加或减少一个级别,指数增加或减少3。

(5)编制因素比较修正系数(见表3-33)确定地价评估值

表3-33 因素比较修正系数

估价对象及可比实例 比较因素	估价对象	案例A	案例B	案例C	案例D
交易价格(元/平方米)		979	912	760	990
交易时间	100/100	100/100	100/92	100/96	100/89
交易情况	100/100	100/100	100/100	100/100	100/100
交易方式	100/100	100/100	100/100	100/100	100/100
土地使用期限	100/100	94.73/100	94.73/100	94.73/100	94.73/100

续表

估价对象及可比实例		估价对象	案例 A	案例 B	案例 C	案例 D
比较因素						
	土地用途	100/100	100/100	100/100	100/100	100/100
区域因素	基础设施情况	100/100	100/100	100/100	100/100	100/100
	工业集聚度	100/100	100/103	100/103	100/100	100/103
	交通便利度	100/100	100/103	100/103	100/100	100/103
	环境质量优劣度	100/100	100/100	100/100	100/100	100/100
	公用设施完善度	100/100	100/100	100/100	100/100	100/100
个别因素	容积率	100/100	100/100	100/100	100/100	100/100
	宗地面积/平方米	100/100	100/100	100/100	100/100	100/100
	宗地形状	100/100	100/100	100/100	100/100	100/100
	规划条件	100/100	100/100	100/100	100/100	100/100
	其他	100/100	100/100	100/100	100/100	100/100
修正系数			0.8929	0.9706	0.9868	1.0033
比准价格			874.17	885.16	749.95	993.25
市场法评估单价（元/平方米）：		（取三者平均数）	876.00			

(6)实例修正后地价计算

根据修正单位地价,取三者平均值,即作为市场比较法评估待估宗地的最终价格确定为 876.00 元/平方米。

土地总价 = 876 × 26,666.41 = 23,359,800.00（元）

（六）土地使用权评估值的确定

综上所述,采用基准地价系数修正法的评估结果为 2181.00 万元,采用市场法的评估结果为 2336.00 万元。基准地价修正法与市场比较评估宗地单价有一定的差异,考虑到基准地价修正法的基准日为 2017 年 7 月 1 日,不能如实反映当前土地市场的交易情况,而市场比较法是参考区域类似地块的交易价格进行分析比较,最终得出评估单价。故综合考虑,选取市场比较法评估单价。即委估宗地的评估值为 2336.00 万元。

四、评估结果

A 评估有限公司根据国家有关资产评估的规定,本着独立、公正、客观的原则,按照必要的评估程序,对佛山市顺德区莱尔电子材料有限公司委托评估的资产进行了评估。本次对土地使用权采用基准地价系数修正法、市场法进行评估,评估结果如下:

佛山市顺德区莱尔电子材料有限公司申报的持有的土地使用权的账面原值为2229.50万元,账面净值2155.18万元,经评估后土地使用权的市场价值为2336.00万元,评估增值180.82万元,增值率为8.39%。

评估增值的原因:产权持有单位持有的土地使用权于2014年获得,随着周边的经济发展及开发,土地价格随之有小幅上涨,则评估增值。

则:在拟实现特定评估目的对应的经济行为前提下,佛山市顺德区莱尔电子材料有限公司持有的土地使用权在评估基准日2017年7月31日的市场价值￥2336.00万元(大写:人民币贰仟叁佰叁拾陆万元整)。

五、案例点评

本评估案例通过评估准备、现场评估、评估估算、提交报告阶段完成对土地使用权价值评估。本评估案例的分析、判断和结论受评估报告中假设和限定条件的限制,在本评估案例分析过程中,首先,以经济行为依据、法律法规依据、评估准则依据、权属依据、取价依据;其次,评估机构接受委托后,根据委托人提供的资产评估申报表,成立了以现场项目负责人为主的清查小组,制订了详细的现场清查实施计划,并根据企业资产分布特点进行现场的核查工作,提交了清查核实及现场勘察作业工作成果;最后,通过土地使用权评估因素如个别因素分析、区域因素分析、市场背景分析、最高最佳利用分析,选用了评估方法,即基准地价系数修正法评估、市场法评估,确定土地使用权评估值。

第四章 机电设备评估案例

案例十

机器设备评估案例(成本法)——XX光度计评估案例

本案例是由B公司委托,对其拟转让的设备进行价值评估,为其拟资产转让交易提供参考意见。其中,本案例涉及的设备是XX光度计。

一、案例背景

(一)评估对象和范围

评估对象:B公司拟转让设备:XX光度计的价值。

评估范围:根据委托,本次评估对应的评估范围包括B公司评估基准日拟转让的北京吉天仪器AFS-830双道原子荧光光度计。双道原子荧光光度计是委托方从设备供应商广州市XX有限公司购进,由北京吉天仪器有限公司所设计生产,并于2014年12月验收,是委托方检验的关键设备之一。目前设备运转正常,整体较新。

(二)评估目的

本次评估的目的是为委托方拟实施转让资产事宜,提供评估对象市场价值参考依据。

(三)价值类型

由于与本项目评估目的相关的各关联方均处于平等地位,其实施的经济行为是正常、公平的市场交易行为,故本项目选取的价值类型为市场价值。

市场价值是指自愿买方和自愿卖方在各自理性行事且未受任何强迫的情况下,评估对象在评估基准日进行正常公平交易的价值估计数额。

"公平交易"是指在没有特定或特殊关系的当事人之间的交易,即假设在互无关系且独立行事的当事人之间的交易。

(四)委托评估资产权属状况

委估的设备由 B 公司控制,委估设备权属清晰。

(五)评估基准日

(1)本次评估基准日为 2017 年 3 月 31 日;

(2)评估基准日是由委托方在综合考虑实现经济行为的需要、被评估单位的资产规模、工作量大小、预计所需时间、合规性要求,与评估基准日与经济行为实现日尽可能接近等因素后确定;

(3)本次评估采用的价格均为评估基准日的有效价格或标准。

(六)评估的依据

本次资产评估遵循的评估依据主要包括经济行为依据、法律法规依据、评估准则和规范依据、资产权属依据,以及评定估算时采用的取价依据等,具体如下:

1. 主要法律法规及行业规范

《国有资产评估管理办法》(中华人民共和国国务院发布的 91 号令);

《企业国有资产监督管理暂行条例》(中华人民共和国国务院令第 378 号);

《国有资产评估管理若干问题的规定》(中华人民共和国财政部令第 14 号);

《企业国有资产评估管理暂行办法》(国务院国有资产监督管理委员会令第 12 号);

《资产评估准则——基本准则》和《资产评估职业道德准则——基本准则》(财政部财企〔2004〕20 号文);

《资产评估准则——机器设备》(中评协〔2007〕189号文);

《注册资产评估师关注评估对象法律权属指导意见》(中国注册会计师协会会协〔2003〕18号);

《企业国有资产评估报告指南》(中评协〔2011〕230号)。

2. 其他主要评估依据

企业提供的设备评估明细表、原始资料及其他相关资料;

重要设备购置、安装等合同、发票和付款凭证;

重要技术档案,包括设备台账、运行记录、检修及大修报告、设备设计图纸等资料;

最新《机电产品报价手册》(机械工业信息研究院);

《资产评估常用数据与参数手册》;

评估人员向设备制造厂、供应商的询价记录;

评估人员调查了解及查询的市场价格信息及其他与评估有关的资料;

企业提供的其他有关资料。

二、评估标的

根据委托,本次评估对应的评估范围包括B公司评估基准日拟转让的北京吉天仪器AFS-830双道原子荧光光度计。双道原子荧光光度计是委托方从设备供应商广州市XX有限公司购进,由北京吉天仪器有限公司所设计生产,并于2014年12月验收,是委托方检验的关键设备之一。

为配合资产评估工作,产权持有者已对评估范围内的资产组织开展了清查工作,清查情况如下:

(一)设备的清查核实

评估人员根据企业提供的机器设备申报清单,和财务部门的固定资产管理人员沟通;

通过资产账册了解机器设备的来源;

分类对设备进行现场勘察,对设备的运行环境、运行状况、设备维护情况进行现场调研、记录,听取设备使用人员、管理人员、工程技术人员对机器设备的购建过程、历史状况及制造质量、日常管理、运行维护状况和技术改

造的介绍;对关键设备进行详细的现场记录,调查其利用率、故障率、完好率等情况;

收集、查阅大型、重要设备购置、安装合同,可行性研究报告、概预算书、大修技改记录等设备档案、图纸及产权资料等相关文件,以及付款凭证、交付使用资产明细表及相关的说明书、图册和运行状态监测记录等。

(二)设备清查核实结果

评估人员通过对设备的实地清查,委托评估设备保养较好,工作正常。

三、评估方法

(一)评估方法的选择

设备采用成本法评估,即按待估设备资产的现时重置成本扣减其各项贬值来确定待估设备资产的价值。成本法计算公式为:$V = C \times q$ 其中:V = 待估资产价值;C 为待估资产重置成本;q 为待估资产综合成新率。

由于评估对象属于检测专用设备,该类设备的二手交易市场并不发达,市场上类似的二手设备交易案例较难查询,难以使用市场法评估。评估对象属于整车加工专用设备,归属于设备的经营收益难以合理从委托方的整体收益中分离,故难以对评估对象采用收益途径进行评估。本次评估的企业各项资产资料齐备,同时可以在市场上取得类似设备全新状态下的市场价格信息,通过判别设备各项主要部件的损耗情况,判别整体的贬值因素,满足采用成本途径评估的要求,故采用成本法对委估设备进行评估。

(二)成本法评估主要计算过程

1. 设备概况

名称:双道原子荧光光度计。

规格型号:AFS-830。

主要技术参数:

As、Se、Pb、Bi、Sb、Te、Sn:$< 0.01 \mu g/L$。

Hg、Cd:$< 0.001 \mu g/L$。

Ge:$< 0.05 \mu g/L$。

Zn：<1.0μg/L。

Au：<3.0μg/L。

相对标准偏差 RSD：<1%。

线性范围:大于三个数量级。

入账日期:2014 年 12 月。

启用日期:2014 年 12 月。

生产厂家:北京吉天仪器有限公司。

基准日使用状态:正常使用。

设备情况概述：

双道原子荧光光度计是委托方从设备供应商 XX 有限公司购进,由北京吉天仪器有限公司所设计生产,并于 2014 年 12 月验收,是委托方检验的关键设备之一。目前设备运转正常,整体较新。

2. 重置成本的确定

(1)市场购置价值的确定

经向该设备制造商北京 XX 公司询价了解,得知委估的光度计目前的市场不含税购置价为 123,000.00 元,该售价已经包含委估设备的国内运杂费、安装调试费等,即：

$$C1 = 123,000.00(元)$$

(2)国内运杂费的确定

由于委估设备的售价已经包含国内运杂费,故重置成本不考虑设备的运杂费,即：

$$C2 = 0.00(元)$$

(3)安装调试费的确定

由于委估设备的售价已经包含安装调试费,故重置成本不考虑设备的安装调试费,即：

$$C3 = 0.00(元)$$

(4)资金成本的确定

由于委估设备的调试周期短于半年,故重置成本不考虑设备的资金成本,即：

$$C4 = 0.00(元)$$

(5) 重置单价的计算

重置单价 $= 123,000.00 + 0.00 + 0.00 + 0.00 = 123,000.00(元)$

重置单价计算过程如表 4 – 1 所示。

表 4 – 1　重置单价计算过程

序号	费用名称	计算基数	费率	金额/元
1	市场购置价($C1$)		元	123,000.00
1	国内运杂费($C2$)	$C1$	0%	0.00
3	安装调试费(含基础及附件、人工费)($C3$)	$C1$	0%	0.00
4	资金成本($C4$)	$C1 + C2 + C3$	0%	0.00
5	重置全价取整			123,000.00

3. 成新率的确定

(1) 年限法

实体性成新率主要反映设备的各种损耗,即设备实体损耗,影响设备技术状态的因素主要有:设备的使用环境、负荷强度、利用率、维护保养情况、设备制造质量等。现场勘察中对该设备使用环境、利用率、维护保养情况、设备制造质量、技术状态等进行了实地考察,确认该设备整体保养良好,工作正常,基本全新。

该光度计为检测常用设备,可以预见该设备在未来的经济使用年限中不会有重大的技术革新,故在本次评估中不考虑功能性贬值和经济性贬值。

评估人员根据实际使用状况,确定该设备经济寿命年限为 144 个月,已使用 27 个月,该设备尚可使用年限 117 个月,则:

$$年限法成新率 = 尚可使用年限/(尚可使用年限 + 已使用年限) \times 100\% =\\ 117/(27 + 117) \times 100\% = 81\%$$

(2) 观察法

评估人员通过现场向设备操作使用和维护人员调查了解,现场测试,判断其运行是否正常,对待估设备的实体各主要部位进行观察鉴定,并结合现场了解的设备制造原始质量、使用、磨损、维护、维护保养、大修理、技术改造情况和物理寿命等因素,以及工作环境、目前技术状况、完好率及故障率等因素分析,将待估设备与其全新状态相比较,考察其由于使用磨损和自然磨损对资产的功能、使用效率带来的影响,并通过主要部件的打分综合确定现场成新率。

该套光度计由三大系统部件组成,分别为机身、检测系统控制系统。各系统的打分情况如表4-2所示。

表4-2 系统打分

项目	技术状态	标准分	鉴定分
机身	结构合理,基本全新	10	9
检测系统	检测精度高,基本全新	70	55
控制系统	控制精度高,基本全新	20	16
合计		100	80

现场勘察成新率为80%

综合成新率 = 年限法成新率 × 40% + 现场勘察成新率 × 60% = 81% × 40% + 80% × 60% = 80%(取整)

4. 评估值的确定

评估现值 = 重置成本 × 成新率 = 123,000.00 × 80% = 98,400.00(元)

四、评估结果

(一)评估结果

在报告所述的评估目的、评估假设和限制条件下,委估设备于评估基准日的评估值为人民币98,400.00元。

(二)评估结论有关说明

本评估结论不含设备转让时需缴纳的增值税。企业在资产交易过程中,需按当地税务机关要求缴纳相关税费。提请报告使用者注意。

本评估结论未考虑评估对象及涉及资产欠缴税款和交易时可能需支付的各种交易税费及手续费等支出对其价值的影响,也未对资产评估增值额作任何纳税调整准备。

评估师和评估机构的法律责任是对本报告所述评估目的下的资产价值量做出专业判断,不涉及评估师和评估机构对该项评估目的所对应的经济行为做出任何判断。评估工作在很大程度上依赖于委托方、产权持有者和其他关联方提供关于评估对象的信息资料。因此,评估工作是以委托方及产权持有者提供的有关经济行为文件、资产所有权文件、证件及会计凭证,以及技术参数、经营数据等评估相关文件、资料的真实合法为前提。相关资料的真实性及完整性会对评估结果产生影响,评估人员假定这些信息资料均为可信,对其真实性和完整性不做任何保证。这些相关资料的真实性和完整性由委托方或产权持有者负责,评估人员未向有关部门核实,亦不承担与评估对象所涉及资产产权有关的任何法律事宜。

使用本评估结论需特别注意本报告所述之"评估假设"。

在评估基准日以后的有效期内,如果资产数量及作价标准发生变化,应按以下原则处理:

当资产数量发生变化时,应根据原评估方法对资产数额进行相应调整;

当资产价格标准发生变化且对资产评估结果产生明显影响时,委托方应及时聘请有资格的资产评估机构重新确定评估价值;

对评估基准日后资产数量、价格标准的变化,委托方在资产实际作价时应给予充分考虑,进行相应调整。

五、案例点评

本案例评估基准日为 2017 年 3 月 31 日,根据委托,对 B 公司拟转让的北京吉天仪器 AFS-830 双道原子荧光光度计进行评估,为双方交易提供价值参考意见。本案例的特点是评估对象属于检测专用设备,该类设备的二手交易市场并不发达,市场上类似的二手设备交易案例较难查询,难以使用市场法评估。并且由于评估对象属于整车加工专用设备,归属于设备的经营收益难以合理从委托方的整体收益中分离,故难以对评估对象采用收益途径进行评估。而对成本法应用所需的相关资料,如企业各项资产资料齐备,可以在市场上取得类似设备全新状态下的市场价格信息,同时可以通过判别设备各项主要部件的损耗情况,判别整体的贬值因素,满足采用成本途径评估的要求,故本案例采用成本法对委估设备进行评估。

对成本法中所需要资料,评估人员得到产权持有者的支持,根据产权持有者的自筹清查资料,及企业提供的机器设备申报清单,并和财务部门的固定资产管理人员沟通,了解机器设备的来源;分类对设备进行现场勘察,对设备的运行环境、运行状况、设备维护情况进行现场调研、记录,听取设备使用人员、管理人员、工程技术人员对机器设备的购建过程、历史状况及制造质量、日常管理、运行维护状况和技术改造的介绍;对关键设备进行详细现场记录,调查其利用率、故障率、完好率等情况;收集并查阅大型、重要设备购置、安装合同,可行性研究报告、概预算书、大修技改记录等设备档案、图纸及产权资料等相关文件,以及付款凭证、交付使用资产明细表及相关的说明书、图册和运行状态监测记录等。

  案例采用成本法具有一定的典型性,对重置成本中的重置价格及相关费用和相关运行状况通过企业提供的设备评估明细表、原始资料及其他相关资料;重要设备购置、安装等合同、发票和付款凭证;重要技术档案,包括设备台账、运行记录、检修及大修报告、设备设计图纸等资料获得,并采用年限法、观察法确定成新率。该案例具有一定的典型性和代表性,反映了机电设备的资产评估问题,主要是成本法方法的运用具有较强的借鉴作用。

案例十一

A公司拟收购一辆汽车价值评估案例

根据委托,按照相关的法律、法规、资产评估准则、资产评估原则、技术规范和指导意见,以及相关的文件资料,遵守客观、公正、独立、科学的原则,通过制订相应的评估方案与工作计划,实施了实地查勘、市场调查与询证等必要的评估程序,基于特定的评估假设与限制条件下,采用市场比较法,对A公司拟收购资产所涉及王××持有的越野客车一台车辆价值在2016年8月19日的市场价值进行评估。

一、评估背景

(一)委托方、产权持有者简要介绍

1. 委托方

公司名称:A公司。

注册地址:广州市2000。

法定代表人:××。

注册资本:贰仟万元。

统一社会信用代码:×××。

经营范围:×××。

成立日期:2005年11月09日。

营业期限:2005年11月09日至×××。

2. 产权持有者

本次评估产权持有者为王××先生(身份证号码440×××)。王××先生为委托方的参股股东。

(二)评估目的

根据委托,A公司拟收购王××持有的越野客车一辆。

本资产评估是作为A公司拟收购资产,提供王××持有的越野客车在

评估基准日时市场价值的参考依据。

(三) 评估对象和范围

根据委托,本次评估对象是王××先生(身份证号码440××××)所拥有的越野客车一辆价值。评估范围为奥迪 WAUAGD4L 小型越野客车。委估车辆于 2011 年 8 月购置,目前车辆年检合格、证照齐全、车况较好。本次评估只对车辆市场价值发表意见,评估结论不包含牌照费用。

(四) 价值类型

从经济行为和评估目的分析:基于经济行为考虑,本次评估目的是为经济行为各关联方提供评估对象的价值参考意见,各方均处于平等地位,其实施的经济行为是正常、公平的市场交易行为,按市场价值进行交易一般较能为交易各方所接受;

从市场条件分析:随着市场经济的不断发展,资产交易日趋频繁,按市场价值进行交易已为越来越多的投资者所接受;

从价值类型的选择与评估假设的相关性分析:本次评估的评估假设是立足于模拟一个完全公开和充分竞争的市场而设定的,即设定评估假设条件的目的在于排除非市场因素和非正常因素对评估结论的影响;

从价值类型选择惯例分析:当对市场条件和评估对象的使用等并无特别限制和要求时,应当选择市场价值作为评估结论的价值类型。

故本次评估选取的价值类型为市场价值。

市场价值是指自愿买方和自愿卖方在各自理性行事且未受任何强迫的情况下,评估对象在评估基准日进行正常公平交易的价值估计数额。

"公平交易"是指在没有特定或特殊关系的当事人之间的交易,即假设在互无关系且独立行事的当事人之间的交易。

(五) 评估基准日

本项目资产评估基准日为 2016 年 8 月 19 日;

评估基准日是由委托方在综合考虑实现经济行为的需要及预计所需时间、合规性要求以及提供资料的便利等因素后确定;

本次评估采用的价格均为评估基准日的有效价格或标准。

二、评估标的

本次评估标的是王 XX 先生(身份证号码 440XXXX)所拥有的越野客车一辆价值。评估范围为奥迪 WAUAGD4L 小型越野客车。

三、评估方法

(一)资产评估的基本方法

资产评估基本方法有市场法、收益法与成本法。

1. 市场法

市场法是指利用市场上同样或类似资产的近期交易价格,经过直接比较或类比分析以估测资产价值的评估方法。其使用的基本前提有:

(1)存在一个活跃的公开市场;

(2)公开市场上存在可比的资产及其交易活动。

市场法包括市场比较法、基准地价修正法等

2. 收益法

收益法是指通过估测被评估资产未来预期收益的现值来判断资产价值的评估方法。应用收益法必须具备的基本前提有:

(1)被评估资产的未来预期收益可以预测并可以用货币衡量;

(1)资产拥有者获得预期收益所承担的风险可以预测并可用货币衡量;

(2)被评估资产预期获利年限可以预测。

收益法的基本方法包括收益现值法、租金还原法、假设开发法等。

3. 成本法

成本法是指首先估测被评估资产的现行再取得成本(重置成本),然后估测被评估资产业已存在的各种贬值因素,并将其从重置成本中扣除而得到被评估资产价值的评估方法。采用成本法的前提条件有:

(1)被评估资产处于持续使用状态或设定处于持续使用状态;

(2)可以调查取得购建被评估资产的现行途径及相应的社会平均成本资料。

成本法的基本评估方法包括重置成本法、复原成本法等。

(二)评估方法的选择

由于目前我国的类似二手车辆交易市场市场比较成熟,二手车辆交易信息透明公开,市场数据容易采集,故采用市场法进行评估。

(三)评估假设

1. 评估基本假设

交易假设。假设评估对象处于交易过程中,评估师根据评估对象的交易条件等模拟市场进行估价,评估结果是对评估对象最可能达成交易价格的估计。

公开市场假设。假设评估对象所涉及资产是在公开市场上进行交易的,在该市场上,买者与卖者的地位平等,彼此都有获取足够市场信息的机会和时间,买卖双方的交易行为都是在自愿的、理智的、非强制条件下进行的。

假设在评估目的经济行为实现后,评估对象所涉及的资产将按其评估基准日的用途与使用方式持续使用。

2. 关于评估对象的假设

除评估师所知的范围,假设评估对象所涉及资产的购置、取得、改良、建设开发过程均符合国家有关法律法规规定。

除评估师所知范围之外,假设评估对象所涉及资产均无附带影响其价值的权利瑕疵、负债和限制,假设与之相关的各种应付款项均已付清。

评估人员已对评估对象所涉及车辆有形资产从其可见实体外部进行勘察,并尽职对其内部存在的问题进行了解,但未对相关资产的技术数据、技术状态、结构、附属物等组织专项技术检测。除评估师所知范围之外,假设评估对象所涉及的机器设备、车辆等无影响其持续使用的重大技术故障,假设其关键部件和材料无潜在的质量缺陷。

除本报告有特别说明外,假设评估对象不会受到已经存在的或将来可能承担的抵押、担保事宜,以及特殊的交易方式等因素对其价值的影响。

假设国家宏观经济政策不会发生重大变化,以及不会遇有其他人力不可抗拒因素或不可预见因素对评估对象价值造成重大不利影响。

假设本次评估中各项资产均以评估基准日的实际存量为前提,有关资产的现行市价以评估基准日的国内有效价格为依据。

3. 评估思路

采用市场比较法评估车辆是将待估车辆与在较近时期内已经发生交易的类似车辆交易实例进行对照比较,依据后者已知的交易价格,将委估车辆相对于交易实例作交易情况、交易期日、型号、实体状态、使用年期、厂牌因素修正,得出待估设备评估价值的方法。其基本公式为:

待估车辆价格 = 比较案例设备价格 × 交易情况修正系数 × 交易期日修正系数 × 实体因素修正系数 × 使用年期因素修正系数 × 厂家修正系数 × 其他因素修正系数。

本次评估只对车辆市场价值发表意见,评估结论不包含牌照费用。

(四)市场法的评估测算过程

本次评估采用市场比较法,测算过程如下:

1. 选取可比实例

根据评估人员对同型号车的二手市场调查,我们从收集的交易案例中选择了近期发生交易的与估价对象同一型号的3个可比实例。

2. 建立比较基础

被评估对象与三个参照物的比较因素条件及描述如表4-3所示。

表4-3 参照比较对照

	评估对象	参照物A	参照物B	参照物C
名称	奥迪 WAUAGD4L 小型越野客车	奥迪 WAUAGD4L 小型越野客车	奥迪 WAUAGD4L 小型越野客车	奥迪 WAUAGD4L 小型越野客车
规格型号	WAUAGD4L	WAUAGD4L	WAUAGD4L	WAUAGD4L
座位数	5	5	5	5
使用情况	正常使用	正常使用	正常使用	正常使用
保养情况	发动机未进行大修,保养较好,性能较好	发动机未进行大修,保养一般,性能一般	发动机未进行大修,保养一般,性能一般	发动机未进行大修,保养一般,性能一般

续表

	评估对象	参照物 A	参照物 B	参照物 C
制造厂家	一汽奥迪	一汽奥迪	一汽奥迪	一汽奥迪
登记时间	2011年8月	2004年4月	2004年4月	2004年4月
里程/千米	9.9万	7万	8.08万	9万
实体状态描述				
发动机	3.0LV6	3.0LV6	3.0LV6	3.0LV6
底盘	正常	正常	正常	正常
车身	外观较好,漆面较好	外观一般,漆面一般	外观一般,漆面一般	外观一般,漆面一般
电器	正常	正常	正常	正常
市场情况				
交易市场		二手市场	二手市场	二手市场
市场状况	正常交易	正常交易	正常交易	正常交易
交易日期	2016年8月	2016年8月	2016年8月	2016年8月
转让价格/元		480,000.00	478,000.00	494,000.00

其中,根据专家的意见,对发动机、底盘、车身和电器状态分别给予25%、35%、30%和10%的权重,实体综合评分如表4-4所示。

表4-4 状态评分对比

实体状态描述	评估对象	参照物 A	参照物 B	参照物 C	权重
发动机	较好	一般	一般	一般	
发动机状态评分	7	6	6	6	25%
底盘	一般	一般	一般	一般	
底盘状态评分	6	6	6	6	35%
车身	较好	一般	一般	一般	
车身状态评分	7	6	6	6	30%
电器	正常	正常	正常	正常	
电器状态评分	6	6	6	6	10%
实体综合评分	6.55	6	6	6	100%

3. 确定调整因素,进行差异调整

由于待估价对象与可比实例属于同一型号、相同厂家和相同出厂年限,故不需要对制造产检、出厂年限等进行调整。

实体状态调整计算见表4-5。

表4-5 实体状态调整表

参照物	A	B	C
调整比率计算	(6.55-6)/6×100% =9%	(6.55-6)/6×100% =9%	(6.55-6)/6×100% =9%
调整比率结果	9%	9%	9%

4.计算评估值

表4-6 计算评估值表

	参照物A	参照物B	参照物C
交易价格	480,000.00	478,000.00	494,000.00
制造厂家因素调整	1	1	1
出厂年限因素调整	1	1	1
实体状态因素调整	109%	109%	109%
调整后结果	523,200.00	521,020.00	538,460.00

被评估对象的评估值 = (523,200. + 521,020 + 538,460)/3 = 528000（四舍五入小数点前三位）

四、评估结果

经过实施清查核实、实地查勘、市场调查和询证、评定估算等必要的评估程序,在本报告所述之评估目的、评估假设与限制条件,采用市场比较法的评估结论如下:

评估值为人民币伍拾贰万捌仟元(￥52.80万元)。

按照评估报告准则和其他现行规定,只有当评估基准日与经济行为实现日相距不超过一年时,即2016年8月19日起至2017年8月18日以内,才可以使用本评估报告。

五、案例点评

本案例是对A公司拟收购资产所涉及王XX持有的越野客车一辆车在2016年8月19日的市场价值进行评估。为开展案例评估工作,评估人员进行了前期的准备,就评估的目的、对象、范围及评估基准日取得一致,并签订委托业务合同,依据初步调查了解的情况,拟订了评估的总体方案和现场实施方案。目前我国的类似二手车辆交易市场市场比较成熟,二手车辆交易信息透明公开,市场数据容易采集,故采用市场法途径进行评估。

  根据委托,以及有关法律、法规、资产评估准则、资产评估原则、技术规范和指导意见,以及相关的文件资料,遵守客观、公正、独立、科学的原则,通过制定相应的评估方案与工作计划,实施了实地查勘、市场调查与询证等必要的评估程序,基于特定的评估假设与限制条件,本案例采用市场比较法对 A 公司拟收购资产所涉及王 XX 持有的越野客车一辆车在 2016 年 8 月 19 日的市场价值进行评估。该案例对象和范围进行说明,并对价值类型进行分析,较详尽地展示了市场法的评估思路及过程,有助于学生较直观地了解和掌握市场法评估方法,对于车辆类评估也具有一定的典型性和代表性。

案例十二

（EMC）项目设备资产组评估

本案例是由 C 公司委托，对拟受让的合同能源管理（以下简称 EMC）合同涉及的设备进行评估，为该经济行为提供价值参考意见。案例评估采用的是收益法。

一、案例背景

（一）设备概况

本次评估的设备为 C 公司拟受让的 EMC 项目设备组，该项目投资期限为 7 年，原始投资成本为 33,228,103.12 元，账面原值 33,228,103.12 元，账面净值 18,194,456.37 元，投资收益 2014 年 5 月开始。

（二）委托方与估价对象简要介绍

受 C 公司委托，对拟受让的合同能源管理（EMC）合同涉及的设备进行评估。本案例评估对象是 C 公司拟受让的合同能源管理项目（EMC 项目）设备组。

（三）评估目的

本次评估的目的是为 C 公司拟受让的 EMC 项目这一经济行为提供价值参考。

（四）价值类型

本次评估是为某公司收购 C 公司 100% 股权提供价值参考，而某公司在评估基准日仍在持续经营。所以，本次评估 C 公司 100% 股权价值类型是其在持续经营、缺少流通、具有控制权的状态下，于评估基准日所表现的市场价值。

市场价值是指自愿买方和自愿卖方在各自理性行事且未受任何强迫压制的情况下，资产在评估基准日进行正常公平交易的价值估计数额。

(五)评估基准日

评估基准日是资产评估价值所对应的时间点,评估值就是在评估基准日时的资产价值,一般采用年月日的时间点来表示。一般而言,评估基准日的确定应该有利于经济行为的发生或者实现,有利于减少资产评估的一事项调整,该日期的确定可以由委托方和评估机构共同协商确定。

根据委托方意见,本次评估以2017年6月30日为评估基准日。

二、评估标的

本次评估的设备为C公司拟受让的EMC项目设备组,该项目投资期限为7年,原始投资成本为33,228,103.12元,账面原值33,228,103.12元,账面净值18,194,456.37元,投资收益2014年5月开始。其中甲方分享20%,乙方分享80%。

此外,根据合同规定:项目年熟料产量高于96万吨部分的发电收益按甲方30%,乙方70%的比例进行分享。如果由于甲方生产线原因未能满足设计要求,如甲方年熟料产量低于80万吨,则乙方有权要求甲方按照以下方法补足:补足收益=欠产产量×项目验收时双方确认的吨熟料实际供电量×节能服务费单价×乙方分享比例,该处所指的年是指效益分享期起始日后的12个月。如效益分享期1~12月甲方产量低于80万吨,则乙方有权要求甲方从第13个月起在甲方分享的收益中补足乙方的收益;如效益分享期13~24月甲方产量低于80万吨,乙方有权要求甲方从第25个月起在甲方分享的收益中补足乙方的收益,以此类推;节能效益分享期期满后,甲方应在节能效益分享期期满后15天内一次性补足乙方所有前期未补足收益。丙方承包期限为2016年9月1日至2018年8月31日。全年基准熟料产量80万吨,基准供电量2680万千瓦时,年运维费不含6%增值税为1,972,075.47元,若达不到标准,有扣除。本次评估年运维费暂按1,972,075.47元计算。

三、评估方法

由于C公司所在行业相类投资项目并购交易案例无法取得,无法适当采用市场法对被投资项目进行评估。由于C主营业务为余热发电项目,按照项目进行投资,每个项目结束后余热发电设备无偿移交给节能用户,每个项目按照整体核算,委托第三方运营管理,C重点考虑的是项目投资收益,而未对每个项目每台设备单独核算,因此不适合采用成本法对被投资项目进行评估。由于每个投资项目均由合同锁定收益期和收益额,对于每个投资项目可以采用收益法进行评估。本次评估对EMC项目采用收益法进行评估。

(一)评估思路

本次评估选用收益法进行评估。

1. 收益法的定义和原理

收益法是指通过估测被评估资产未来现金流量的现值来判断资产价值的评估方法。应用收益法必须具备的基本前提有:

(1)被评估资产的未来现金流量可以预测并可以用货币衡量;

(2)资产拥有者获得现金流量所承担的风险可以预测并可用货币衡量;

(3)被评估资产预期获利年限可以预测。

2. 收益法的评估模型

本次收益法评估具体采用现金流量折现法,通过估算委估资产组在约定收益期内的未来现金流量,选取适当的折现率进行折现,得出委估资产组价值的一种方法。其基本计算公式为:

$$P = \sum_{i=1}^{n} \frac{R_i}{(1+i)^i} + \frac{R_e}{(1+i)^n}$$

其中:R_i为评估对象未来第i年的现金流量;R_e为评估对象收益期结束时的现金流量;r为折现率;n为评估对象的收益期限。

(1)项目预计未来现金流量 = 收入 – 成本费用 – 税金及附加 + 折旧与摊销 – 资本性支出 – 净营运资金变动;

(2)由于每个项目结束后余热发电设备无偿移交给节能用户,合同能源管理项目资产组收益期结束时回收的现金流量为零;

(3)由于每个投资项目均由合同锁定收益期,合同能源管理项目资产组的收益期为合同约定的收益期限;

(4)由于评估模型采用现金流量折现模型,从资产整体运营收益的角度

考虑,折现率 r 选取资本资产定价模型(CAPM)计算确定。则:

$$r_e = r_f + \beta_e \times (r_m - r_f) + \varepsilon$$

其中:r_f 为无风险报酬率;r_m 为市场期望报酬率;β_e 为评估对象权益资本的预期市场风险系数;ε 为评估对象的特性风险调整系数;T 为所得税税率,取 25%。

(二)(EMC)项目设备资产组收益法测算过程

1. 合同能源管理项目的背景

(1)根据 2013 年 1 月 7 日×××有限公司(以下部分合同简称"甲方")与××有限公司(以下部分合同简称"乙方")签订的《××余热发电项目合同能源管理(EMC)合同》规定:"余热发电设施"是指本合同由乙方负责投入并建设的、利用甲方毕节××的余热废气进行发电并直接供给甲方使用的设备和生产设施。"节能效益分享期"是指自满足开工建设条件之日起的 12 个月为建设调试验收整改期,从第 13 个月开始进入 7 年的这段时间内,双方按照本合同的约定分享节能效益。

(2)根据 2013 年 10 月 25 日×××有限公司(以下部分合同简称"甲方")、××有限公司(以下部分合同简称"乙方")和 C 有限公司(以下部分合同简称"丙方")三方经协商一致同意由丙方受让甲、乙双方于 2013 年 1 月 7 日签订的《××有限公司生产线低温余热发电项目合同能源管理(EMC)合同》(以下简称"EMC 合同")乙方 EMC 合同项下的权利义务。

(3)《××××有限公司生产线低温余热发电项目合同能源管理(EMC)合同》2.3 规定:本项目的节能效益分享期的起始日为余热发电设施通过 72 小时整套启动试运行之日起,节能效益分享期限为 7 年。

(4)《××××有限公司生产线低温余热发电项目合同能源管理(EMC)合同》3.2.3 规定:本项目的节能效益分享期为 7 年,其中甲方分享 20%,乙方分享 80%。项目年熟料产量高于 96 万吨部分的发电收益按甲方 30%,乙方 70%的比例进行分享。根据节能使用单位目前的产量,本次评估暂按80%计算被评估单位节能收益。

(5)《××××有限公司生产线低温余热发电项目合同能源管理(EMC)

合同》3.2.6规定:余热发电项目的建设及调试周期为12个月;乙方运营期结束后,余热发电资产由乙方无偿转让给甲方,并保证余热发电设施的完好和运行正常。

(6)《××××有限公司生产线低温余热发电项目合同能源管理(EMC)合同》3.2.7规定:乙方负责在节能效益分享期内按照本合同附件一所列的项目方案运营、维护和管理余热发电设施,并承担余热发电设施运营中可能的灭失、被盗、损坏等风险。

(7)《××××有限公司生产线低温余热发电项目合同能源管理(EMC)合同》4.1.1规定:合作期内,乙方通过余热发电厂向甲方提供电力,甲方向乙方支付节能服务费,乙方向甲方提供符合国家规定的节能服务发票。节能服务费=节能服务费单价×乙方实际供电量×乙方分享比例。

(8)《××××有限公司生产线低温余热发电项目合同能源管理(EMC)合同》4.1.2规定:本EMC合同中节能服务费单价暂按0.52元/千瓦时预计。

(9)《××××有限公司生产线低温余热发电项目合同能源管理(EMC)合同》5.7规定:甲方应保证所运营的与余热发电设施相接驳的相关的设备、设施符合国家法律法规及产业政策要求,且连续稳定运行并实现每年熟料产量不低于80万吨。

(10)《××××有限公司生产线低温余热发电项目合同能源管理(EMC)合同》9.1.2规定:如果由于甲方生产线原因未能满足设计要求,如甲方年熟料产量低于80万吨,则乙方有权要求甲方按照以下方法补足:补足收益=欠产产量×项目验收时双方确认的吨熟料实际供电量×节能服务费单价×乙方分享比例,该处所指的年是指效益分享期起始日后的12个月。如效益分享期1-12个月甲方产量低于80万吨,乙方有权要求甲方从第13个月起在甲方分享的收益中补足乙方的收益;如效益分享期13-24个月甲方产量低于80万吨,乙方有权要求甲方从第25个月起在甲方分享的收益中补足乙方的收益,以此类推;节能效益分享期期满后,甲方应在节能效益分享期期满后15天内一次性补足乙方所有前期未补足收益。

《××××有限公司生产线低温余热发电项目合同能源管理(EMC)合

同》12.1规定:经甲乙双方协商一致,乙方在收到如下甲方所支付的足额转让金后,可以解除EMC投资合同,乙方在收到转让金后将其余热电厂所有权利转让给甲方。转让金 = 80 万吨产量 × 吨熟料设计供电量31.6 千瓦时/吨 × 节能服务费单价(单位:元/千瓦时) × (7 年 – 乙方已运营分享时间) × 乙方分享比例。

根据C有限公司(以下合同部分简称甲方)与××发展服务有限公司(以下合同部分简称乙方)于2016年8月29日签订的《××××有限公司生产线低温余热发电站运行、维护、生产管理技术服务合同》规定:承包期限为2016年9月1日至2018年8月31日。全年基准熟料产量80万吨,基准供电量2680万千瓦时,年运维费不含6%增值税为1,972,075.47元,若达不到标准,有扣除。本次评估年运维费暂按1,972,075.47元计算。

2. 收入预测

该项目的主营业务为节能收入,该项目自2014年5月至评估基准日后一段时间内的发电量和电费收入如表4-7所示。

表4-7 发电量和电费收入

序号	计费期	实际供电量/千瓦时	电费单价(含税)(元/千瓦时)	分成率/%	确认收入(含税)/元
1	2014年5月	2,967,060.00	0.52	80	1,234,296.96
2	2014年6月	2,455,790.00	0.52	80	1,021,608.64
3	2014年7月	1,389,850.00	0.52	80	578,177.60
4	2014年8月	1,585,080.00	0.52	80	659,393.28
5	2014年9月	1,602,140.00	0.52	80	666,490.24
6	2014年10月	2,086,270.00	0.52	80	867,888.32
7	2014年11月	3,106,200.00	0.52	80	1,292,179.20
8	2014年12月	3,311,080.00	0.52	80	1,377,409.28
9	2015年1月	866,100.00	0.52	80	360,297.60
10	2015年2月	446,150.00	0.52	80	185,598.40
11	2015年3月	12,000.00	0.52	80	(4,992.00)
12	2015年4月	828,960.00	0.52	80	344,847.36
13	2015年5月	1,414,080.00	0.52	80	588,257.28
14	2015年6月	1,357,733.00	0.52	80	564,816.93

续表

序号	计费期	实际供电量/千瓦时	电费单价(含税)(元/千瓦时)	分成率/%	确认收入(含税)/元
15	2015年7月	2,673,920.00	0.52	80	1,112,350.72
16	2015年8月	2,304,000.00	0.52	80	958,464.00
17	2015年9月	1,319,280.00	0.52	80	548,820.48
18	2015年10月	2,385,720.00	0.52	80	992,459.52
19	2015年11月	2,529,020.00	0.52	80	1,052,072.32
20	2015年12月	2,116,340.00	0.52	80	880,397.44
21	2016年1月	2,668,320.00	0.52	80	1,110,021.12
22	2016年2月	(3,860.00)	0.52	80	(1,605.76)
23	2016年3月	2,215,920.00	0.52	80	921,822.72
24	2016年4月	2,373,840.00	0.52	80	987,517.44
25	2016年5月	2,542,320.00	0.52	80	1,057,605.12
26	2016年6月	2,418,360.00	0.52	80	1,006,037.76
27	2016年7月	2,465,880.00	0.52	80	1,025,806.08
28	2016年8月	1,980,840.00	0.52	80	824,029.44
29	2016年9月	2,470,080.00	0.52	80	1,027,553.28
30	2016年10月	2,274,080.00	0.52	80	946,017.28
31	2016年11月	2,201,880.00	0.52	80	915,982.08
32	2016年12月	1,955,760.00	0.52	80	813,596.16
33	2017年1月	1,939,920.00	0.52	80	807,006.72
34	2017年2月	153,060.00	0.52	80	63,672.96
35	2017年3月	1,928,520.00	0.52	80	802,264.32
36	2017年4月	2,204,400.00	0.52	80	917,030.40
37	2017年5月	1,901,040.00	0.52	80	917,030.40
38	2017年6月	2,000,000.00	0.52	80	790,832.64

根据《××××有限公司生产线低温余热发电项目合同能源管理（EMC)合同》约定,年发电量不低于800,000吨产量×吨熟料设计供电量31.6千瓦时/吨=25,280,000.00千瓦时。

如果由于节能用户生产线年熟料产量低于80万吨则被评估单位方有权要求节能用户按照以下方法补足,如效益分享期1~12个月甲方产量低于80万吨,乙方有权要求甲方从第13个月起在甲方分享的收益中补足乙方的收益;如效益分享期13~24个月甲方产量低于80万吨,乙方有权要求甲方从第25个月起在甲方分享的收益中补足乙方的收益,以此类推;节能效益分享期期满后,甲方应在节能效益分享期期满后15天内一次性补足乙方所有前期未补足收益。

但目前的状况是节能用户的熟料产量达标,但发电量未达标;参考该项目截至目前的发电量实际情况,并咨询相关工作人员,本次评估预计未来发电量为近两年年发电量的平均值21,900,000.00千瓦时,并且在以后年度大致保持不变。该项目未来主营业务收入预测如表4-8所示。

表4-8 主营业务收入预测

序号	项目	2017年7至12月	2018	2019	2020	2021
1	发电量/千瓦时	11,773,060.00	21,900,000.00	21,900,000.00	21,900,000.00	7,300,000.00
2	单价(含税价)(元/千瓦时)	0.52	0.52	0.52	0.52	0.52
3	分成率/%	80	80	80	80	80
4	不含税收入(6%增值税)/元	4,620,371.00	8,594,717.00	8,594,717.00	8,594,717.00	2,864,906.00

3. 成本预测

成本主要为折旧费、运行维护费和设备维修费。该项目由C负责在节能效益分享期内运营、维护和管理余热发电设施。根据C有限公司(以下合同部分简称甲方)与××××有限公司(以下合同部分简称乙方)于2016年8月29日签订的《××××有限公司生产线低温余热发电站运行、维护、生产管理技术服务合同》规定:承包期限为2016年9月1日至2018年8月31日。全年基准熟料产量80万吨,基准供电量2680万千瓦时,年运维费不含6%增值税为1,972,075.47元,若达不到标准,则扣除。本次评估年运维费暂按1,972,075.47元计算。

维修费暂根据项目的实际发生维修费用情况按固定资产投资额的1%估计。该项目成本预测如表4-9所示。

表4-9 成本预测表

序号	项目	2017年7至12月	2018	2019	2020	2021
1	折旧费/元	2,373,435.94	4,746,871.87	4,746,871.87	4,746,871.87	1,582,290.62
2	运行维护费（不含税）/元	1,162,664.23	1,972,075.47	1,972,075.47	1,972,075.47	657,358.49
3	维修费（不含税）/元	194,349.17	332,281.03	332,281.03	332,281.03	110,760.34
4	成本合计/元	3,730,449.34	7,051,228.38	7,051,228.38	7,051,228.38	2,350,409.46

4. 营业税金及附加预测

该项目营业税金及附加主要包括城市维护建设税、教育费附加、地方教育费附加。根据收入预测的结果及适用的增值税税率，节能收入增值税适用6%，设备购置价按照17%抵扣进项税额，运行维护费按照6%抵扣进项税额。城市维护建设税、教育费附加、地方教育费附加按营业税的7%、3%、2%进行计算确定。该项目设备进项税额为2,403,175.21元。委估项目未来营业税金及附加预测如表4-10所示。

表4-10 营业税金及附加预测预测表　　　　　单位:元

序号	项目	2017年7至12月	2018	2019	2020	2021
1	节能收入	4,620,371.00	8,594,717.00	8,594,717.00	8,594,717.00	2,864,906.00
2	运行维护费	1,162,664.23	1,972,075.47	1,972,075.47	1,972,075.47	657,358.49
3	增值税销项税额（6%增值税）	277,222.26	515,683.02	515,683.02	515,683.02	171,894.36
4	增值税进项税额（6%增值税）	69,759.85	118,324.53	118,324.53	118,324.53	39,441.51
5	应交增值税	-1,101,426.16	-704,067.67	-306,709.18	90,649.31	223,102.16
6	营业税金及附加				10,877.92	26,772.26

5. 所得税费用预测

根据《财政部 国家税务总局关于促进节能服务产业发展增值税营业税和企业所得税政策问题的通知》(财税〔2010〕110号),对符合条件的节能服务公司实施合同能源管理项目,符合企业所得税税法有关规定的,自项目取得第一笔生产经营收入所属纳税年度起,第一年至第三年免征企业所得税,第四年至第六年按照25%的法定税率减半征收企业所得税。根据上述收入及成本费用预测结果,该项目所得税费用预测如表4-11所示。

表4-11 所得税费用预测测表　　　　　单位:元

序号	项目	2017年7至12月	2018	2019	2020	2021
1	利润	889,921.66	1,543,488.62	1,543,488.62	1,532,610.71	487,724.28
2	所得税	111,240.00	192,936.00	192,936.00	383,153.00	121,931.00

6. 折旧费预测

××公司的固定资产按企业会计政策计提折旧费,按照7年收益期计提折旧。折旧及摊销预测见表4-12。

表4-12 折旧及摊销预测表　　　　　单位:元

序号	项目	2017年7至12月	2018	2019	2020	2021
1	折旧费	2,373,435.94	4,746,871.87	4,746,871.87	4,746,871.87	1,582,290.62

7. 资本性支出预测

由于本项目投产后不再扩大产能,不预测委估项目的资本性支出。

8. 净营运资金变动

本项目投产后不需要大量资金,仅仅支付运行维护费和少量维修费,该项目产生的收入足以支持该项成本,因此不预测净营运资金变动金额。

9. 折现率的确定

评估人员采用下式估算预期收益适用的折现率:

预期收益所适用的折现率 = 无风险报酬率 + 风险报酬率

(1)无风险报酬率的选取

参照国家近五年发行的中长期国债利率的平均水平(详见表4-13),按照十年期以上国债利率平均水平确定无风险收益率 r_f 的近似,即 r_f = 3.95%。

表4-13 中长期国债利率

序号	国债代码	国债名称	期限	实际利率
1	101204	国债1204	10	0.0354
2	101206	国债1206	20	0.0407
3	101208	国债1208	50	0.043
4	101209	国债1209	10	0.0339
5	101212	国债1212	30	0.0411
6	101213	国债1213	30	0.0416
7	101215	国债1215	10	0.0342
8	101218	国债1218	20	0.0414
9	101220	国债1220	50	0.044
10	101221	国债1221	10	0.0358
11	101305	国债1305	10	0.0355
12	101309	国债1309	20	0.0403
13	101310	国债1310	50	0.0428
14	101311	国债1311	10	0.0341
15	101316	国债1316	20	0.0437
16	101318	国债1318	10	0.0412
17	101319	国债1319	30	0.0482
18	101324	国债1324	50	0.0538
19	101325	国债1325	30	0.0511
20	101405	国债1405	10	0.0447
21	101409	国债1409	20	0.0483
22	101410	国债1410	50	0.0472
23	101412	国债1412	10	0.0404
24	101416	国债1416	30	0.0482
25	101417	国债1417	20	0.0468
26	101421	国债1421	10	0.0417
27	101425	国债1425	30	0.0435
28	101427	国债1427	50	0.0428
29	101429	国债1429	10	0.0381

续表

序号	国债代码	国债名称	期限	实际利率
30	101505	国债1505	10	0.0367
31	101508	国债1508	20	0.0413
32	101510	国债1510	50	0.0403
33	101516	国债1516	10	0.0354
34	101517	国债1517	30	0.0398
35	101521	国债1521	20	0.0377
36	101523	国债1523	10	0.0301
37	101525	国债1525	30	0.0377
38	101528	国债1528	50	0.0393
39	101604	国债1604	10	0.0287
40	101608	国债1608	30	0.0355
41	101610	国债1610	10	0.0292
42	101613	国债1613	50	0.0373
43	101617	国债1617	10	0.0276
44	101619	国债1619	30	0.033
45	101623	国债1623	10	0.0272
46	101626	国债1626	50	0.0351
平均				0.0395

（2）风险报酬率的选取

风险报酬率计算公式如下：

$$风险报酬率 = 行业风险报酬率 + 委估项目个别风险报酬率$$

①行业风险报酬率的计算

本次采用资本资产定价模型（CAPM）估测风险报酬率

CAPM对权益风险报酬率的估测模型为：

$$行业风险报酬率 R_r = [E(R_m) - R_f] \times \beta_e$$

其中：$E(R_m) - R_f$ 为市场平均风险溢价；β_e 为行业 β 系数。

A. 市场平均风险溢价

市场风险溢价为市场平均收益率减去无风险收益率。

一般认为，股票指数的波动能够反映市场整体的波动情况，指数的长期平均收益率可以反映市场期望的平均报酬率。通过对上证综合指数自1992年5月21日全面放开股价、实行自由竞价交易后至2016年12月31日期间的指数平均收益率进行测算,得出市场期望报酬率的近似,即:$Rm = 10.55\%$。

故取 $E(R_m) - R_f = 10.55\% - 3.95\% = 6.60\%$。

B. 行业风险报酬率

通过Wind资讯查询可比公司的β值,具体如表4-14所示:

表4-14 可比公司的β值

板块名称	CSRC电力、热力生产和供应业
证券数量	69
标的指数	上证综指
计算周期	周
时间范围	2015/6/30 至 2017/06/30
收益率计算方法	普通收益率
剔除财务杠杆(D/E)	按市场价值比
加权方式	总市值加权平均
原始β	0.8462
加权调整β	0.8969
加权剔除财务杠杆原始β	0.4721
加权剔除财务杠杆调整β	0.5098

由于委估设备资产组无对应的有息负债,即 D = 0,因此:

$$\beta_e = \beta_L = \beta_U \times (1 + (1 - t) \times D/E) = 0.5098$$

行业风险报酬率 $R_r = [E(R_m) - R_f] \times \beta_e = 6.60\% \times 0.5098 = 3.36\%$

② 项目个别风险报酬率

本次评估考虑到委估项目与可比上市公司的差异性所可能产生的特性个体风险,设委估项目特性风险调整系数 $\varepsilon = 3\%$,即委估项目个别风险报酬率取3%。

③ 风险报酬率

风险报酬率 = 行业风险报酬率 + 委估项目个别风险报酬率 = 3.36% + 3% = 6.36%

(3)折现率的选定

折现率 = 无风险报酬率 + 风险报酬率 = 3.95% + 6.36% = 10.31%

10. 评估值测算过程与结果

根据上述收益法评估计算及分析过程，该项目收益法评估值测算过程如表4-15所示。

表4-15 收益法评估值测算过程表

序号	项目	2017年7至12月	2018	2019	2020	2021
1	节能收入/元	4,620,371.00	8,594,717.00	8,594,717.00	8,594,717.00	2,864,906.00
2	折旧费/元	2,373,435.94	4,746,871.87	4,746,871.87	4,746,871.87	1,582,290.62
3	运行维护费/元	1,162,664.23	1,972,075.47	1,972,075.47	1,972,075.47	657,358.49
4	维修费/元	194,349.17	332,281.03	332,281.03	332,281.03	110,760.34
5	成本合计/元	3,730,449.34	7,051,228.38	7,051,228.38	7,051,228.38	2,350,409.46
6	增值税销项税额/元	277,222.26	515,683.02	515,683.02	515,683.02	171,894.36
7	增值税进项税额/元	69,759.85	118,324.53	118,324.53	118,324.53	39,441.51
8	应交增值税/元	(1,101,426.16)	(704,067.67)	(306,709.18)	90,649.31	223,102.16
9	营业税金及附加/元	0.00	0.00	0.00	10,877.92	26,772.26
10	利润总额/元	889,921.66	1,543,488.62	1,543,488.62	1,532,610.71	487,724.28
11	所得税/元	111,240.00	192,936.00	192,936.00	383,153.00	121,931.00
12	净利润/元	778,681.66	1,350,552.62	1,350,552.62	1,149,457.71	365,793.28
13	加:折旧与摊销/元	2,373,435.94	4,746,871.87	4,746,871.87	4,746,871.87	1,582,290.62
14	减:资本性支出/元	0.00	0.00	0.00	0.00	0.00
15	减:净营运资金变动/元	0.00	0.00	0.00	0.00	0.00
16	现金流量/元	3,152,117.60	6,097,424.50	6,097,424.50	5,896,329.58	1,948,083.91
17	折现率/%	10.31	10.31	10.31	10.31	10.31

续表

序号	项目	2017年7至12月	2018	2019	2020	2021
18	折现系数/元	0.952121907	0.863132904	0.782461159	0.709329307	0.686503795
19	现金流量现值/元	3,001,200.22	5,262,887.72	4,770,997.84	4,182,439.38	1,337,366.99
20	现金流量现值合计/元	18,554,900.00				

四、评估结果

C公司拟受让的EMC项目设备组在制权状态下，于评估基准日的市场价值为18,554,900.00元。

五、案例点评

本案例是由C有限公司委托，对其拟受让的合同能源管理（EMC）合同涉及的设备进行评估，为该经济行为提供价值参考。在方法的选择上，由于C公司所在行业相类投资项目并购交易案例无法取得，无法适当采用市场法对被投资项目进行评估。由于C主营业务为余热发电项目，按照项目进行投资，每个项目结束后余热发电设备无偿移交给节能用户，每个项目按照整体核算，委托第三方运营管理，C重点考虑的是项目投资收益，而未对每个项目每台设备单独核算，因此不适合采用成本法对被投资项目进行评估。由于每个投资项目均由合同锁定收益期和收益额，因此对于每个投资项目可以采用收益法进行评估。本次评估对EMC项目采用收益法进行评估。

本案例对收益法的原理、评估模型进行了较为详尽的介绍，并对收益法评估过程，如收入成本预测、折现率的确定作了较为详尽的解释。案例作为教学案例，能帮助学生对收益法中各参数的选取有更深刻的认识，具有一定的代表性。

第五章　金融资产评估案例

案例十三

实物期权评估案例——发展选择权

一、案例背景

根据《关于加快关停小火电机组若干意见的通知》(国发〔2007〕2号)，近年来，电力工业快速发展，但电力结构不合理，特别是能耗高、污染重的小火电机组比重过高，成为制约电力工业节能减排和健康发展的重要因素。抓住当前经济社会发展较快、电力供求矛盾缓解的有利时机，加快关停小火电机组，推进电力工业结构调整，对于促进电力工业健康发展、实现"十一五"时期能源消耗降低和主要污染物排放减少的目标至关重要。国家将继续按照电力工业产业政策和发展规划，加大高效、清洁机组的建设力度，保持电力工业持续健康发展，为加快推进小火电机组关停工作创造宽松的市场环境。要大力推进"上大压小"工作，在新建电源项目安排上，考虑小火电机组关停的因素，对关停工作成效显著的省份和电力企业优先给予支持。

"上大压小"就是要将新建电源项目与关停小火电机组挂钩。在建设大容量、高参数、低消耗、少排放机组的同时，相应地关停一部分小火电机组。具体是指低能耗、热效率高、排放指标达标的大型火电机组允许新建，旧机组经过改造能达到要求的可以继续运行；对能耗、排放达不到要求又没有改造价值的小机组实行关停。"上大"给"关小"创造了市场环境，"关小"则为

"上大"腾出了容量空间,两者之间相辅相成、互为因果。

火力发电企业如果想申请新建新火力发电厂,则需要关停现有的小火电厂,实行"关一给二"的政策,也就是关停1千瓦容量的小火电机组可以批准新建2千瓦的新机组。因此,关停的小火电机组在转让其固定资产时就有一个所谓的"发电容量"概念,也就是关停机组的发电容量,拥有上述容量就有一个进一步新建大机组的发展选择实物期权。

二、评估标的

DK集团公司拥有一个火力发电厂,发电机组容量为35万千瓦,根据国家关于"上大压小"的相关规定将于近期关停,根据相关规定关停35万千瓦的小机组,可以申请新建一个70万千瓦的大机组,目前需要将该小机组的电厂股权转让,客户要求在评估相关实物资产的同时,要求评估师考虑"电容量"的价值。

三、评估方法

(一)评估方法分析

该企业已经按照国家要求停机,此时进行股权转让一般只能采用成本法按有序变现为前提评估关停企业相关实物资产的可变现价值;根据国家规定"三大主机"不得异地使用,因此只能按"拆整卖零"废旧物资回收处理;部分辅机则可以按能否异地使用情况分别按重置成本法评估;该企业可以在原地(或异地,仍在本地区)建新电厂,并且已经聘请相关机构完成了70万千瓦机组的可研报告。我们认为该企业所有者拥有一个新建大机组的发展选择实物期权。

根据案例实际情况,我们决定采用B-S模型估算DK公司的发展选择期权。

(二)评估方法及参数介绍

B-S模型的选择:根据分析可知这是一个发展选择实物期权,因此属于看涨期权,可以选择不含红利的看涨期权B-S模型:

$$C = S_0 N(d_1) - Xe^{-rT} N(d_2)$$

B-S模型中各参数估算:

S_0:原含义是标的股票现实价格,现是新建的70万千瓦机组的新建电厂在建成后,其股权在基准日所表现出的市场价值。S_0可以根据70万千瓦新建机组的可研报告采用DCF方式估算,也就是预测新厂建成后经营现金流折现值;

X:原含义为期权执行价,现为70万千瓦机组全部建设成本或全部投资的终值,参照可研报告估算;

r:原含义连续复利计算的无风险收益率,现在可以采用国债到期收益率;

T:原含义为期权限制时间,现可以采用从基准日到新建电厂完成并投资发电所需要的时间;

σ:原含义是股票波动率,现在应该是投资者投资70万千瓦火力发电企业股权所能获得回报率的标准差。可以采用国内中火力发电企业行业的全部上市公司的股票波动率。

(三)案例应用

(1)S_0:根据可研报告采用DCF方式估算,预测新厂建成后经营现金流折现值为225,900.00万元。

(2)X:参照可研报告估算,70万千瓦机组全部建设成本或全部投资的终值为313,356.80万元。

(3)r:国债到期收益率为1.94%,具体如表5-1所示。

表5-1 国债到期收益率

序号	证券代码	证券简称	评估基准日收盘价/元	距到期日时间/年	到期收益率/%
1	010009.IB	01国债09	100.8	1.00	1.92
2	010110.SH	21国债(10)	101.5	1.07	1.55
3	101918.SZ	国债918	100.0	1.07	1.71
4	019819.SH	08国债19	100.0	1.12	1.73
5	100819.SZ	国债0819	100.0	1.12	1.73
6	080019.IB	08国债19	100.8	1.12	1.94
7	010618.SH	06国债(18)	103.2	1.15	1.74
8	100618.SZ	国债0618	100.0	1.15	1.74
9	060018.IB	06国债18	100.5	1.15	2.04
10	010112.SH	21国债(12)	101.5	1.16	1.71

续表

序号	证券代码	证券简称	评估基准日收盘价/元	距到期日时间/年	到期收益率/%
11	101912.SZ	国债912	101.1	1.16	1.74
12	010410.SH	04国债(10)	103.6	1.24	1.90
13	100410.SZ	国债0410	104.1	1.24	1.77
14	040010.IB	04国债10	103.4	1.24	2.06
15	019001.SH	10国债01	100.0	1.41	1.85
16	101001.SZ	国债1001	100.0	1.41	1.85
17	100001.IB	10附息国债01	100.0	1.41	2.00
18	020001.IB	02国债01	100.5	1.55	2.03
19	010203.SH	02国债(3)	101.7	1.63	1.48
20	100203.SZ	国债0203	101.9	1.63	1.97
21	010705.SH	07国债05	100.0	1.65	1.97
22	100705.SZ	国债0705	100.0	1.65	1.97
23	070005.IB	07国债05	101.6	1.65	2.16
24	019909.SH	09国债09	100.0	1.72	2.01
25	100909.SZ	国债0909	100.0	1.72	2.01
26	090009.IB	09附息国债09	100.0	1.72	2.09
27	010505.SH	05国债(5)	102.0	1.73	2.02
28	100505.SZ	国债0505	101.5	1.73	2.02
29	050005.IB	05国债05	101.6	1.73	2.09
30	019915.SH	09国债15	100.0	1.88	2.09
31	100915.SZ	国债0915	100.0	1.88	2.09
32	090015.IB	09附息国债15	100.14	1.88	2.14
33	020009.IB	02国债09	100.89	1.88	2.14
34	010509.SH	05国债(9)	105.46	1.99	2.13
35	100509.SZ	国债0509	100.00	1.99	2.13
36	050009.IB	05国债09	101.31	1.99	2.16
37		平均值			1.94

(4) T:从基准日到新建电厂完成并投资发电所需要的时间为1.42年。

(5) σ:投资者投资70万千瓦火力发电企业股权所能获得回报率的标准差,采用国内中火力发电企业行业的全部上市公司的股票波动率为55.66%,具体如下。

表 5-2 股价数据(只显示 9 家)

序号	代码	名称	交易日 第1月 2008-09-26	第2月 2008-10-31	第3月 2008-11-28	第4月 2008-12-31	第5月 2009-01-23	…	第13月 2009-09-30	第14月 2009-10-30	第15月 2009-11-30	第16月 2009-12-31	第17月 2010-01-29
1	000027	深圳能源	50.806	49.097	55.631	49.646	51.112	…	68.078	78.111	82.481	83.466	76.634
2	000037	深南电A	23.427	14.316	16.693	17.994	19.522	…	29.142	34.914	44.986	40.968	38.988
3	000426	富龙热电	30.899	21.334	23.192	21.609	24.637	…	61.041	73.773	97.377	105.635	89.394
4	000531	穗恒运A	26.097	15.855	20.237	25.851	27.229	…	73.071	77.552	86.514	85.972	76.813
5	000543	皖能电力	11.749	8.002	9.876	9.552	12.189	…	17.022	19.196	22.504	21.625	21.000
6	000601	韶能股份	27.583	20.351	24.724	23.210	24.892	…	57.185	57.606	62.904	55.251	51.214
7	000690	宝新能源	145.905	92.186	136.178	138.168	150.769	…	182.961	200.745	215.640	214.751	230.535
8	000692	惠天热电	22.096	14.851	15.929	17.246	19.641	…	31.618	36.767	38.983	41.019	38.923
9	000695	滨海能源	13.171	9.484	10.221	10.755	11.925	…	15.196	17.031	23.533	20.958	20.091

表 5-3 波动率 σ 计算（只显示 9 家）

序号	代码	名称	第 2 月 2008-10-31	第 3 月 2008-11-28	第 4 月 2008-12-31	第 5 月 2009-1-23	…	第 13 月 2009-9-30	第 14 月	第 15 月 2009-11-30	第 16 月 2009-12-31	第 17 月 2010-1-29	月标准差	年标准差
	交易日期													
1	000027	深圳能源	-3.42%	12.49%	-11.38%	2.91%	…	-1.44%	13.75%	5.44%	1.19%	-8.54%	13.08%	45.31%
2	000037	深南电 A	-49.25%	15.36%	7.51%	8.15%	…	-2.30%	18.07%	25.35%	-9.36%	-4.95%	18.49%	64.06%
3	000426	富龙热电	-37.05%	8.35%	-7.07%	13.11%	…	-6.33%	18.94%	27.76%	8.14%	-16.69%	18.46%	63.94%
4	000531	穗恒运 A	-49.83%	24.40%	24.48%	5.20%	…	-6.08%	5.95%	10.94%	-0.63%	-11.26%	18.96%	65.68%
5	000543	皖能电力	-38.40%	21.03%	-3.33%	24.38%	…	4.45%	12.02%	15.90%	-3.98%	-2.93%	19.50%	67.55%
6	000601	韶能股份	-30.41%	19.46%	-6.32%	7.00%	…	19.95%	0.73%	8.80%	-12.97%	-7.59%	17.06%	59.09%
7	000690	宝新能源	-45.92%	39.02%	1.45%	8.73%	…	4.22%	9.28%	7.16%	-0.41%	7.09%	19.51%	67.59%
8	000692	惠天热电	-39.74%	7.01%	7.95%	13.01%	…	-5.71%	15.09%	5.85%	5.09%	-5.24%	14.76%	51.14%
9	000695	滨海能源	-32.84%	7.49%	5.09%	10.32%	…	-4.59%	11.41%	32.33%	-11.59%	-4.22%	15.03%	52.07%
48	平均值												16.07%	55.66%

四、评估结果

将上述参数代入以下公式:

$$V = SN(d_1) - X_e^{rt}N(d_2), d_1 = \frac{\ln(\frac{S}{X}) + (r + \frac{a^2}{2})t}{a\sqrt{t}}, d_2 = d_1 - a\sqrt{t}$$

表5-4 参数计算

名称	期初资产价值 S/万元	期权执行价格 X/万元	资产价值波动率 δ	限制流通期 T/年	无风险年收益率 r	B-S模型中的参数 d_1	B-S模型中的参数 d_2	CALL Option 看涨期权(取整)/万元
发展选择权	225,900.0	313,356.8	55.66%	1.42	1.94%	-0.1204	-0.7836	36,000.0

因此,DK公司发展选择期权为36,000.00万元。

五、案例点评

本案例采用B-S模型估算DK公司的发展选择期权,运用实物期权模型可以考虑到发展选择权自身的特点,即具有高度不确定性和较高的收益风险性。新建大机组的发展选择权吻合实物期权的主要特征,用实物期权评估会优于传统方法。

案例十四

A银行拟处置不良贷款价值分析案例

一、案例背景

（一）借款融资情况

2015年11月1日,B公司因业务发展需要,向A银行提交授信额度为人民币3750万元,期限为1年的授信申请书。2015年12月3日债务人与债权人签订了《综合授信协议》和担保合同(见表5-5)。

表5-5 担保合同

序号	合同编号	合同名称	担保人名称	担保财产	签署日期	证书编号	保抵登记时间
1	A银(2015)莞额抵字第0042号	《最高额抵押合同》	陶某 彭某	位于甲市某小区D7号,权属证明文件证号为:粤房地证字第C584**04	2015/12/03	粤房地他项权证莞字第04004***号	2015/12/11
2	A银(2015)莞额抵字第0041号	《最高额抵押合同》	陶某	位于甲市东风路7号,权属证明文件证号为:粤房地权证莞字第020001***8	2015/12/03	粤房地他项权证莞字第020041****号	2015/12/14
3	A银(2015)莞额保字第0041号	《最高额保证合同》	1.C公司 2.陶某 3.陶某 4.彭某		2015/12/03		

A银行2015年12月14日与B公司签订《流动资金借款合同》,并依约将流动资金贷款一次性划付给B公司。2016年12月14日还款到期后,B公司一直未按照约定履行还款义务,从而形成A银行的不良资产。为处置不良资产,现委托进行评估。

（二）评估目的：为委托人 A 银行拟处置 B 公司债权提供价值参考意见

二、评估标的

本次债权价值分析对象为 A 银行拟处置 B 公司的债权，本次债权价值分析范围包括以下债权资产及其涉及的债务人和债务责任关联方。

（一）债权总额

根据 A 银行提供的资料，截至 2018 年 3 月 31 日，A 银行持有的 B 公司债权共 1 笔，情况如表 5-6 所示。

表 5-6　债权情况

单位：元

序号	综合授信协议	贷款余额	利息	实现债权费用	债权总额	担保方式
1	A 银(2015)综字第 0041 号	37,499,000.00	5,908,333.50	277,280.51	43,684,614.01	抵押，保证
	合　计				43,684,614.01	

（二）债券所涉及的债务人和债务责任关联方

1. 债务人情况

（1）债务人工商登记情况

根据委托人提供的《A 银行股份有限公司拟转让债权尽职调查报告暨法律意见》记载，债务人 B 公司的商工登记信息如表 5-7 所示。

表 5-7　B 公司的商工登记信息

统一社会信用代码	9144190068641＊＊
企业名称	B 公司
类型	有限责任公司（自然人投资或控股）
法定代表人	陶某
注册资本	人民币 200.00 万元
成立日期	2009 年 04 月＊日
经营期限自	2009 年 04 月＊日
登记机关	广东省某市工商行政管理局

续表

统一社会信用代码	9144190068641＊＊
企业名称	B公司
核准日期	2017年08月＊日
登记状态	在营(开业)企业
住所	东莞市东城街道＊路＊号＊大厦＊层＊号房
经营范围	建筑工程、路桥工程、市政工程、交通工程、机电安装工程、地质勘察设计工程;监理工程的技术、管理信息咨询服务;销售:建筑材料(不含危险化学品)
股东及出资情况	1. 陶某,出资120万元,实缴出资时间2009年4月13日; 2. 陶某,出资80万元,实缴出资时间2009年4月13日
董事、监事情况	1. 陶某,执行董事、经理;2. 陶某,监事

(2)债务人名下土地、房产等财产情况

①土地、房产概况

根据目前材料及尽调律师查询情况,无法得知债务人名下的土地、房产情况。

②持有股权情况

根据目前材料及尽调律师查询情况,无法得知债务人名下的持股情况。

③债务人其他资产情况

截至2017年4月,尽调律师目前没有查到债务人有价值的其他财产线索。

(3)实地勘察情况

由于信息受限,无法与债权人及相关保证人取得联系了解。根据委托人经办人员介绍,B公司应该目前尚在营业,但经营情况困难,本次贷款业务逾期后,债务人已不在接待A银行方面的后续工作。

(4)债务人的涉债情况

根据委托人提供的《A银行股份有限公司拟转让债权尽职调查报告暨法律意见》记载:① 2018年4月3日,经查询中国裁判文书网(http://wenshu.court.gov.cn/),未查询到债务人涉及诉讼;②2018年4月3日,经查询中华人民共和国最高人民法院全国法院被执行人信息网(http://zhixing.court.gov.cn/search/),未查询到债务人有被执行相关记录。

2.担保情况

(1)保证人(抵押人):陶某

①基本情况

陶某,男,汉族,1973年10月*日出生,住所:广东省广州市越秀区*巷*号*房,身份证号码:35010219731**。

②保证人名下土地、房产等财产情况

根据目前材料及尽调律师查询情况,无法得知保证人名下土地、房产情况。

③保证人的涉诉情况

经查询中国裁判文书网(http://wenshu.court.gov.cn/),未查询到陶某涉及诉讼。经查询中华人民共和国最高人民法院全国法院被执行人信息网(http://zhixing.court.gov.cn/search/),未查询到陶某有被执行相关记录。

(2)保证人之二:C公司

①保证人基本情况

根据委托人提供的《A银行股份有限公司拟转让债权尽职调查报告暨法律意见》记载,保证人C公司的工商登记信息如表5-8所示。

表5-8 B公司的工商登记信息

统一社会信用代码	9144190079624***
企业名称	C公司
类型	有限责任公司(自然人投资或控股)
法定代表人	陶某
注册资本	人民币1000.00万元
成立日期	2006年11月30日
经营期限自	2006年11月30日
登记机关	广东省东莞市工商行政管理局
登记状态	在营(开业)企业
核准日期	2017年12月20日
住所	东莞市东城街道岗贝社区旗峰路*大厦*层*房
经营范围	销售:新型建筑材料、水泥、钢材、五金制品、塑胶制品、电子产品、化工用品(不含危险化学品);销售、安装和维修:建筑机械、机电设备

续表

统一社会信用代码	9144190079624＊＊＊
股东情况	1. 陶某、自然人股东；2. 简坚辉、自然人股东
董事、监事情况	1. 陶某，执行董事、经理；2. 简坚辉，监事

②保证人名下土地、房产及其他财产等财务情况

根据目前材料及尽调律师查询情况，无法得知保证人名下和土地、房产和其他的财务状况。

③保证人的涉诉情况

经查询"中国裁判文书网"（http://wenshu.court.gov.cn/），担保人C公司涉及如下诉讼案件（见表5-9）。

表5-9 诉讼案件

审理法院	案号	诉讼方	案件进展
广州市越秀区人民法院	（2014）惠越法民二初字第＊＊号	被告	法院裁定：准许原告广东省外商投资企业物资公司撤回起诉
广州市越秀区人民法院	（2014）惠越法民二初字第4＊＊号	被告	法院裁定：准许原告广东省外商投资企业物资公司撤回起诉

经查询中华人民共和国最高人民法院全国法院被执行人信息网（http://zhixing.court.gov.cn/search/），未查询到C公司有被执行相关记录。

（3）其他保证人：情况略

3. 抵押物情况

根据委托人提供的《最高额抵押合同》的记载，陶某和陶某分别为本债权提供了某市南城区蛤地村虎神窝御花园A1区＊号别墅（产权证号：粤房地证字第C5841＊＊号）和东莞市东城区迎宾路愉景花园金桥路＊号别墅（产权证号：粤房地权证莞字第020001＊＊＊）为本债权作抵押担保。

抵押物一：东莞市南城区蛤地村虎神窝御花园A1区＊号别墅

（1）权益情况

产权证号为粤房地证字第C5841＊＊＊号，权属人为陶某，房屋坐落：东莞市南城区蛤地虎神窝御花苑A1区＊号，占有房屋份额为全部，房屋用途为住宅，房屋所有权性质为私产，土地使用权性质为国家所有，土地使用权

来源为出让,建筑结构为钢混,建基面积为282.54平方米,建筑面积为627.81平方米,使用年限至2063年1月1日。已办理抵押登记,他项权证号为粤房地他项权证莞字第04004＊＊＊号,房地产他项权利人为A银行股份有限公司东莞分行,债权数额3750万元,登记时间为2015年12月11日,附记第一顺序抵押权人(最高额抵押)。

(2)实物状况

经评估人员现场勘察,抵押物位于东莞市南城区蛤地路的御花苑小区天琴湾内。抵押物为一栋三层高独栋别墅,带独立花园。从外观测,建筑整体状况良好。受客观原因影响,评估人员无法入内作进一步的详细勘察。

抵押物二:情况略。

三、评估方法

根据本次债权价值分析目的和评估人员所掌握的资料,采用以债务人和债务责任关联方为分析范围的途径进行,具体采用的是假设清算法。

(一)抵(质)押担保优先偿债资产分析

1. 抵押物情况

根据法律意见书,该笔债权的抵押物已依法办理抵押登记手续,双方签订的《抵押合同》合法有效,属有效抵押。

2. 估价方法

本次评估根据评估对象、价值类型、资料收集情况等相关条件,确定采用市场法进行评估,然后通过综合变现折扣率得出可回收价值。综合变现折扣率主要考虑了快速变现、支付处分抵押物的拍卖费、评估咨询费、诉讼费、执行费,应缴纳的各类税费等。

3. 测算过程

通过对抵押物所处供需圈进行调查分析,我们选择了与评估对象同处于同一供需圈、用途相近、交易类型相似、与评估基准日相差一年以内的3个案例,计算出抵押物一的市场价值为37,040,790.00元。

综上所述,分析基准日时,两处抵押物的市场价值共59,735,397.00元。

4. 快速清算价值确定

抵押物快速清算价值是指抵押物在估价时点时受处置时间、买受对象等非正常市场条件因素影响所实现的交换价值的估计值。计算公式如下：

$$快速清算价值 = 公开市场条件下的市场估价 \times 快速变现系数$$

$$快速变现系数 = 1 - 变现折扣率$$

考虑抵押物处置时间、受让范围、购买者心理预期等因素，确定折扣率。抵押物为房地产，基准日时使用正常，未发现明显结构问题，当地房地产市场处于平稳期，买方观望情绪较浓，政策导向为政府正在加强房地产市场调控力度。

(1) 有限市场因素

不良资产抵押物一般需要有实力的买家，市场需求有限。根据本抵押物的具体情况，变现折扣率取 10%。

(2) 处置时间因素

由于资产管理公司需通过法律途径处置该抵押物，处置手续烦琐，影响抵押物及时变现，根据本抵押物的具体情况，考虑加速变现折扣率为 10%。

(3) 处置费用因素

处置该抵押物，可能性还要发生一些拍卖费用、评估咨询费、诉讼费、执行费等支出，根据本抵押物的具体情况，考虑费用变现折扣率取 5%。

(4) 买方心理因素

本次处置资产为银行历年贷款形成并经资产管理公司接收的不良资产，不良资产形成时间长，形成原因复杂，买方对不良资产购置通常具有一种戒备心理，因此对不良资产抵押物存在一种非常规价格的预期，根据本抵押物的具体情况，考虑买方心理因素折扣率为 5%。

(5) 资产特有风险因素

本次处置的抵押物尚未由法院查封，资产清场时存在一定的风险，所以考虑给予 5% 的折扣。

综合以上因素，房地产的快速变现折扣率取 35%：

$$抵押房地产快速清算价值 = 抵押物公开市场价值 \times (1 - 快速变现折扣率) = 59,735,397.00 \times (1 - 35\%) = 38,828,008.00 \text{元(已取整)}$$

5. 应缴纳的增值税、土地增值税

根据 2016 年 3 月 31 日国家税务总局制定了《纳税人转让不动产增值税征收管理暂行办法》，自 2016 年 5 月 1 日起施行，一般纳税人转让其 2016 年 4 月 30 日前自建的不动产，可以选择适用简易计税方法计税，以取得的全部价款和价外费用为销售额，按照 5% 的征收率计算应纳税额。

城建税、教育费附加、地方教育附加。以转让土地使用权实际缴纳的增值税为计税依据。城建税的税率，纳税人在市区为 7%；在县城、建制镇的为 5%；不在上述地区的为 1%。教育费附加的征收标准为 3%，地方教育附加征收标准为 2%。印花税 0.05%。

根据《土地增值税暂行条例》规定，转让国有土地使用权的行为，以转让土地使用权取得的全部收入减去法定的扣除额后的余额为土地增值额，按照累进税率征收土地增值税。

由于委托人未能提供土地使用权及地上建筑物的购置或受让原价，依据《财政部 国家税务总局关于土地增值税若干问题的通知》（财税〔2006〕21 号）和《东莞市地方税务局关于我市土地增值税预征率及核定征收率问题的公告》（2014 年第 1 号）的规定，确定本次测算土地增值税的比率为 5%。

同时对增值税及附加按照抵押物快速变现价值计算。

根据上述国家相关规定，扣除增值税金及附加、土地增值税后抵押物可实现价值为：

可变现价值 = 快速变现值 − 处置税费 = 38,828,008.00 − 3,938,269.00 = 34,889,739.00 元

6. 分析结论

抵押物评估结论详细见表 5 − 10。

表 5 − 10　抵押物评估汇总

序号	权证编号	建筑物名称/地址	房屋用途	建筑面积/平方米	市场价值	优先受偿价值	处置税费	可变现净值
1	粤房地权证莞字第 020001＊＊＊8 号	东莞市东城区迎宾路愉景花园金桥路 7 号	住宅	425.79	22,694,607.00	14,751,494.00	1,496,223.00	13,255,271.00

续表

序号	权证编号	建筑物名称/地址	房屋用途	建筑面积/平方米	市场价值	优先受偿价值	处置税费	可变现净值
2	粤房地证莞字第C5841304号	东莞市南城区哈地虎神窝御花苑A1区D7栋	住宅	627.81	37,040,790.00	24,076,514.00	2,442,046.00	21,634,468.00
合计				1,053.60	59,735,397.00	38,828,008.00		34,889,739.00

综上所述：债务人B公司对本债权用以上抵押物作为担保，确定本债权优先受偿金额为34,889,739.00元。

抵押物的价值不足清偿债务的，由债务人继续按一般债务清偿。

（二）债务人一般偿债能力分析

1. 本公司收集到的资产管理公司债权处置信息分析

本公司对最近几年收集到的资产管理公司债权处置资料进行统计分析，广东地区债权受偿率结果如表5-11所示。

表5-11 广东地区债权受偿率统计 （%）

序号	一般债权受偿率	概率
1	0～0.5	56
2	0～1.0	59
3	0～2.0	62
4	0～3.0	65
5	0～4.0	68
6	0～5.0	71
7	0～6.0	79
8	0～10.0	85
9	0～15	94

一般债权受偿率加权平均值约3.04%。

对一般受偿率分析情况如下：

（1）受偿率为零的情况

诉讼终结；债务企业注销；债务企业破产或进入破产清算程序；债务企

业的工商营业执照已吊销,法院已判决中止执行,现场调查找不到债务企业,同时未发现其有效资产存在的;

(2)受偿率为1%~2%的情况

债务企业工商营业执照已吊销,现场调查能找到债务企业招牌或有留守人员,未发现有效资产存在;债务企业工商营业执照虽未吊销,但已停业多年,现场调查找不到债务企业,法院判决中止执行,同时经调查未发现有效资产存在;债务企业工商营业执照未吊销,但已停业多年,现场调查虽能找到债务企业,但其仅有留守人员处理债权债务,同时调查未发现有效资产存在。

(3)受偿率为2%~3%的情况

债务企业已停业多年,现场调查未发现有效资产可执行;

(4)受偿率为3%~5%的情况

债务企业已停业,现场调查债务企业存在或有少量资产可供执行;

(5)受偿率为5%~10%的情况

债务企业虽未停业,但经营困难,现场调查有少量资产可供执行;

(6)受偿率10%以上

债务企业基本能正常经营。

2. 债务人一般偿债额的确定

B公司应该目前尚在营业,但经营情况困难,就本次贷款业务逾期后,债务人已不再接待A银行方面的后续工作。根据律师现场调查及委托人提供的资料,未能获知B公司名下的资产。经综合分析目前掌握的情况,确定其一般受偿率为5%~10%,计算基础为债务总额剔除抵押物有效价值后的债权本息和。

经测算,债务人一般偿债能力为439,744.00~879,488.00元。

(三)保证人补充偿债来源分析

对保证人可收回的金额的估算分析主要从保证人的经营状况、保证人的财务状况及保证人的信用历史、还款意愿等方面进行分析。

根据律师现场调查及委托人提供的资料,目前未能得知保证人名下的资产,根据律师现场调查及委托人提供的资料,未能获知保证人名下的资产。经综合分析目前掌握的情况,确定通过保证人受偿率为1%~3%,计算基础为债务总额剔除抵押物有效价值后的债权本息和。

经测算,保证人补充偿债能力为87,949.00~263,846.00元。

四、评估结果

根据上述分析工作得出,在分析基准日2018年3月31日的分析结论为:A银行拟处置持有的B公司的债权总额为43,684,614.01元。经分析债权可回收价值为35,417,432.00~36,033,073.00元,综合受偿率为81.08%~82.48%,其中:优先偿债能力为34,889,739.00元,一般偿债能力为439,744.00~879,488.00元,保证偿债能力为87,949.00~263,846.00元。

五、案例点评

(1)执行金融不良资产评估业务,在实务中其评估程序受到一定限制,无法履行必要的资产评估程序的情况比较常见,故一般和委托人协商执行价值分析业务比较多;

(2)本案例中,是以债务人和债务责任关联方为分析范围的途径进行,采用的是假设清算法;而对于其实物类资产在分析过程中也采用了交易案例比较法进行分析测试;

(3)案例中由于评估师在获取信息和资料条件受限等原因,在工作过程中经常会请第三方中介律师所对其债权债务情况发表专业意见并加以引用。

案例十五

甲企业拟处置所持乙公司应收款债权价值评估案例

一、案例背景

甲公司与乙公司在业务往来中,形成其他应收款债权账面价值为228,441,052.48元。乙公司地处某一线城市市区内,经营范围为黑色金属冶炼和压延加工业,属于高能耗高污染行业,在我国节能减排、供给侧改革以及提倡高质量发展的社会经济背景下,该企业自2015年10月1日起实施停产。2017年已完成大部分的职工分流安置工作,现在剩余部分留守员工。由于乙公司处于停产歇业状态,其所欠债务无法按期偿还。甲公司为尽快收回所持乙公司的债权资产,对此项债权进行处置,现委托进行评估。本次评估目的是反映甲公司所持有的乙公司债权在评估基准日的清算价值,为委托方处置其所持有的债权事宜提供价值参考依据。

二、评估标的

(一)债务人的资产、财务、经营状况

表5-12 债务人乙公司近年的资产、财务、负债状况和经营业绩　　单位:元

序号	项目	2016	2017	2018
1	资产总额	4,828,252,700.30	4,836,077,184.60	217,796,590.03
2	负债总额	6,832,404,045.35	5,457,212,421.56	409,241,202.24
3	所有者权益总额	-2,004,151,345.05	-621,135,236.96	-191,444,612.21
4	营业总收入	39,696,935.26	7,479,341.98	23,357,958.84
5	营业利润	-360,924,928.57	-246,430,343.01	-671,324,408.66
6	利润总额	-182,436,555.62	1,378,895,042.47	429,655,092.61
7	净利润	-182,436,555.62	1,378,895,042.47	429,655,092.61

(二)评估对象

本次评估对象为甲公司所持有的乙公司债权(账面价值228,441,052.48

元),其业务内容为一年内的其他应收款(往来款),该债权无抵押物、无诉讼。

(三)评估范围

本次评估范围是乙公司在评估基准日账面列示的全部资产和相关负债。总资产账面价值 140,278,469.69 元,总负债账面价值 -383,938,595.23 元,净资产账面价值 524,217,064.92 元。各项资产负债如表 5-13 所示。

表 5-13 评估范围　　　　　　　　　　　　　　单位:元

序号	科目名称	账面价值
1	一、流动资产合计	124,441,652.98
2	货币资金	1,936,345.64
5	应收账款	1,586,724.90
6	预付账款	76,872,840.14
9	其他应收款	42,309,312.23
12	其他流动资产	1,736,430.07
13	二、非流动资产合计	15,836,816.71
19	固定资产	15,836,816.71
31	三、资产总计	140,278,469.69
32	四、流动负债合计	-401,836,500.73
36	应付账款	81,776,431.64
37	预收账款	241,912.54
39	应交税费	-747,046,440.73
42	其他应付款	261,728,132.08
44	其他流动负债	1,463,463.74
45	五、长期负债合计	17,897,905.50
49	专项应付款	17,897,905.50
53	六、负债合计	-383,938,595.23
54	七、净资产	524,217,064.92

三、评估方法

(一)评估方法选取

本次评估对象为债权,由于被评估单位已经停产多年,企业没有经营收益,根据本次评估目的并结合企业的现状和资产的特点,我们确定采用假设清算法进行评估。

假设清算法主要适用于非持续经营条件下的企业以及仍在持续经营但不具有稳定净现金流或净现金流很小的企业。

假设清算法是指在假设对企业(债务人或债务责任关联方)进行清算偿债的情况下,基于企业的整体资产,从总资产中剔除不能用于偿债的无效资产,从总负债中剔除实际不必偿还的无效负债,按照企业清算过程中的偿债顺序,考虑债权的优先受偿,以分析债权资产在某一时点从债务人或债务责任关联方所能获得的受偿程度。

本次评估的总体思路是:首先采用资产基础法对企业各项资产和负债进行评估,在企业各项资产和负债的评估结果基础上,其次采用假设清算法对委估债权的清算价值进行评估。

(二)评估计算过程

第一步,计算企业的有效资产总价值;第二步,确定优先扣除项目;第三步,计算可供一般债权人分配的有效资产价值;第四步,计算企业的有效负债总价值;第五步,确定负债项优先扣除项目;第六步,计算扣除优先受偿款后的普通总负债价值;第七步,确定一般债权受偿比例;第八步,确定委估债权的清算价值。

评估计算过程如下:

1.计算企业的有效资产总价值

根据资产基础法评估测算结果,在评估基准日2016年9月30日时,乙公司总资产评估价值为7,898.91万元,因此,企业的有效资产总价值为7,898.91万元。各项资产负债评估结果如表5-14所示。

表5-14 评估结果

序号	科目名称	账面价值/元	评估价值/元	增值额/元	增值率/%
1	一、流动资产合计	124,441,652.98	20,573,212.05	-103,868,440.93	-83.47
2	货币资金	1,936,345.64	1,654,733.71	-281,611.93	-14.54
5	应收账款	1,586,724.90	—	-1,586,724.90	-100.00
6	预付账款	76,872,840.14	—	-76,872,840.14	-100.00
9	其他应收款	42,309,312.23	18,918,478.34	-23,390,833.89	-55.29

续表

序号	科目名称	账面价值/元	评估价值/元	增值额/元	增值率/%
12	其他流动资产	1,736,430.07	—	-1,736,430.07	-100.00
13	二、非流动资产合计	15,836,816.71	58,415,900.84	42,579,084.13	268.86
19	固定资产	15,836,816.71	58,415,900.84	42,579,084.13	268.86
31	三、资产总计	140,278,469.69	78,989,112.89	-61,289,356.80	-43.69
32	四、流动负债合计	-401,836,500.73	264,609,600.04	666,446,100.77	-165.85
36	应付账款	81,776,431.64	7,751,475.03	-74,024,956.61	-90.52
37	预收账款	241,912.54	88,709.15	-153,203.39	-63.33
39	应交税费	-747,046,440.73	400,764.19	747,447,204.92	-100.05
42	其他应付款	261,728,132.08	254,905,187.93	-6,822,944.15	-2.61
44	其他流动负债	1,463,463.74	1,463,463.74	0.00	0.00
45	五、长期负债合计	17,897,905.50	17,897,905.50	0.00	0.00
49	专项应付款	17,897,905.50	17,897,905.50	0.00	0.00
53	六、负债合计	-383,938,595.23	282,507,505.54	666,446,100.77	-173.58
54	七、净资产	524,217,064.92	-203,518,392.65	-727,735,457.57	-138.82

各项资产和负债确定的评估结果主要增减值原因如下：

(1)货币资金账面价值1,936,345.64元,评估价值为1,654,733.71元,评估增值为-281,611.93元,增值率为-14.54%,主要原因:对于无法提供银行对账单或无法询证的银行存款账户和其他货币资金账户均评估为零,故造成货币资金评估价值减值。

(2)应收账款账面价值1,586,724.90元,评估价值为0元,评估增值为-1,586,724.90元,增值率为-100.00%,主要原因:应收账款均不能收回,故造成应收账款评估价值大幅减值。

(3)预付账款账面价值76,872,840.14元,评估价值为0元,评估增值为-76,872,840.14元,增值率为-100.00%,主要原因:预付账款均不能收回,故造成预付账款评估价值大幅减值。

(4)其他应收款账面净值42,309,312.23元,评估价值为18,918,478.34元,评估增值为-23,390,833.89元,增值率为-55.29%,主要原因:大部分其他应收账款不能收回,故造成其他应收账款评估价值大幅减值。

(5)其他流动资产账面价值1,736,430.07元,评估价值为0元,评估增值为-1,736,430.07元,增值率为-100.00%,主要原因:本次其他流动资产内容为待处理财产损溢,原为企业存货,因为存货盘亏,故造成其他流动资产评估价值大幅减值。

(6)房屋建(构)筑物类固定资产账面价值15,527,162.16元,评估价值为58,193,696.00元,评估增值为42,666,533.84元,增值率为274.79%,主要原因:房屋建(构)筑物按照市场法进行评估值,近年来广州市的住房价格逐年上升,从而引起房屋建(构)筑物的评估价值大幅增值。

(7)设备类固定资产账面价值合计为309,654.55元,评估价值为222,204.84元,评估增值为-87,449.71元,增值率为-28.24%,主要原因:本次评估把设备类资产按照其可变现价值进行估算,从而引起设备类固定资产的评估价值减值。

(8)应付账款账面价值81,776,431.64元,评估价值为7,751,475.03元,评估增值为-74,024,956.61元,主要原因:评估时对于不需支付的应付账款评估为零,从而引起应付账款的评估价值减值。

(9)预收账款账面价值241,912.54元,评估价值为88,709.15元,评估增值为-153,203.39元,主要原因:评估时对于不需支付的预收账款评估为零,从而引起预收账款的评估价值减值。

(10)应交税费账面价值-747,046,440.73元,评估价值为400,764.19元,评估增值为747,447,204.92元,主要原因:由于乙公司已经停产五年多,企业没有经营活动,没有抵税资产,实际上,企业已经无法收回国家税务总局退给企业多预交的税款,故我们评估时对负数的应交税费(企业预多交的税款)评估为零,从而引起应交税费的评估价值大幅度增值。

(11)其他应付款账面价值261,728,132.08元,评估价值为254,905,187.93元,评估增值为-6,822,944.15元,主要原因为:评估时对于不需支付的其他应付账款评估为零,因而其他应付账款的评估价值减值。

2. 确定优先扣除项目

本次评估经综合分析,确定优先扣除项目主要包括清算费用(包括员工分流补偿费)、应交税费等。

(1)清算费用

清算费用一般包括清算涉及的税费;清算期间职工生活费;财产管理和分配所需费用;案件诉讼费用;审计评估费用;为债权人共同利益而支付的其他费用(包括债权人会议会务费、企业催收债务差旅费及其他费用等)。

对于清算费用,根据乙公司提供的资料显示:预计清算费用合共需要3050万元,清算费用明细如表5-15所示。

表5-15 清算费用

项目	金额/万元	备注
税费	1600.00	清算前预计应交的所得税
人员分流	250.00	在册员工人员分流补偿款
清算人员费用	800.00	工资及日常费用
清算中介费用	200.00	包括审计、评估等费用
其他清算费用	200.00	不可预测费用等
合计	3050.00	

则:清算费用 = 3050(万元)

(2)应交税费

根据以上资产基础法评估测算结果,在评估基准日2016年9月30日时,乙公司应交税费评估价值40.08万元,因此,乙公司优先受偿的应交税费为40.08万元。

3. 计算可供一般债权人分配的有效资产总价值

可供一般债权人分配的有效资产价值计算如下:

可供一般债权人分配的有效资产总价值 = 企业的有效资产总价值 - 清算费用 - 应交税费 = 7898.91 - 3050 - 40.08 = 4808.83(万元)

因此,可供一般债权人分配的有效资产总价值为4808.83万元。

4. 计算企业账面上的有效负债总价值

根据以上资产基础法评估测算结果,在评估基准日企业的有效负债评估价值为28,250.75万元。因此,企业账面上的有效负债总价值为28,250.75万元。

另外,根据乙公司提供的资料显示:乙公司收到广州供电局有限公司黄埔供电局《关于对乙公司所欠电费违约金予以确认及处理的函》,要求乙公司及时与黄埔供电局协商结清电费违约金共计 188,874,558.08 元。考虑到该事项已经形成企业确定的负债,应将乙公司所欠电费违约金 188,874,558.08 元(即 18,887.46 万元)作为普通的有效负债进行评估计算。

5. 确定负债项优先扣除项目

根据以上资产基础法评估测算结果,在评估基准日 2016 年 9 月 30 日时,企业的应交税费评估价值 40.08 万元。

6. 计算扣除优先受偿款后的有效负债总价值

扣除优先受偿款后的有效负债总价值计算如下:

扣除优先受偿款后的有效负债总价值 = 企业账面上的有效负债总价值 + 企业所欠电费违约金 – 应交税费 = 28,250.75 + 18,887.46 – 40.08 = 47,098.13(万元)

因此,扣除优先受偿款后的有效负债总价值为 47,098.13 万元。

7. 确定一般债权受偿比例

根据以上计算结果可知,可供一般债权人分配的有效资产总价值为 4808.83 万元,扣除优先受偿款后的有效负债总价值为 47,098.13 万元。因此,一般债权受偿比例计算如下:

一般债权受偿比例 =(有效资产 – 资产项优先扣除项目)/(有效负债 – 负债项优先扣除项目)= 可供一般债权人分配的有效资产总价值/扣除优先受偿款后的有效负债总价值 × 100% = 4808.83/ 47,098.13 × 100% = 10.21%

8. 确定委估债权的清算价值

本次的评估对象为甲公司所持有的乙公司的债权(账面价值为 228,441,052.48 元),即委估债权为 22,844.11 万元。委估债权的清算价值计算如下:

债权的清算价值 = 委估债权 × 一般债权受偿比例 = 22,844.11 × 10.21% = 2332.44(万元)

四、评估结果

根据以上评估计算,债权清算价值评估结果计算汇总表如下:

债权清算价值评估结果汇总表如表 5-16 所示。

表 5-16 债权清算价值评估结果汇总(评估基准日:2016 年 9 月 30 日)

债权持有者:甲公司

项目	序号	账面价值	评估价值	备注
企业的有效资产总价值/万元	1	14,027.85	7898.91	
清算费用/万元	2	0.00	3050.00	
应交税费/万元	3	-74,704.64	40.08	
可供一般债权人分配的有效资产总价值/万元	4	88,732.49	4808.83	
企业账面上的有效负债总价值/万元	5	-38,393.86	28,250.75	
企业所欠电费违约金/万元	6	0.00	18,887.46	
扣除优先受偿款后的有效负债总价值/万元	7		47,098.13	
委估债权金额/万元	8		22,844.11	
一般债权受偿比例/%	9		10.21	
委估债权的清算价值/万元	10		2332.44	

经评估确认,委估债权的清算价值评估结果为 2332.44 万元。

五、案例点评

使用假设清算法应当注意的问题:

(1)假设清算法操作思路中,由于许多因素难以量化界定(主要表现为或有负债的不确定性、优先扣除项目金额的难以把握,以及资产变现的可能性等),价值分析结论可以是区间值;

(2)使用假设清算法的关键是债务人能够提供其真实会计报表、界定准确的资产负债范围,资产评估师应当能够对企业提供的资产负债表履行相应的分析程序;

(3)对可能影响债权资产价值的信息应当在特别事项说明中充分披露;

(4)资产评估师应当准确把握企业在持续经营和非持续经营情况下有效资产和有效负债的范围;

(5)确定优先债权受偿金额时,如果对应的资产价值小于优先债权,则剩余的优先债权并入一般债权参与受偿;如果对应的资产价值大于优先债权,则超过部分并入有效资产参与清偿。

(6)资产评估师应当合理考虑土地使用权、职工安置费等重大因素对偿债能力的影响。

第六章　资源资产评估案例

案例十六

水泥用石灰岩矿采矿权出让收益评估案例

一、案例背景

（一）评估目的

某市国土资源局拟有偿出让"市某矿区水泥用石灰岩矿采矿权"，评估机构受市国土资源局委托，对该采矿权出让收益进行评估。本次评估即为实现上述目的而作的，向委托人提供以下所述的各种条件下和评估基准日时点上该矿区水泥用石灰岩矿采矿权的公平、合理出让收益参考意见。

（二）评估基准日

2018年10月31日。

（三）评估对象和范围

评估对象：市某矿区水泥用石灰岩矿采矿权。

评估范围：根据《矿业权出让收益评估合同书》及《市某矿区水泥用石灰岩矿资源储量核实报告》，本次评估范围为该矿山原采矿许可证矿区范围，由6个拐点圈定，矿区面积为0.0762平方千米，开采标高为+200米～+100米，拐点坐标略。

截至评估基准日，经评估人员现场调查与征询，上述矿区范围内未设置其他矿业权,无矿业权权属争议。

二、评估标的

(一)矿区位置与交通

矿区位于某市,行政区划属某镇某村委会管辖。矿区有简易路至县道,交通较方便。

(二)矿区自然地理环境及经济概况

矿区属低山丘陵地貌,区内地形自然山坡坡度一般为10°~30°。矿区范围内及周边无河流、水库等大的地表水体,矿区地形有利于自然排水。区内矿产资源主要有水泥用石灰岩矿等。区内电力供应充足。

(三)以往地质工作

2018年4月省地质勘探队提交了《市某矿区水泥用石灰岩矿资源储量核实报告》,核实采矿证矿区范围内截至储量估算基准日2017年10月31日累计查明资源储量4920.44千吨,历年开采消耗资源储量501.20千吨,保有资源储量(122b)4419.24千吨。该报告由省矿产资源储量评审中心评审通过,并由市国土资源局备案。

(四)开发利用现状

矿山历年开采累计已采出矿石量501.2千吨。采出矿石主要用于制造水泥的原材料,少部分用于烧制熟石灰,销售方向为市辖区内各水泥生产厂家。后因发生边坡崩塌滑落,矿山自2010年年底停采进行地质灾害治理。经调查,该矿区已停产多年,矿山主要采掘运输设备基本老旧不可利用,尚有办公生活区和运输道路可以利用。

(五)开采技术条件

矿床水文地质条件简单,工程地质条件中等,环境地质条件简单。矿床开采技术条件属以工程地质问题为主的中等类型。

三、评估方法

根据2017年中国矿业权评估师协会发布的《矿业权出让收益评估应用

指南(试行)》,矿业权出让收益评估可选用的评估方法有基准价因素调整法、折现现金流量法、单位面积倍数法、资源价值比例法、收入权益法、交易案例比较调整法和勘查成本效用法。

根据本次评估目的和评估对象的具体特点,由于其已经完成勘查、设计相关工作,预期收益和风险可以预测并以货币计量,预期收益年限可以预测或确定;其资源储量、采矿技术指标、产品方案、投资、销售收入、成本费用等技术经济参数可根据勘查、设计资料和评估人员对同类矿山调查获取。该矿满足收益途径折现现金流量法的应用条件。

折现现金流量法基本思路:将矿业权所对应的矿产资源勘查、开发作为现金流量系统,将评估计算年限内各年的净现金流量,以与净现金流量相匹配的折现率,折现到评估基准日的现值之和,作为矿业权评估价值。

其计算公式为:

$$P = \sum_{t=1}^{n} (CI - CO)t \cdot \frac{1}{(1+i)^t}$$

其中:P 为采矿权评估价值;CI 为年现金流入量;CO 为年现金流出量;i 为折现率;t 为年序号($t=1,2,3,\cdots,n$);n 为评估计算年限。

(一)主要技术参数的选取与计算

本次评估选用相关数据主要以委托人提供的《市某矿区水泥用石灰岩矿资源储量核实报告》《〈储量核实报告〉评审意见书》《〈储量核实报告〉备案证明》《市某矿区水泥用石灰岩矿矿产资源开发利用方案》以及《〈开发利用方案〉审查意见书》等为依据。

1. 评估基准日保有资源储量

根据委托人提供的"储量核实报告"和"储量核实报告评审意见书",截至储量估算基准日 2017 年 10 月 31 日,拟出让矿区范围内保有资源储量为控制的经济基础储量(122b)441.92 万吨。

矿山自采矿许可证到期后,一直处于停产状态,评估基准日保有资源储量与储量估算基准日一致。

2. 评估利用的资源储量

根据《中国矿业权评估准则》和《矿业权出让收益评估应用指南(试

行)》,评估利用资源储量应以矿产资源储量报告为依据,根据矿山设计文件或设计规范的规定进行确定。据此本次评估确定基础储量全部参与评估计算,则评估利用的资源储量为441.92万吨。

3. 开采方案

根据"开发利用方案",矿山露天开采方式,公路开拓——汽车运输,自上而下分水平台阶采矿方法;露天底部标高+100米;设计最大采高处最终边坡角46°;设计覆盖层台阶高度≤8米,未风化矿岩层开采台阶高度不超过15米;表土及强风化层台阶坡面角45°,未风化矿岩层台阶坡面角为65°,过渡段台阶坡面角从65°-45°-尖灭;上部剥离台阶平台宽度4米,下部开采台阶安全平台宽度5米;自上而下每隔3个安全平台设置一个清扫平台,清扫平台宽度6米;考虑+130米闭合圈作为接渣平台,布置有截水沟,平台宽度6米。

4. 产品方案

根据"开发利用方案",矿山产品方案为水泥用石灰岩原矿(块度≤600毫米)。

5. 开采技术指标

根据"开发利用方案",矿山圈定开采境界内可采出矿石量为344.50万吨,则矿区范围内设计损失量为97.42万吨(441.92-344.50);采矿回采率为97%,废石混入率为1%。

6. 可采储量

根据《中国矿业权评估准则》,评估矿山可采储量按下式进行计算:

评估利用的可采储量 = 评估利用的资源储量 - 设计损失量 - 采矿损失量 =
(评估利用的资源储量 - 设计损失量) × 采矿回采率 =
(441.92 - 97.42) × 97% = 334.17(万吨)

7. 生产规模、矿山服务年限及评估计算年限

(1)生产规模

"开发利用方案"设计矿山生产规模为50.00万吨/年。根据矿山生产能力、矿山服务年限与储量规模相匹配原则和"开发利用方案"分析,本次评估确定该矿生产规模为50.00万吨/年。

(2)矿山服务年限

按照《中国矿业权评估准则》及《矿业权评估参数确定指导意见》的规定,矿山合理生产年限 T 按下式计算:

$$T = \frac{Q}{A(1-\rho)}$$

其中:T 为矿山合理生产服务年限;A 为矿山生产能力(万吨/年);Q 为可采储量(万吨);ρ 为废石混入率。

$$T = \frac{334.17}{50.00 \times (1-1\%)} = 6.75(年)$$

根据公式和有关参数计算该矿山的合理生产服务年限约为 6.75 年。

(3)评估计算年限

根据公式和有关参数计算该矿山的合理生产服务年限约为 6.75 年。"开发利用方案"设计该矿的基建期为 0.5 年。本次评估参考"开发利用方案"及矿山实际情况,确定该矿山基建期为 0.5 年(6 个月),矿山基建投产后即达到设计生产能力。因此,本项评估计算年限确定为 7.25 年,其中 2018 年 11 月—2019 年 4 月为基建期,2019 年 5 月—2026 年 1 月为生产期。

(二)主要经济参数的选取与计算

1. 销售收入

$$年销售总收入 = 矿山产品销售价格 \times 矿山产品年产量$$

矿业权评估中,销售价格的取值依据一般包括:矿产资源开发利用方案或(预)可行性研究报告或矿山初步设计资料;企业会计报表资料;市场收集的价格凭证;国家(包括有关期刊)公布、发布的价格信息。

产品销售价格应根据资源禀赋条件综合确定,一般采用当地平均销售价格,原则上以评估基准日前的三个年度内的价格平均值或回归分析后确定评估计算中的价格参数。对服务年限短的小型矿山,可以采用评估基准日当年价格的平均值确定评估用的产品价格。

矿山已停产多年,无法提供可供依据的销售价格资料。"开发利用方案"设计石灰岩原矿不含税销售价格为 32.00 元/吨。

评估人员对该市及周边类似矿山的销售价格进行了调查,水泥用石灰岩矿原矿不含税销售价格平均约 22.00～28.00 元/吨。经过评估人员对比分析后认为"开发利用方案"设计的水泥用石灰岩矿原矿销售价格偏高。

根据评估人员调查收集的资料,综合考虑矿石质量及销售的实际情况,本次评估取该水泥用石灰岩矿不含税销售价格为 25.00 元/吨。该价格可以综合反映本矿资源禀赋条件的评估基准日近三年当地水泥用石灰岩矿市场的销售价格平均水平。

则正常生产年份销售收入 = 25.00 × 50.00 = 1250.00(万元)

2. 投资估算

(1)固定资产投资的确定

根据"开发利用方案",矿山固定资产项目投资详见表 6-1。

表 6-1 固定资产项目投资表

序号	指标名称	单位	数量
1	工程直接费用	万元	944.60
1.1	采矿工程	万元	854.60
1.1.1	购置主要生产设备	万元	704.60
1.1.2	基建剥离工程	万元	75.00
1.1.3	修筑采场截水沟、沉淀池	万元	75.00
1.2	修筑排土场拦渣坝、截水沟、沉淀池	万元	30.00
1.3	填筑平整运输道路	万元	5.00
1.4	购置变压器及装电	万元	15.00
1.5	办公生活区及辅助厂房折旧后余额	万元	40.00
2	工程建设其他费用	万元	355.60
2.1	采矿权价款(暂定)	万元	275.60
2.2	前期勘查、设计费用	万元	80.00
3	预备费	万元	94.50
4	估算资产总额	万元	1394.70

根据"开发利用方案"设计,扣除预备费、采矿权价款费用后矿山固定资产总投资为 1024.60 万元,其中:露采剥离工程 75.00 万元;房屋建筑物工程 150.00 万元(其中 40.00 万元为原有房屋建筑工程,不含增值税);设备及安装工程 719.60 万元,其他费用 80.00 万元。根据矿业权评估相关规定,评估人员对固定资产投资重新归类,其他费用按比例分摊至露采剥离工程、房屋

建筑工程、设备及安装工程,则经重新归类计算,评估确定固定资产投资分别为:露采剥离工程81.35万元(含增值税进项税7.40万元)、房屋建筑工程162.70万元(含增值税进项税11.15万元)、机器设备780.55万元(含增值税进项税107.66万元),合计固定资产投资为1024.60万元。评估人员经分析后认为该矿上述固定资产与矿山生产规模是匹配的,能满足企业正常建设与生产,本次评估予以利用。

固定资产在基建期均匀投入,于2018年11—12月投入固定资产341.53万元,2019年1—4月投入固定资产683.07万元。

(2)更新改造资金的确定

本次评估中房屋建筑物折旧按照20年计提,机器设备折旧计提年限按照10年。房屋建筑物及机器设备可折旧年限大于矿山生产服务年限,不需要投入更新改造资金。

(3)固定资产残(余)值的回收

根据《中国矿业权评估准则》及《矿业权评估参数确定指导意见》,本项目评估固定资产残值率按5%计算(按原值计算),余值即为评估计算期末固定资产净值。评估计算生产期末(2026年1月)回收固定资产残(余)值344.38万元,其中:房屋建筑物残(余)值102.95万元、机器设备残(余)值241.43万元。

(4)流动资金

流动资金是指为维持生产所占用的全部周转资金。根据《中国矿业权评估准则》和《矿业权评估参数确定指导意见》,采用扩大指标估算法估算流动资金。非金属矿山的流动资金估算参考指标为按固定资产投资的5%~15%资金率估算流动资金,本次评估按固定资产资金率的10%估算。故本次评估确定的流动资金为102.46万元,计算过程如下:

$$流动资金 = 固定资产投资原值(含税) \times 固定资产资金率 = 1024.60 \times 10\% = 102.46(万元)$$

流动资金在2019年5月投入102.46万元,在评估计算期末2026年1月全部回收。

3. 成本参数的选取估算

根据《矿业权评估准则》及评估人员所掌握的资料,确定本项目采用"制造成本法"估算总成本费用,故矿山企业的成本构成包括生产成本(其中包括外购材料及辅料、外购燃料及动力、职工薪酬、折旧费、维简费、安全费用等费用)、管理费用、销售费用、财务费用等。

根据"开发利用方案",设计的总成本费用(含税)情况见表6-2。

表6-2 成本费用

序号	项目	单位成本(元/吨)
1	外购材料	4.39
2	外购燃料及动力	2.43
3	工资及附加	3.97
4	折旧费	1.90
5	维简费	1.00
6	大修理费	0.50
7	管理费用	1.50
8	销售费用	1.00
9	合计	16.69

"开发利用方案"设计的成本费用经济指标基本反映了当地水泥用石灰岩矿行业平均生产力水平,可作为本次评估经济参数选取的依据或基础。因此本次项目评估对于成本费用取值主要依据开发利用方案,个别参数依据评估人员的工作经验及结合目前市场情况作适当的调整。各项成本费用确定过程如下。

(1)生产成本

①外购原材料及辅料费

根据"开发利用方案",矿山原矿单位外购原材料及辅料费(含税)为4.39元/吨,折合3.78元/吨(不含税)。评估人员分析该项数据之后,认为其能满足企业生产规模50.00万吨/年的生产性支出,则本次评估确定单位原矿外购原材料及辅料费为13.79元/吨。则:

正常生产年份外购原材料及辅料费 = 年产量 × 单位外购原材料及辅料费 = 50.00 × 3.78 = 189.00(万元)

②外购燃料及动力费

根据"开发利用方案",矿山原矿单位外购燃料及动力费(含税)为 2.43 元/吨,折合 2.09 元/吨(不含税)。按照确定的参数能够客观反映当前经济技术条件及该矿社会实际生产力水平条件下合理有效利用资源的原则,评估人员分析该项数据之后认为其能满足企业开采达产后生产规模 50.00 万吨/年的生产性支出,则本次评估确定单位外购燃料及动力费为 2.09 元/吨。则:

$$正常生产年份单位外购燃料及动力费 = 年产量 \times 单位外购燃料及动力费 = 50.00 \times 2.09 = 104.50(万元)$$

③职工薪酬

根据"开发利用方案",矿山原矿单位职工薪酬为 3.97 元/吨。按照确定的参数能够客观反映当前经济技术条件及该矿社会实际生产力水平条件下合理有效利用资源的原则,评估人员分析该项数据后认为其能满足企业开采达产后生产规模 50.00 万吨/年的生产性支出,则本次评估确定单位职工薪酬为 3.97 元/吨。则:

$$正常生产年份职工薪酬 = 年产量 \times 单位职工薪酬 = 50.00 \times 3.97 = 198.50(万元)$$

④折旧费

本次评估确定房屋建筑物折旧年限为 20 年、残值率为 5%,机器设备折旧年限平均按 10 年、残值率为 5%。经测算,正常生产年份折旧费合计为 71.12 万元,平均单位折旧费为 1.42 元/吨。

⑤修理费

矿业权评估中,修理费一般是指固定资产的日常修理。"开发利用方案"设计修理费(含税)为 0.50 元/吨,折合 0.43 元/吨(不含税)。评估人员分析该项数据之后,认为其能满足企业开采达产后年生产规模 50.00 万吨/年生产性支出,故本次评估取单位原矿修理费为 0.43 元/吨。则:

$$正常生产年份修理费 = 年产量 \times 单位修理费 = 50.00 \times 0.43 = 21.50(万元)$$

⑥维简费

根据《矿业权评估参数确定指导意见》,维简费应按财税制度及国家的有关规定提取,并全额纳入总成本费用中。对计提维简费的矿山,按评估计算的服务年限内采出矿石量和采矿系统固定资产投资计算单位矿石折旧性质的维简费;以按财政部门规定标准计提的维简费扣除单位矿石折旧性质的维简费后全部余额作为更新费用(更新性质的维简费)列入经营成本(但余额为负数时不列更新费用)。

根据《关于提高重点石灰石矿矿山维持简单再生产费用标准的通知》([92]冶经312号)的规定,该矿为非重点石灰石矿山企业,按广东省一般石灰石矿维简费提取标准约3元/吨。本次评估取维简费为3.00元/吨。则:

单位折旧性质维简费 = 露采剥离工程投资(不含税) ÷

评估计算服务年限采出矿石量 = $(81.35 \div 1.10) \div 337.55 = 0.22$(元/吨)

单位更新性质的维简费 = $3.00 - 0.22 = 2.78$(元/吨)

正常生产年份维简费 = 年产量 × 单位维简费 = $50.00 \times 3.00 = 150.00$(万元)

⑦安全费用

根据财企[2012]16号文,非金属矿山露天开采安全费用按2.00元/吨提取,则本次评估选取单位原矿安全费用取值2.00元/吨。则:

正常年份安全费用 = 年产量 × 单位安全费用 = $50.00 \times 2.00 = 100.00$(万元)

(2)管理费用

管理费用包括矿产资源补偿费和其他管理费用。根据《广东省人民政府文件》(粤府[2016]67号),矿产资源补偿费费率为零。故本次评估,矿山产品单位矿产资源补偿费为零;根据"开发利用方案",矿山原矿单位管理费用为1.50元/吨。评估人员分析上述数据之后认为其能满足企业生产规模50.00万吨/年的生产性支出,则本评估项目最后确定的单位管理费用为1.50元/吨。则:

正常生产年份管理费用 = 年产量 × 单位管理费用 = $50.00 \times 1.50 = 75.00$(万元)

(3)销售费用

根据"开发利用方案",矿山原矿单位销售费用为1.00元/吨。评估人员分析上述数据之后认为其能满足企业生产规模50.00万吨/年的生产性支出,则本次评估确定单位销售费用为1.00元/吨。则:

正常生产年份销售费用 = 年产量 × 单位销售费用 = $50.00 \times 1.00 = 50.00$(万元)

(4) 财务费用

财务费用按照《中国矿业权评估准则》及采矿权评估规定计算。本矿所需流动资金为 102.46 万元，设定资金来源 70% 为贷款，按现行一年期贷款利率 4.35% 计算，则单位流动资金贷款利息为：

单位流动资金贷款利息 = 102.46 × 70% × 4.35% ÷ 50.00 = 0.06（元/吨）

正常生产年份利息支出 = 年产量 × 单位利息支出 = 50.00 × 0.06 = 3.00（万元）

(5) 总成本费用及经营成本

总成本费用是指生产成本与期间费用（包括管理费用、销售费用、财务费用）之和。经营成本是指产品总成本费用扣除固定资产折旧费、折旧性质的维简费、财务费用等以后的全部费用。计算如下：

正常年份总成本费用 = 生产成本 + 管理费用 + 销售费用 + 财务费用 = 834.62 + 75.00 + 50.00 + 3.00 = 962.62（万元）

正常年份经营成本 = 总成本费用 − 固定资产折旧费 − 折旧性质维简费 − 财务费用 = 962.62 − 71.12 − 11.00 − 3.00 = 877.50（万元）

根据上述评估参数取值，正常生产年份矿山总成本费用为 962.62 万元，经营成本为 877.50 万元。

正常生产年份单位总成本费用 = 总成本费用 ÷ 年产量 = 962.62 ÷ 50.00 = 19.25（元/吨）

正常生产年份单位经营成本 = 经营成本 ÷ 年产量 = 877.50 ÷ 50.00 = 17.55（元/吨）

4. 税金及附加

本项目的税金及附加包括城市维护建设税、教育费附加、地方教育费附加和资源税。城市维护建设税和教育费附加和地方教育费附加以应交增值税为税基。根据国发〔1985〕19 号文件《中华人民共和国城市维护建设税暂行条例》，国家城市建设税税率按纳税人所在地分别规定为：在市区为 7%；在县城、镇的为 5%；不在市区县城或镇的为 1%。该矿城市维护建设税税率为 5%；教育费附加按照国务院令〔1990〕第 60 号和国务院令〔2005〕第 448 号计算；地方教育附加根据矿产资源所在地区关于地方教育附加征收的方式和税率计算。根据国发明电〔1994〕2号文件《关于教育费征收问题的紧急通知》,确定教育费附加率为3%,根据《关于统一地方教育附加政策有关问题的通知》(财综〔2010〕98号)及《广东省地方教育附加征收使用管理暂行办法》,广东省地方教育附加按应纳增值税额的2%计税。

(1)增值税

应交增值税为销项税额减进项税额。依据2008年11月10日修订颁布、2009年1月1日起施行的《中华人民共和国增值税暂行条例》及《关于全面推开营业税改征增值税试点的通知》(财税〔2016〕36号),确定销项税率为17%,以销售收入为税基;进项税率为17%,以设备购置费用、外购材料费、动力费、修理费为税基,进项税率为11%,以不动产为税基。根据财政部、国家税务总局财税〔2018〕32号《关于调整增值税税率的通知》,自2018年5月1日起,纳税人发生增值税应税销售行为或者进口货物,原适用17%和11%税率的,税率分别调整为16%、10%。

正常生产年份计算如下:

年增值税销项税额 = 销售收入 × 销项税率 = 1250.00 × 16% = 200.00(万元)

年材料动力进项税额 = (年材料费 + 年动力费 + 年修理费) ×

进项税率 = (189.00 + 104.50 + 21.50) × 16% = 50.40(万元)

正常年份应交增值税额 = 年销项税额 − 年材料动力进项税额 −

抵扣设备进项税 = 200.00 − 50.40 − 0 = 149.60(万元)

进项抵扣年份计算如下:

抵扣的进项税,除含机器设备类,还要按10%的税率抵扣露采剥离工程及房屋建筑工程的进项税,不动产的抵扣税分两年流出,第一年60%,第二年40%。进项税分别于2019年、2020年抵扣99.72万元、26.49万元,2019年、2020年分别应交增值税为0.00万元、123.11万元。

(2)城市维护建设税

正常生产年份计算如下:

年城市维护建设税 = 年应交增值税额 × 城市维护建设税率

(该采矿权取5%的税率) = 149.60 × 5% = 7.48(万元)

(3) 教育费附加

正常生产年份计算如下：

$$年教育费附加 = 年增值税额 \times 教育费附加率(3\%) = 149.60 \times 3\% = 4.49(万元)$$

(4) 地方教育附加

$$年地方教育附加 = 年增值税额 \times 地方教育附加率(2\%) = 149.60 \times 2\% = 2.99(万元)$$

(5) 资源税

根据《关于全面推进资源税改革的通知》(财税〔2016〕53号)及《广东省人民政府文件》(粤府〔2016〕67号)，石灰岩矿的资源税按销售收入的6%计税。该矿资源税应纳税额计算如下：

$$年资源税 = 销售收入 \times 资源税率(6\%) = 1250.00 \times 6\% = 75.00(万元)$$

(6) 税金及附加

正常生产年份计算如下：

$$税金及附加合计 = 城市维护建设税 + 教育费附加 + 地方教育附加 + 资源税 = 7.48 + 4.49 + 2.99 + 75.00 = 89.96(万元)$$

(7) 所得税

依据2007年3月16日中华人民共和国主席令第63号公布、自2008年1月1日起施行的《中华人民共和国企业所得税法》，企业所得税率为25%。

正常生产年份具体计算如下：

$$正常生产年份利润总额 = 年销售收入 - 年总成本费用 - 年税金及附加 = 1250.00 - 962.62 - 89.96 = 197.42(万元)$$

$$正常生产年份所得税 = 年利润总额 \times 所得税税率 = 197.42 \times 25\% = 49.36(万元)$$

5. 折现率

根据《中国矿业权评估准则》及国土资源部2006年第18号公告，地质勘查程度为勘探以上的探矿权及(申请)采矿权评估折现率取8%，本次评估对象为采矿权，故本次评估确定本项目折现率取8%。

四、评估结果

根据《矿业权出让收益评估应用指南(试行)》，采用折现现金流量法时，按以下方式处理矿业权出让收益评估值。其计算公式为：

$$P = \frac{P_1}{Q_1} \cdot Q \cdot k$$

其中：P 为矿业权出让收益评估值；$P1$ 为估算评估计算年限内 333 以上类型全部资源储量的评估值；$Q1$ 为估算评估计算年限内的评估利用资源储量；Q 为全部评估利用资源储量，含预测的资源量(334)；k 为地质风险调整系数。

按照折现现金流量法，估算出评估计算年限内 333 以上类型全部资源储量的评估值 $P1$ 为 428.25 万元（见表 6-3）；评估计算年限内的评估利用资源储量 $Q1$ 为 441.92 万吨；全部评估利用的资源储量（含预测的资源量 334）Q 为 441.92 万吨；矿山采矿权范围内的资源储量均为 333 以上类型（122b）类，其地质风险调整系数 k 值取 1。

经计算，采矿权出让收益评估值：

P = 428.25 万元 ÷ 441.92 万吨 × 441.92 万吨 × 1 = 428.25 万元

综上所述，经评估人员现场调查和当地市场分析，按照采矿权出让收益评估的原则和程序，选取适当的评估方法和评估参数，经过认真计算，确定市某矿区水泥用石灰岩矿采矿权在评估基准日的出让收益评估值为人民币 428.25 万元，大写人民币：肆佰贰拾捌万贰仟伍佰元整。

表 6-3 采矿权出让收益测算

序号	项目名称	评估基准日	合计	建设期			生产期					
				2018年11—12月	2019年1—4月	2019年5—12月	2020	2021	2022	2023	2024	2025	2026年1月
				0.17	0.50	1.17	2.17	3.17	4.17	5.17	6.17	7.17	7.25
一	现金流入/万元		9011.80			932.97	1276.49	1250.00	1250.00	1250.00	1250.00	1250.00	552.34
1	销售收入/万元		8438.75		683.07	833.25	1250.00	1250.00	1250.00	1250.00	1250.00	1250.00	105.50
2	回收固定资产净残值/万元		344.38										344.38
3	回收流动资金/万元		102.46										102.46
4	回收抵扣固定资产进项增值税/万元		126.21			99.72	26.49						
二	现金流出/万元		7982.16	341.53	683.07	772.80	1014.83	1016.82	1016.82	1016.82	1016.82	1016.82	85.83
1	固定资产投资/万元		1024.60	341.53	683.07								
2	无形资产投资/万元												
3	其他资产投资/万元												
4	更新改造资金/万元		102.46										
5	流动资金/万元		102.46			102.46							
6	经营成本/万元		5924.00			584.95	877.50	877.50	877.50	877.50	877.50	877.50	74.05
7	税金及附加		594.70			50.00	87.31	89.96	89.96	89.96	89.96	89.96	7.59
8	企业所得税		336.40			35.39	50.02	49.36	49.36	49.36	49.36	49.36	4.19

续表

序号	项目名称	合计	评估基准日	建设期			生产期						
				2018年11—12月	2019年1—4月	2019年5—12月	2020	2021	2022	2023	2024	2025	2026年1月
				0.17	0.50	1.17	2.17	3.17	4.17	5.17	6.17	7.17	7.25
三	净现金流量/万元	1029.64		−341.53	−683.07	160.17	261.66	233.18	233.18	233.18	233.18	233.18	466.51
四	折现系数（$i=8.00\%$）		1.0000	0.9870	0.9623	0.9139	0.8462	0.7835	0.7255	0.6717	0.6220	0.5759	0.5724
五	净现金流量现值/万元	428.25		−337.09	−657.32	146.38	221.42	182.70	169.17	156.63	145.04	134.29	267.03
六	采矿权评估价值/万元	428.25											

五、案例点评

2017年公布的《国务院关于印发矿产资源权益金制度改革方案的通知》（国发〔2017〕29号）中明确规定，"在矿业权出让环节，将探矿权采矿权价款调整为矿业权出让收益。将现行只对国家出资探明矿产地收取、反映国家投资收益的探矿权采矿权价款，调整为适用于所有国家出让矿业权、体现国家所有者权益的矿业权出让收益"。该项目即为政府收取矿业权出让收益而提供参考价格的评估项目。矿业权评估项目受地质储量、地质条件、开发技术条件、市场因素等诸多影响。本项目为水泥用石灰岩矿，储量风险相对较小，开发利用相对容易，因此，在价值测算时需要主要关注矿产品市场价格和投资成本。

案例十七

生物资源资产评估案例

一、案例背景

JY市BSCY有限公司2009年创办BS茶园,茶园位于XXX区域。该茶园位于海拔500至900米处,至今茶叶种植面积2000多亩。园区种植的品种主要有米翠绿(当地群体种,属中小叶)、凤凰单丛、大红袍、铁观音等。近年来,该公司已投入资金对大部分茶园机耕路进行硬底化,铺设了自动化喷灌系统。从2010年开始,BS茶园里已有541亩茶园通过杭州中农质量认证中心的有机茶认证,有机茶鲜叶产量为296.4吨。2016至2018年期间,共有1614.5亩获得有机转换认证,有机转换鲜叶产量为804吨。

该公司生产的产品包括:红茶、绿茶和乌龙茶三大类11个花色,其中绿茶分XX·天尊、XX·天悟、XX·天智、XX·和悟、XX·和智、XX·天慧等6个;乌龙茶分:XX·大红袍(120g)、XX·大红袍(150g)、XX·单丛3个;红茶分XX·北山红和XX·红茶2个。主打产品——绿茶则以"五房绿茶"原生地"米翠绿"为原料,采用传统加工方法经科学改进精制而成,产品嫩绿、香气持久、醇厚爽口、回味甘甜、耐冲泡,既保持了传统潮汕火仔茶的特点,又有绿茶的神韵。产品获2016年广东名茶(编号:03008,有效期:2016年11月至2018年11月);XX牌红茶获2014年第三届、2016年第四届"国饮杯"全国茶叶评比一等奖;XX牌绿茶获2014年第三届、2012年第二届"国饮杯"全国茶叶评比一等奖,XX牌乌龙茶获2014年第三届"国饮杯"全国茶叶评比一等奖。

BSCY承包的BS茶园于2016年被纳入省级自然保护区核心区范围内,致其无法继续种植经营,BSCY就该实际损失申请行政补偿,需对其持有的林地使用权、林木所有权及使用权和固定资产进行评估,以确定评估对象在评估基准日的公允价值。

二、评估标的

评估标的是 BSCY 持有的位于 JY 市 XXX 的林地使用权(10,383.00亩)、林木所有权及使用权(包括茶叶、乌榄树、沉香树、红豆杉、马尾松和杉木等)和固定资产。

(一)林地使用权

1. 勘查现状

根据深圳市 PCLY 有限公司 2018 年 1 月出具的《JY 市 BSCY 有限公司经营林地森林资源调查报告》显示:

BSCY 经营林地位于 XXX,共涉及 3 个林班,26 个小(细)班,地籍林班号分别为 44522100200＊＊、445221002001＊＊、445221002001＊＊。

BSCY 经营林地 692.2 公顷,林地类型为乔木林地 548.5 公顷、国家特别规定灌木林地 143.7 公顷。经营的林地林木长势较好,树种及林层结构单一,林下植被种类不多,森林环境较为简单,林地生态功能不突出。林地内除了少量的蛇类、鸟类及昆虫类外,并无其他动物活动和聚居,本次调查未发现国家或地方保护级别的野生动植物。

2. 权属状况

根据产权持有单位提供的林权证(证书号:×××,发证机关:××县林业局,时间:2013 年 2 月 1 日),林地所有权权利人为×××,林地使用权及林木所有权权利人均为×××,小地名:蛮头山、大龙头、狗坑,面积10,383.00亩,主要树种杉松相思茶,林种为防护林,林地使用终止日期为:2079 年 10 月 18 日。四至:东:丰顺、潮安山界,南:蛮头山水库坝及林地承包山界,狗坑场至黄坪顶自留山界,西:坪上山界、霖盘场山界及县林场山界,北:鸡公基石山丰顺山界。

(二)林木所有权

纳入本次评估范围的林木所有权包括 2,155.50 亩茶园、3,059 株乌榄树、105 株沉香树、400 株红豆杉、330.52 公顷马尾松、223.94 公顷杉木及软阔,具体情况如下。

1. 茶园种植现状

茶园中大于 30 年的老树茶园有 120 亩,小于 3 年的幼龄期茶园有 31.8 亩,3~15 年的成年期茶园有 2003.7 亩,适制乌龙茶的单丛、大红袍和黄玫瑰面积共 1631.5 亩(含幼龄期单丛 31.8 亩),其余为米翠绿,共 524 亩。所有茶树长势(除幼龄期单丛外)尚良好,个别地块有较多杂草,具体情况如表 6-4 所示。

表6-4 茶园作物基地情况

茶区	地块号	面积/亩	种植时间/年	品种	特性	平均直径/厘米	平均树高/厘米	平均树幅/厘米	平均有效叶层/厘米	亩产量/千克
1号	1	19.50	2016	单丛	种叶类,适制乌龙茶	2.1	40	26	16	0
2号	2-1	40.00	2014	大红袍	种叶类,适制乌龙茶	2.7	65	62	35	275
	2-2	5.00	2013	黄玫瑰	种叶类,适制乌龙茶	3	80	60	43	275
3号	3-1	67.00	2003	米翠绿	小叶类,适制绿茶、红茶	4.1	90	86	35	225
	3-2	36.00	2003	米翠绿	小叶类,适制绿茶、红茶	4.1	87	108	40	225
	3-3	38.00	2003	米翠绿	小叶类,适制绿茶、红茶	6.6	72	92.8	35	225
	3-4	12.30	2015	单丛	种叶类,适制乌龙茶	1.9	60.8	38.2	25	150
	3-5	446.70	2008	单丛	种叶类,适制乌龙茶	3.5	92	134	40	300
4号	4	51.00	2009	米翠绿	小叶类,适制绿茶、红茶	3	72	62	36	275
5号	5	120.00	老茶	米翠绿	小叶类,适制绿茶、红茶	5.8	88	90.1	37	200
6号	6-1	125.00	2008	单丛	种叶类,适制乌龙茶	4.4	86	70	40	300
	6-2	640.00	2009	大红袍	种叶类,适制乌龙茶	2.9	83	92	40	275
7号	7-1	167.00	2008	单丛	种叶类,适制乌龙茶	3.2	91	79	38	300
	7-2	76.00	2008	单丛	种叶类,适制乌龙茶	3.3	76	67	34.5	300
	7-3	100.00	2014	大红袍	种叶类,适制乌龙茶	2.51	66	65	35	275
	7-4	212.00	2009	米翠绿	小叶类,适制绿茶、红茶	3.8	86	88	36	225

上述 2155.50 亩茶园由杭州中农质量认证有限公司进行认证,并于 2018 年 6 月 6 日出具《有机产品认证证书》和《有机转换认证证书》。其中:《有机产品认证证书》证书编号为:×××,核定的有机茶园面积为 36.06 公顷(541 亩);茶鲜叶产量为 296.4 吨,有效期至 2019 年 6 月 5 日;《有机转换认证证书》证书编号为:×××,核定的有机转换茶园面积为 65.62 公顷(984.5 亩);茶鲜叶产量为 524 吨,有效期至 2019 年 6 月 5 日。《有机转换认证证书》证书编号为:×××,核定的有机转换茶园面积为 42 公顷(630 亩);茶鲜叶产量为 280 吨,有效期至 2019 年 6 月 5 日。

通过对茶园内各茶叶品种、特性、茶龄、生长情况等进行现场勘查核对,委托范围内茶树属于成龄期状态、茶树的经济收获期。

2. 其他林木种植现状

其他林木包括 3,059 株乌榄树、105 株沉香树、400 株红豆杉、330.52 公顷马尾松、223.94 公顷杉木及软阔,情况如表 6-5、表 6-6 所示。

表 6-5 品种基本情况

品种	平均地径/厘米	高度/厘米	数量/株
乌榄树	2.2	105	2521
乌榄树	3.8	152	438
乌榄树	24.5	455	100
沉香树	9.8	289	105
红豆杉	10.0	206	400

表 6-6 具体情况

序号	林班	图斑(小班)	面积/公顷	地类	郁闭度	优势树种	公顷株数	平均胸径/厘米	平均高/厘米	平均年龄
1	0001	00900	28.81	乔木林	0.6	马尾松	3,177.00	8.2	7.3	11
2	0001	02000	80.25	乔木林	0.6	其他软阔	3,042.00	8.2	7.7	8
3	0001	00602	2.56	乔木林	0.6	马尾松	2,987.00	8.4	7.3	11
4	0001	00401	20.57	乔木林	0.6	马尾松	3,351.00	8.1	7.7	11
5	0003	00200	34.93	乔木林	0.6	杉木	3,130.00	8.2	7.4	11
6	0001	00100	48.52	乔木林	0.6	其他软阔	4,447.00	6.5	7.2	8
7	0003	00700	17.63	乔木林	0.6	马尾松	3,111.00	8.1	7.7	15
8	0002	00300	17.63	乔木林	0.6	马尾松	3,225.00	8.2	7.7	15

续表

序号	林班	图斑(小班)	面积/公顷	地类	郁闭度	优势树种	公顷株数	平均胸径/厘米	平均高/厘米	平均年龄
9	0002	00400	37.52	乔木林	0.6	马尾松	3,080.00	8.2	7.7	15
10	0003	00500	13.39	乔木林	0.6	杉木	3,084.00	8.2	7.7	15
11	0003	00900	11.00	乔木林	0.6	马尾松	2,565.00	8.9	7.8	12
12	0002	00100	6.54	乔木林	0.6	马尾松	2,761.00	8.2	7.7	15
13	0003	00600	16.72	乔木林	0.6	马尾松	3,111.00	8.1	7.7	15
14	0002	00200	8.88	乔木林	0.6	马尾松	3,116.00	8.1	7.3	15
15	0002	00700	23.55	乔木林	0.6	马尾松	3,109.00	8.1	7.5	15
16	0002	00800	16.09	乔木林	0.6	马尾松	3,208.00	8.1	7.7	15
17	0003	00400	11.44	乔木林	0.6	马尾松	3,114.00	8.1	7.7	15
18	0002	00600	40.36	乔木林	0.6	马尾松	3,107.00	8.1	7.7	15
19	0003	00300	19.72	乔木林	0.6	马尾松	3,082.00	8.1	7.7	15
20	0001	00502	24.16	乔木林	0.6	其他软阔	1,964.00	9.1	7.7	8
21	0002	00301	17.06	乔木林	0.6	马尾松	3,062.00	8.1	7.7	15
22	0002	00201	19.84	乔木林	0.6	马尾松	2,532.00	7.6	7	15
23	0001	00201	22.69	乔木林	0.6	其他软阔	2,866.00	8.1	7.6	8
24	0003	00100	14.60	乔木林	0.6	马尾松	2,134.00	8.9	7.3	15

3. 固定资产

主要为构筑物及茶园的配套设施、设备和车辆，建设于2008—2015年，包括围龙屋、配电房、仓库、门楼、蓄水池、道路、沟渠、晒青场、喷灌设施、制茶设备、轿车、勾机等。至报告出具日，部分构筑物已拆除。

三、评估方法

本次评估以持续使用和公开市场为前提，综合考虑评估目的、评估标的特点等因素，对林地使用权采用收益法（租金差额还原法）、林木所有权及使用权采用重置成本法和收益法、固定资产采用重置成本法进行评估。

（一）林地使用权评估说明

1. 评估方法

收益法是预计评估对象未来的正常净收益，选用适当的报酬率折现到评估基准日后累加，以此估算评估对象的客观合理价格或价值的方法。

收益法计算公式为：$V = (a/r) \times [1 - 1/(1+r)^n]$

其中：V 为收益价格；a 为年纯收益；r 为林地使用权还原利率；n 为收益年限。

本次具体采用租金差额还原法。租金差额还原法是从林地市场租金与合同租金的差额出发，求取未来租期内租金差额现值的一种方法。

2. 评估过程

(1) 纯收益的求取

根据委托人与村委会签订的合同，林地租金每十年为 68,000 元，折合单价为每年 0.65 元/亩，十年一付，租金已支付至 2019 年 10 月 18 日，根据评估专业人员现场调查的资料，县区内近期林地出租平均价格为 6.57 元/亩，则租金差额为 5.92 元/亩。

(2) 折现率的求取

折现率为投资报酬率，将未来有限期的预期收益转化为现值，适用于有限期预期收益的还原。本次评估折现率确定公式：根据折现率 = 无风险报酬率 + 风险调整值

其中，无风险报酬率是指不承担投资风险的回报率，是几乎所有的投资都应该得到的投资回报率，无风险报酬率一般指国债利率或银行存款利率，本次取价值时点中长期存款利率 3.25%；

风险调整值是指承担额外风险所要求的补偿，即超过无风险报酬率以上部分的报酬率。投资风险与风险报酬率存在着一定的对应关系。一般而言，投资风险越高，投资者要求的投资风险报酬率就越高。进而，投资风险与投资报酬率存在着内在关系，在无风险投资报酬率一定的条件下，投资风险越高，投资者要求的投资风险报酬率就越高，从而投资报酬率也就越高。风险调整值根据该物业情况和该区域的市场情况，为计算方便，确定为 2.75%，即：

$$R = 3.25\% + 2.75\% = 6.0\%$$

(3) 收益年限的确定

评估对象使用年限终止于 2079 年 10 月 18 日，至评估基准日剩余使用年限约为 62.8 年，即收益年限为 62.8 年。

(4) 收益递增率

本次假定收益递增率与通货膨胀相同。

(5)评估价值确定

将以上各参数代入上述收益还原法的公式:

$V = (a/r) \times [1 - 1/(1+r)^n] = 68,000.00 \ 10 \times 2.8 \ + (5.92 \ 6\%) \times [1 - 1/(1+6\%)^{62.8}] = 1,016,500.00$ 元(已取整)

3. 评估结果

经过评估测算,BS 茶园持有的位于×××的 10,383.00 亩林地使用权评估总值为 101.65 万元。

(二)林木所有权及使用权评估说明

1. 重置成本法

(1)重置成本法说明

重置成本法是以评估基准日现时的工价和生产水平,重新营造一宗与被评估资产达到成年期所需要的成本费用,作为被评估茶园林木所有权及使用权资产评估值的方法。其公式为:

$$E_n = K \sum_{i=1}^{n} C_i (1+P)^{n-i+1}$$

其中,E_n 为茶园林木所有权及使用权资产评估值;C_i 为第 i 年以现行工价及生产水平为标准计算的生产成本,包括投入的清杂整地、人工费、种苗、肥料、地租等;K 为林木使用权年限修正;P 为投资收益率;n 为林分年龄。

(2)评估过程

①基本情况

委估茶园林木所有权面积为 2,155.50 亩,种植密度为双行双条约1200~2400 棵/亩,树龄 1~13 年,平均株冠(M)0.26~1.08,株高(M)0.4~0.9。

茶[Camellia sinensis (L.) O. Kuntze.]山茶科、山茶属灌木、小乔木或乔木,多年生常绿植物。《中国茶树品种志》《中国茶树栽培学》等权威行业著作更是明确茶起源于白垩纪至新生代第三纪,我国西南部是茶树的起源中心,该区域发现的野生茶树占全国的70%以上。按照茶树的生育特点和生产实际应用,茶树划分为幼苗期[种子萌发(扦插)到第一次生长休止]、幼龄期(从第一次生长休止到正式投产,3~4年)、成年期(从正式投产到第一次更新改造,20~30年,平均25年)、衰老期(从第一次更新改造到整个植株衰老、死亡,数十年或数百年)。

因此,本次评估茶树林分年龄从幼龄期到成年期取3年。

②造林成本

根据茶园种植现状技术评估报告,结合委估茶园特点,对BS茶园持有的广东省JY市×××的2,155.5亩茶园林木所有权及使用权按现行工价及生产水平为标准计算从幼龄期到成年期的造林生产成本,包括投入的清杂整地、人工费、种苗、肥料、地租等;该茶园林木所有权及使用权从幼龄期到成年期的造林成本情况如表6-7所示。

表6-7 营林成本项目明细　　　单位:元/亩

时间段	费用项目	树种
		茶树
幼苗	清杂整地	5000.00
	种植人工费	500.00
	种苗	1650.00
	肥料	2000.00
	配套设施	
	地租	
	小计	9150.00
幼龄(第1年)	肥料	1200.00
	人工费	2000.00
	病虫害防治药物成本	600.00
	地租	
	茶园用水、油、电	400.00
	小计	4200.00
幼龄(第2年)	肥料	1200.00
	人工费	2000.00
	病虫害防治药物成本	600.00
	茶园用水、油、电	400.00
	地租	
	小计	4200.00

续表

时间段	费用项目	树种 茶树
幼龄(第3年)	肥料	1200.00
	种植人工费	2000.00
	病虫害防治药物成本	600.00
	茶园用水、油、电	400.00
	地租	
	小计	4200.00
	合计	21,750.00

③投资收益率

据市场调查,营林投资收益率约为7%~9%,根据本项目情况分析,投资收益率取8%。

④评估计算

A. 林木使用权年限修正(K)

根据委托人提供的林权证显示,该茶园使用期为70年,至评估基准日剩余62.8年,可以采用下列公式进行计算:

$$\text{林木使用权年限修正} = \left[1 - \frac{1}{(1+r)^n}\right] \div \left[1 - \frac{1}{(1+r)^N}\right]$$

其中:r 为年收益率,取8%;n 为林地剩余使用年数,取62.8年;N 为林地规定的最高使用年数,为70年;则

$$\text{林木使用权年限修正} = \left[1 - \frac{1}{(1+8.0\%)^{62.8}}\right] \div \left[1 - \frac{1}{(1+8.0\%)^{70}}\right] = 0.9966$$

使用年限修正系数 $K = 0.9966$。

B. 茶树幼龄林营林成本计算

根据计算公式 $E_n = K \sum_{i=1}^{n} C_i (1+P)^{n-i+1}$,此处 C_i 取委估茶树幼龄林营林成本,K 取0.9966。本次评估设定每年的营林成本投入为均匀投入。将上述数据代入公式计算。

委估桉树幼龄林每亩评估值 $= 0.9966 \times [9150.00 \times (1+8\%)^3 +$
$4200.00 \times (1+8\%)^{2.5} + 4200.00 \times (1+8\%)^{1.5} + 4200.00 \times$

$$(1+8\%)^{0.5}] = 25,609.00(元)(取整)$$

茶园林木所有权及使用权评估值 $= 25,609.00 \times 2155.50 =$

$$55,199,600.00(元)(取整)$$

经过评估测算,BS茶园持有的位于JY市×××的2,155.5亩茶园林木所有权及使用权评估总值为5519.96万元。

2.收益法

(1)收益法说明

收益法是预计评估对象未来的正常净收益,选用适当的报酬率折现到评估基准日后累加,以此估算评估对象的客观合理价格或价值的方法。

收益现值法应用的前提是林木资产每年都有一定收益,每年也有一定的成本支出,且具有一定的经济收益期。此种方法应用的关键在于几个要素的确定:①被评估经济林各年的收益;②经济林资产各年的成本支出;③投资收益率的确定;④林木的收获期,一般不同品种的经济林收获期不同。

对委估茶园林木所有权及使用权采用收益法进行评估,是以林木预期可获得的客观收益减去客观营林成本费用作为评估对象未来年度的收益,再按适当的折现率折现求出茶园林木所有权及使用权资产价值的方法。其基本计算公式为:

$$P = \sum_{i=1}^{n} \frac{R_i}{(1+r)^i}$$

其中:P为待评估茶园林木所有权及使用权资产价值;R_i为茶园林木所有权及使用权在尚可使用年限内的年净收益;r为折现率;i为收益年期。

(2)测算过程

①营业收入的确定

根据茶园种植现状技术评估报告,广东省JY市×××的2155.5亩茶园内各茶叶品种、特性、茶龄、生长情况等进行现场勘查核对,委托范围内茶树98.5%属于成龄期状态,茶树的经济收获期。以单丛、大红袍和米翠绿品种为主,生产有机及有机转换茶乌龙茶、绿茶、红茶。有机颁证茶园541亩,年产茶鲜叶为548千克/亩,年干茶产量为114千克/亩;有机转换茶园1,614.5

亩,茶园鲜叶为498千克/亩,年干茶产量为104千克/亩,按年份产量递增至114公斤/亩,根据茶叶的产量,以及价格变化趋势确定未来营业收入,预测结果见表6-8。

表6-8　营业收入预测　　　　　　　　　　单位:万元

类别	预测年度				
	2017	2018	2019	2020	2021
营业收入	0.00	10,831.07	10,904.26	10,949.14	10,949.14

②营业成本的确定

营业成本包括人工费用、茶鲜叶加工费、肥料成本、茶鲜叶采摘成本、茶园用水、油、电等以及病虫害防治药物等,具体预测结果如表6-9所示。

表6-9　营业成本预测　　　　　　　　　　单位:万元

类别	预测年度				
	2017	2018	2019	2020	2021
营业成本	1143.23	2373.97	2373.97	2373.97	2373.97

③税金及附加预测的确定

根据税法规定自产茶叶初加工免征增值税,故无税金及附加。

④营业费用预测

被评估资产无历史经营数据,我们查询了农业类上市公司2014—2016年三年的营业费用率,三年平均值为6.79%,考虑到被评估资产的规模情况以及品牌知名度等方面因素,我们取8%的营业费用率作为本次评估的营业费用。具体预测情况如表6-10所示。

表6-10　营业费用预测　　　　　　　　　　单位:万元

类别	预测年度				
	2017	2018	2019	2020	2021
营业费用	0.00	866.49	872.34	875.93	875.93

⑤管理费用预测

被评估资产无历史经营数据,我们查询了农业类上市公司2014—2016年三年的管理费用率,三年平均值为13.12%,考虑到被评估资产的管理水平等方面因素,我们取15%的管理费用率作为本次评估的管理费用。具体预测情况如表 6-11 所示。

表 6-11 管理费用预测 单位:万元

类别	预测年度				
	2017	2018	2019	2020	2021
管理费用	1737.47	1624.66	1635.64	1642.37	1642.37

⑥所得税预测

被评估单位按正常25%的税率测算。测算时忽略应纳税所得额与净利润之间的差异,直接按净利润额及相应的税率计算所得税。

⑦折现率的确定

本次评估采用风险报酬率累加法确定折现率,公式为:

折现率 = 无风险报酬率 + 行业风险报酬率 + 特定风险报酬率

A. 无风险报酬率

无风险报酬率是对资金时间价值的补偿,本次估值的无风险报酬率根据同花顺 iFinD 资讯系统终端查询的 2016 年 12 月 31 日国债到期收益率,取剩余期限为 10 年期以上国债的平均收益率确定,则本次无风险报酬率取 3.92%。

表 6-12 收益法评估结果

序号	证券代码	证券名称	到期收益率[交易日期]20161231[计算方法]央行规则[单位]%	剩余期限(年)[日期]20161231
1	020005.IB	02国债05	3.3360	15.4055
2	070006.IB	07国债06	3.4870	20.3890
3	070013.IB	07国债13	2.8734	10.6301
4	080006.IB	08国债06	3.5709	21.3644
5	080013.IB	08国债13	3.6394	11.6192
...	......	......	......	......
...	......	......	......	......
153	101528.SZ	国债1528	3.2559	48.9288
154	101608.SZ	国债1608	3.5194	29.3342
155	101613.SZ	国债1613	3.3191	49.4247
156	101619.SZ	国债1619	3.2689	29.6603
157	101626.SZ	国债1626	3.4796	49.9233
	平均值		3.92%	

B. 行业风险报酬率

本次评估行业风险报酬率采用行业风险系数 β 与市场超额收益率 ERP 确定。

β 为衡量公司行业系统风险的指标,通常采用商业数据服务机构所公布的公司股票的 β 值来替代。本次评估中,我们对中国证券市场上委估对象所属行业林业类企业通过同花顺 iFinD 资讯系统终端查询得出 β 系数确定被评估企业的企业风险系数 β(见表 6 – 13)。

表 6 – 13 企业风险系数确定

板块名称	林业
证券数量	4
标的指数	中证 100
计算周期	周
时间范围	
从	2014 – 01 – 01
至	2016 – 12 – 31
收益率计算方法	普通收益率
加权方式	算数平均
加权原始 Beta	0.7272
加权调整 Beta	0.8172
加权剔除财务杠杆原始 Beta	0.6546
加权剔除财务杠杆调整 Beta	0.7686

资料来源:同花顺 iFinD。

市场超额收益率(ERP)反映的是投资者因投资于风险相对较高的资本市场而要求的高于无风险报酬率的风险补偿。其中证券交易所股价指数是由证券交易所编制的表明股票行市变动的一种供参考的指示数字,是以交易所挂牌上市的股票为计算范围,综合确定的股价指数。通过计算证券交易所股价指数的收益率可以反映股票市场的股票投资收益率,结合无风险报酬率可以确定市场超额收益率(ERP)。

目前国内证券市场主要用来反映股市的证券交易所股价指数为上证综指(999999)、深证成指(399001),故本次评估通过选用上证综指(999999)、深证成指(399001)按几何平均值计算的指数收益率作为股票投资收益的指标,将其两者计算的指标平均后确定其作为市场预期报酬率(Rm)。

无风险收益率 R_f 的估算采用国债的到期收益率作为无风险收益率。样本的选择标准是每年年末距国债到期日的剩余年限超过 10 年的国债,最后以选取的全部国债的到期收益率的平均值作为每年年末的无风险收益率 R_f。

本次评估收集了上证综指(999999)、深证成指(399001)的年度指数,分别按几何平均值计算 2007—2016 年上证综指(999999)、深证成指(399001)的年度指数收益率,然后将计算得出的年度指数收益率进行算术平均作为各年股市收益率(R_m),再与各年无风险收益率(R_f)比较,从而得到股票市场各年的 ERP(详见表 6 – 14)。

表 6 – 14 股票市场各年 ERP

年份	上证综指		深证成指		市场预期报酬率(R_m)	无风险收益率 R_f	ERP = $R_m - R_f$
	收盘指数	指数收益率	收盘指数	指数收益率			
2007	5261.56	24.53%	17,700.62	47.86%	36.20%	4.22%	31.98%
2008	1820.81	12.21%	6485.51	5.46%	8.84%	3.72%	5.12%
2009	3277.14	6.38%	13,699.97	-2.15%	2.12%	4.02%	-1.91%
2010	2808.08	10.85%	12,458.55	9.66%	10.26%	4.09%	6.17%
2011	2199.42	9.25%	8918.82	8.93%	9.09%	4.10%	4.99%
2012	2269.13	-3.83%	9116.48	-1.61%	-2.72%	4.11%	-6.83%
2013	2115.98	1.44%	8121.79	8.23%	4.84%	4.27%	0.57%
2014	3234.68	8.48%	11,014.62	17.78%	13.13%	4.27%	8.86%
2015	3539.18	7.18%	12,664.89	13.92%	10.55%	4.08%	6.47%
2016	3103.64	15.95%	10,177.14	23.51%	19.73%	3.92%	15.81%
平均		9.24%		13.16%		4.08%	7.12%

结合上述测算,采用各年市场超额收益率(ERP)的算术平均值作为目前国内股市的风险收益率,即市场风险溢价为 7.12%。

那么,

$$行业风险报酬率 = 行业风险系数(\beta) \times 市场风险溢价(ERP) = 0.7686 \times 7.12\% = 5.47\%$$

C. 特定风险报酬率

特定风险报酬考虑经营风险、财务风险等因素综合确定。根据对本项目的研究及目前评估惯例,经营、财务风险系数的取值范围在 0% ~ 2%。而具体的数值则根据评测表求得。分值分为六档:100、80、60、40、20、0,评分数值也可取中间值,如 60、80 之间取 70 等。风险越高则评分越高。打分标准分别如表 6 – 15 所示。

表 6 – 15 经营风险打分

编号	考虑因素	分值		分值	
A	整体经营素质	高	20	低	80
B	受外界经营环境的影响	小	20	大	80
C	对价格、质量的依赖	小	20	大	80
D	重大法律诉讼	无	20	有	80

表 6 – 16 财务风险打分

编号	考虑因素	分值		分值	
A	资产负债状况(A)	资产负债率低	20	资产负债率高	80
B	企业融资能力(B)	强	20	弱	80
C	应收款周转率高低(C)	高	0	低	80
D	企业项目投资情况(D)	投资资金少回收期短	20	投资资金多回收期长	80

根据以上打分标准对各项风险进行打分,具体计算如下:

表 6 – 17 经营风险取值

序号	权重	考虑因素	因素状况描述	打分
1	0.3	整体经营素质(A)	整体经营素质较差	60
2	0.3	受外界经营环境的影响(B)	受外界经营环境影响较大	80
3	0.2	对价格、质量的依赖(C)	对价格质量的依赖度较大	70
4	0.2	重大法律诉讼(D)	重大法律诉讼事项	70

经营风险系数(加权平均) = (权重 1 × 得分 1 + 权重 2 × 得分 2 + 权重 3 × 得分 3 + 权重 4 × 得分 4) × 2% = 1.40%

表 6-18 财务风险取值

序号	权重	考虑因素	因素状况描述	打分
1	0.2	资产负债状况(A)	资产负债率低	40
2	0.3	项目融资能力(B)	项目融资能力较弱	60
3	0.2	应收款周转率高低(C)	无	0
4	0.3	投资回报期(D)	投资多汇报周期较长	80

财务风险系数(加权平均) = (权重1×得分1 + 权重2×得分2 + 权重3×得分3 + 权重4×得分4)×2% = 1.0%

特定风险报酬率 = 经营风险报酬率 + 财务风险报酬率 +

无形资产特定风险报酬率 = 1.40% + 1.0% = 2.40%

⑧折现率的选取

折现率 = 无风险利率 + 行业风险报酬率 + 特定风险报酬率 =
3.92% + 5.47% + 2.40% = 11.79%

⑨收益年限

由于茶树的生长特性,成年期从正式投产到第一次更新改造,约20~30年,平均25年,衰老期为第一次更新改造到整个植株衰老、死亡,数十年或数百年。由于该茶园林木使用权终止日期到2079年10月18日,剩余62.8年,由于茶园林木使用权剩余年限高于茶树生命周期,故本次评估收益年期取62.8年。

⑩评估结果

按预期收益能力法,即收益折现值之和加上年金本金化价格现值法计算,即可得出2,155.50亩茶园林木所有权及使用权的评估值。具体情况如表6-19所示。

表 6-19 收益法评估结果

项 目	2017年	2018年	2019年	2020年	2021年	2021年至终止
一、营业收入/万元	0.00	10,831.07	10,904.26	10,949.14	10,949.14	
二、营业总成本/万元	2880.69	4865.12	4881.95	4892.27	4892.27	
其中:营业成本/万元	1143.23	2373.97	2373.97	2373.97	2373.97	
税金及附加/万元	0.00	0.00	0.00	0.00	0.00	

续表

项目	2017年	2018年	2019年	2020年	2021年	2021年至终止
销售费用/万元	0.00	866.49	872.34	875.93	875.93	
管理费用/万元	1737.47	1624.66	1635.64	1642.37	1642.37	
三、营业利润/万元	−2880.69	5965.96	6022.31	6056.87	6056.87	
减:所得税/万元		771.32	1505.58	1514.22	1514.22	
四、净利润/万元	−2880.69	5194.64	4516.74	4542.65	4542.65	4542.65
折现期	1.00	2.00	3.00	4.00	5.00	$n=62.8$
折现系数	0.8945	0.8002	0.7158	0.6403	0.5728	4.8504
净现值/万元	−2576.88	4156.71	3233.08	2908.69	2601.93	22,033.76
经营性资产价值/万元	32,357.00					

经过评估测算,BSCY持有的位于JY市×××的2155.5亩茶园林木所有权及使用权评估总值为32,357.00万元。

四、评估结果

(一)运用重置成本法评估结果

运用重置成本法,经过评估测算,BSCY持有的位于JY市×××的2155.5亩茶园林木所有权及使用权评估总值为5519.96万元。

(二)运用收益法评估结果

运用收益法,经过评估测算,BSCY持有的位于JY市×××的2155.5亩茶园林木所有权及使用权评估总值为32,357.00万元。

(三)评估结果分析和应用

重置成本法评估是以资产的成本重置为价值标准,反映的是资产投入(购建成本)所耗费的社会必要劳动,这种购建成本通常将随着国民经济的变化而变化;而收益法评估是以资产的预期收益为价值标准,反映的是资产产出能力(获利能力)的大小,这种获利能力通常将受到宏观经济以及资产的有效使用等多种条件的影响,也考虑了企业所享受的各项优惠政策、行业竞争力、公司的管理水平、人力资源、要素协同等重置成本法无法考虑的因素对资产价值的影响。

委估茶园已进入高产期,由于茶叶销售渠道稳定且在不断扩大规模中,每年生产的大部分茶叶销售情况良好,价格稳定,在承租的林地使用权使用期内能稳定获得收益。根据上述情况分析,我们认为,收益法评估值能比较客观、全面地反映目前茶园林木所有权及使用权。故我们选用收益法的评估结果作为本次资产评估报告的评估结果。

因此,通过清查及评估计算,BSCY 持有的位于 JY 市×××的 2155.5 亩茶园林木所有权及使用权评估值为 32,357.00 万元。

(四)固定资产评估说明

此部分略

五、案例点评

本项目为追溯性评估项目,距离评估基准日已有一年多,评估人员无法获知资产在评估基准日时的状况,因此,需通过多种方式来核实资产的状况。首先是对资产进行现场的勘查,以获得第一手资料;其次是与产权持有单位相关负责人员进行沟通,了解两个时点资产状况的差异;最后查询其他相关资料,包括但不限于宣传资料、照片、新闻报道或者财务资料等,以获得评估的基础。

本项目在进行资产清查方面,由于生物资产均种植在山上,受地形条件及种植规模的影响,评估人员无法对资产进行全面的清查,只能通过抽样调查的方式进行清查,以此倒推茶园内各茶叶品种、特性、茶龄、生长情况。

本项目涉及的主要生物资产主要为茶叶,特别主打有机茶,专业性较强,超出评估人员的专业范畴,因此,在执行本次资产评估业务时,需要聘请有专业知识和经验的专家提供协助,作为资产评估专业支持,同时利用该行业中具有专门资质或者相关经验的机构所出具的专业报告,作为资产评估依据,评估所需的参数参考了上述专业报告,评估结果受到该专业调查结果的影响。

在运用收益法测算时,需关注的事项主要有:①有机茶和普通茶叶价格差异比较大,对未来收入的影响较大,而有机茶认证有一定的有效期,在运用收益法测算时,需假设其在目前的认证到期后,仍能持续获得相同认证直至林地使用权到期,以达到稳定获得收益的基础;②对于预测收入,结合行业专业机构出具的专业技术报告,对茶叶根据品种、特性、茶龄、生长情况分别进行预测,更详细地测算出每年的预期收入;③对于成本费用等,由于该公司历史财务数据无法参考,因此,本次评估时引用上市公司的相关参数;④关于折现率,需结合收益模型来定;⑤关于收益年限,需结合林地的剩余使用年限来确定。

案例十八

A 大理石矿采矿权出让收益评估案例

一、案例背景

(一)评估目的

某市国土资源局拟对 A 大理石矿采矿权办理变更延续登记手续,按国家现行法律法规及省有关规定,需对该采矿权价值进行评估并处置采矿权出让收益。本次评估即是为了实现上述目的,而为评估委托人提供该采矿权在本评估报告所述各种条件下和评估基准日时点上公平、合理地出让收益参考意见。

(二)评估基准日

2018 年 7 月 31 日。

(三)评估对象和范围

评估对象:A 大理石矿采矿权。

评估范围:根据采矿许可证,该矿矿区面积为 0.0852 平方千米,开采深度为 +200 米至 +50 米,由 5 个拐点圈定,拐点坐标略。

截至评估基准日,经评估人员现场调查与征询,上述矿区范围内未设置其他矿业权,无矿业权权属争议。

二、评估标的

(一)矿区位置与交通

矿区位于某市,行政区划属某镇某村委会管辖。矿区有简易路至县道,交通较方便。

(二)矿区自然地理环境及经济概况

矿区属低山丘陵地貌,属亚热带湿润季风气候区,四季分明,雨量充沛,区内以农业为主,林业为辅,水电及劳动力资源较丰富,区内工业以小型民营大理岩矿开采及加工企业为主。

(三) 以往地质工作

2016 年 1 月,江西省地质勘查开发局赣东北大队对矿山开采动用资源储量进行了检测,提交了该大理岩矿 2015 年度储量年报,截至 2015 年 12 月 31 日,矿山累计动用资源储量 381.5 立方千米(860 千吨),保有资源储量 253 立方千米(683.1 千吨)。市矿产开发管理局于 2016 年 1 月 20 日组织专家对该报告进行评审认定。

(四) 开发利用现状

该矿山始建于 2004 年,设计年开采规模为 5 万立方米,矿山历经多年开采,形成了三个采场。CK1 采场底盘标高在 141.04～160.22 米之间,现正在开采;CK2 采场底盘标高约 94.27 米,现已停采;CK3 采场底盘标高在 155.13～156.13 米之间,现已停采。

(五) 开采技术条件

矿床开采技术条件属简单的矿床(Ⅰ类)。

三、评估方法

(一) 评估方法选择

A 大理石矿的资源储量规模和矿山生产建设规模均属小型且矿山服务年限较短,鉴于《开发利用方案》设计中估算的固定资产投资和开采成本数据不能满足采用折现现金流量法评估的参数选取要求;且缺乏类似可比参照物(可类比采矿权),采用可比销售法的条件也不具备。

根据本次评估目的和采矿权的具体特点,委托评估采矿权的其未来矿山产量应相对稳定,销售正常,具有一定的获利能力,达到采用收入权益法评估的要求。根据国土资源部公告 2008 年第 6 号《国土资源部关于实施矿业权评估准则的公告》《矿业权评估技术基本准则(CMVS00001－2008)》《收益途径评估方法规范(CMVS121.0000－2008)》以及《矿业权出让收益评估应用指南(试行)》,本次评估采用收入权益法。

收入权益法的一般是基于替代原则的一种间接估算采矿权价值的方法,是通过采矿权权益系数对销售收入现值进行调整,作为采矿权价值。收入权益法计算公式为:

$$p = \left[\sum_{i=1}^{n} SI_t \cdot \frac{1}{(1+i)^t}\right] \cdot K$$

其中:P 为采矿权评估价值;SI_t 为年销售收入;K 为采矿权权益系数;i 为折现率;t 为年序号($t=1,2,\cdots,n$);n 为评估计算年限。

(二)评估参数确定

本项目评估技术经济参数选取主要参考江西省地质矿产开发局赣东北大队2016年10月编写的《A大理岩矿资源储量核实报告》(以下简称"核实报告")和评审意见书及其评审备案证明、《A大理石矿矿产资源开发利用方案》(以下简称"开发方案")及其评审意见以及评估人员掌握的其他资料选取并确定。

1. 评估所依据资料及评估确定参数合理性评述

(1)《核实报告》的评述

根据《核实报告》,江西省地质矿产勘查开发局赣东北大队于2016年1月对矿山开展了勘查核实工作,在收集利用原有资料的基础上,主要开展了1:2000矿区地质测量(修测0.16平方千米)、钻探(6个钻孔433.66米)、槽探编录(920立方米)、采样化验测试(50件)等相关地质工作。根据现行工业指标圈定矿体边界,基本查明了矿区地层、构造、岩浆岩特征,基本查明了矿体形态、产状、规模特征,基本查明了矿石结构、构造和矿石质量特征。初步查明了矿床的开采技术条件,估算了大理岩矿资源储量。截至2016年9月30日,拟延续设置采矿权范围(标高235米~50米)内探获控制的和推断的内蕴经济资源量(122b+333)1911.78千吨。其中(122b)939.92千吨,(333)771.18千吨,界外(+200米标高以上)200.68千吨。市国土资源局有关专家对报告进行了评审备案。

《核实报告》符合有关规范要求,通过了主管部门评审备案,可以作为本次采矿权评估的地质(储量)依据。

(2)《开发利用方案》的评述

《开发利用方案》内容比较齐全,设计开采的矿区范围恰当,设计利用保有资源储量1911.78千吨(矿界内保有1711.10千吨,矿界外保有200.38千吨,全部纳入方案之中),设计生产规模20万吨/年,设计开采回采率95%。在矿区内确定的设计利用资源储量和资源利用率合理,矿山建设规模合适,选用的矿床开采和开拓方式、采矿方法、开采顺序得当。

《开发利用方案》符合有关规范要求,通过了主管部门评审与备案,可以作为本次采矿权评估的依据。

2. 评估技术经济参数选取

(1) 储量估算基准日保有资源储量

根据《核实报告》及其评审备案证明,截至2016年9月30日,拟设置采矿权范围(标高+234米~+50米)内探获控制的和推断的内蕴经济资源量(122b+333)191.18万吨。其中控制的经济基础储量(122b)93.99万吨,推断的内蕴经济资源量(333)97.19吨。

(2) 评估基准日保有资源储量

鉴于该矿山为变更延续矿山,估算的资源储量尚未进行开发利用,故储量估算基准日至评估基准日动用资源储量为零。则:

评估基准日保有资源储量 = 储量估算基准日保有资源储量 − 储量估算基准日至评估基准日动用资源储量 = 191.18 − 0.00 = 191.18(万吨)

本次评估截至评估基准日2018年7月31日,矿山保有资源储量为191.18万吨。

(3) 评估利用矿产资源储量

根据《中国矿业权评估准则》,经济基础储量,属技术经济可行的,全部参与评估计算;探明的或控制的内蕴经济资源量(331)和(332)全部参与评估计算;推断的内蕴经济资源量(333)可参考(预)可行性研究、矿山设计矿产资源开发利用方案或设计规范规定等取值。

根据《开发方案》,推断的内蕴经济资源量(333)的可信度系数取1.0。

评估利用的资源储量 = $\sum$(参与评估计算的基础储量 + 参与评估计算的资源量 × 该级别资源量的可信度系数) = $93.99 \times 1.0 + 97.19 \times 1.0 = 191.18$(万吨)

(4)采矿方案及产品方案

根据《开发方案》,矿山开采方式为露天开采,产品方案为大理岩原矿,块度≤50cm,副产品片石料(即综合利用)有矿体顶板剥离的泥质灰岩、花岗斑岩。

(5)开采技术指标

①开采储量

《开发方案》根据矿床赋存条件及开采技术经济条件,设计采用凹陷式露天开采方式,开拓运输方案为公路开拓汽车运输。因矿体内未含夹石,不考虑扣除露天采场挂帮损失,全矿区设计估算的开采储量为191.18万吨,回采率95%。

参照《开发方案》,本项目评估确定评估利用开采储量为191.18万吨,回采率95%。

②采矿损失率、矿石贫化率

参照《开发方案》,本项目评估确定采矿损失率5%,贫化率0%。

(6)评估利用可采储量

评估利用可采储量 = 评估利用资源储量 − 设计损失量 − 采矿损失量 = 评估利用开采储量 × 采矿回采率 = 191.18 × 95% = 181.62(万吨)

故评估利用可采储量181.62万吨。

(7)生产能力和服务年限

①矿山生产能力

依据《矿业权价款评估应用指南》,"对探矿权评估以及拟建、在建和改扩建项目的采矿权评估,应依据审批或评审的矿产资源开发利用方案或者管理部门核准生产能力文件等确定生产能力;对延续登记采矿权的生产矿山,应根据采矿许可证载明的生产规模或批准的矿产资源开发利用方案确定生产能力"。

根据《开发方案》生产规模为20万吨/年。据此,本次评估确定生产规模为20万吨/年。

②矿山服务年限

矿山服务年限计算公式为:

$$T = Q/[A \times (1-\rho)]$$

其中：T 为矿山服务年限；Q 为可采储量（181.62 万吨）；A 为矿山生产能力（20 万吨/年）；ρ 为贫化率（0%）。

矿山服务年限 = 181.62 ÷ [20 × (1 - 0%)] = 9.08（年）

本次评估确定矿山理论服务年限为 9.08 年，因此本次评估计算服务年限为 9.08 年。

(8) 销售收入

根据《矿业权价款评估应用指南》，矿业权价款评估确定评估用的产品价格，一般采用当地价格口径确定，可以评估基准日前 3 个年度的价格平均值或回归分析后确定评估用的产品价格；对产品价格波动较大、服务年限较长的大中型矿山，可以评估基准日前 5 个年度内价格平均值确定评估用的产品价格；对服务年限短的小型矿山，可以采用评估基准日当年价格的平均值确定评估用的产品价格。

《开发方案》中大理岩原矿含税销售价格为 30 元/吨、片石料含税销售价格为 15 元/吨。根据评估人员对当地大理岩矿销售价格的调查了解，该销售价格符合当地实际情况，因此，本次评估大理岩原矿不含税销售价格为 25.86 元/吨，片石料不含税销售价格为 12.93 元/吨，则：

正常年份销售收入 = 年原矿产量 × 原矿销售价格 =
20.00 × 25.86 + 10.36 × 12.93 = 651.15（万元）

(9) 折现率及折现系数

根据《矿业权价款评估应用指南》，矿业权价款评估中，折现率按国土资源部的相关规定直接选取。根据国土资源部公告 2006 年第 18 号《关于实施〈矿业权评估收益途径评估方法修改方案〉的公告》，对矿业权出让评估和国家出资勘查形成矿产地且矿业权价款未处置的矿业权转让评估，地质勘查程度为勘探以上的探矿权及（申请）采矿权评估折现率取 8%。

根据国土资源部公告 2008 年第 6 号《国土资源部关于实施矿业权评估准则的公告》，矿业权评估准则尚未规定的，矿业权价款评估仍应遵循《矿业权评估收益途径评估方法修改方案》和《矿业权评估指南》。本项目为采矿权价款评估，因此，本次评估折现率取 8%。

(10) 采矿权权益系数

按照《矿业权评估参数确定指导意见》(CMVS30800 – 2008),建筑材料矿产采矿权权益系数(折现率8%)原矿取值范围为3.5~4.5%。鉴于矿区水文地质条件简单,工程地质条件简单,矿山环境地质条件简单,矿区开采技术条件属简单类型(Ⅰ类)。经综合考虑,采矿权权益系数宜在中等范围偏高取值,本次评估采矿权权益系数取值4.3%。

四、评估结果

在充分调查、了解和分析评估对象及市场情况的基础上,遵循国家有关法律法规的规定,依据科学的评估程序,选取收入权益法及相应评估参数,经过认真估算,确定"A 大理石矿"采矿权价值为176.37万元,大写人民币壹佰柒拾陆万叁仟柒佰元整,折合单位可采储量0.97元/吨。

依据中国矿业权评估师协会公告2017年第3号《关于发布〈矿业权出让收益评估应用指南(试行)〉》的公告,采用折现现金流量法、收入权益法评估时,应按其评估方法和模型,估算评估计算年限内333以上类型(含)全部资源储量的评估值(推断的内蕴经济资源量333不做可信度系数调整);根据采矿权范围内全部评估利用资源储量(含预测的资源量)及地质风险调整系数,估算资源储量对应的采矿权出让收益评估值。计算公式如下:

$$P = \frac{P_1}{Q_1} \times Q \times k$$

其中:P 为矿业权出让收益评估值;P_1 为估算评估计算年限内333以上类型全部资源储量的评估值(176.37万元)。Q_1 为估算评估计算年限内的评估利用资源储量(191.18万吨);Q 为全部评估利用资源储量,含预测的资源量(334)(191.18万吨);k 为地质风险调整系数[本次评估范围未估算(334)资源量,故 $k=1$]。

采矿权出让收益评估值 = 176.37 ÷ 191.18 × 191.18 × 1 = 176.37(万元)。

"A 大理石矿"采矿权出让收益为176.37万元,大写人民币壹佰柒拾陆万叁仟柒佰元整。折合单位可采储量0.97元/吨。

表6-20 采矿权出让收益测算

序号	项目	合计	0.42 2018	1.42 2019	2.42 2020	3.42 2021	4.42 2022	5.42 2023	6.42 2024	7.42 2025	8.42 2026	9.08 2027年 1—8月
1	产品销售收入/万元	5913.11	271.27	651.15	651.15	651.15	651.15	651.15	651.15	651.15	651.15	432.64
2	折现系数($i=8\%$)		0.9684	0.8967	0.8303	0.7688	0.7118	0.6591	0.6103	0.5651	0.5232	0.4971
3	销售收入现值/万元	4101.61	262.70	583.89	540.65	500.60	463.49	429.17	397.40	367.96	340.68	215.07
4	销售收入现值累计/万元		4101.61									
5	采矿权权益系数		4.30%									
6	采矿权价值/万元		176.37									

五、案例点评

《矿业权评估准则》提出了折现现金流量法、折现现金流量风险系数调整法、收入权益法、交易案例比较调整法、单位面积倍数法、资源价值比例法、基准价因素调整法、勘查成本效用法、地质要素评序法等九种评估方法。其中收入权益法主要适用以下情况:①适用于矿产资源储量规模和矿山生产规模均为小型的采矿权评估。②适用于评估计算的服务年限小于 10 年、生产规模为小型的采矿权评估。③适用于评估计算的服务年限小于 5 年、生产规模为大中型的采矿权评估。④适用于详查及以上勘查阶段且资源储量规模为小型的探矿权评估。